上图 / 20世纪40年代，在英国马可尼公司实习的黄纬禄

下图 / 黄纬禄在办公室（李保平 摄）

上图 / 工作现场正在思考的黄纬禄

下图 / 1973年，黄纬禄在莫斯科红场

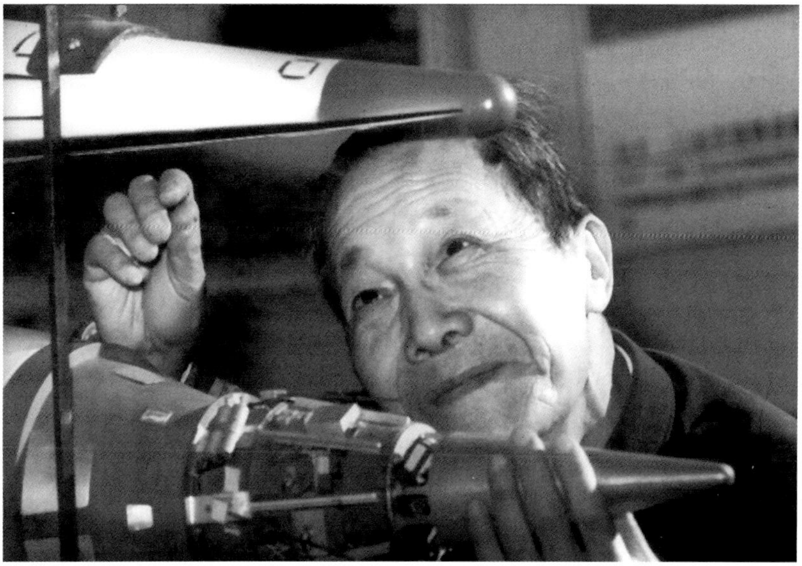

上图 / 黄纬禄在观看弹上设备

下图 / 黄纬禄在去试验基地的专列上

上图 / 黄纬禄（左）与试验基地领导交流工作

下图 / 黄纬禄（中）与科研人员在试验现场

上图 / 20世纪90年代，黄纬禄在试验舰艇上

下图 / 黄纬禄（右）与戚发轫院士（左）、童志鹏院士（中）在远望号测量船前合影

上图 / 2003年，黄纬禄（中）与王礼恒院士（左一）、王希季院士（右二）及部队领导在神舟四号飞船返回舱前合影

下图 / 2003年10月，黄纬禄与中国航天员合影

上图 / 2004年，黄纬禄（中）与黄旭华院士（右）、方心虎研究员（左）在评审会上合影

下图 / 2003年8月，何鸿燊基金会顾问委员会全体委员合影（左四为黄纬禄）

上图 / 1999年，黄纬禄与刘汉菊结婚51周年纪念照

中图 / 1975年，黄纬禄夫妇与子女合影

下图 / 2001年，黄纬禄与儿子一家及两个女儿合影

黄纬禄院士传记

Academician Huang Weilu's Biography

《中国航天院士传记丛书》总编委会　组织编写

黄道群　著

中国宇航出版社

·北京·

图书在版编目(CIP)数据

黄纬禄院士传记 / 黄道群著 ;《中国航天院士传记丛书》总编委会组织编写. --北京 : 中国宇航出版社, 2015.3

(中国航天院士传记丛书)

ISBN 978-7-5159-0903-5

Ⅰ. ①黄… Ⅱ. ①黄… ②中… Ⅲ. ①黄纬禄(1916～2011)－传记 Ⅳ. ①K826.16

中国版本图书馆 CIP 数据核字(2015)第 051859 号

责任编辑　张铁钧　　**封面摄影**　李保平
责任校对　牟宁宁　　**装帧设计**　文道思

出　版
发　行　中国宇航出版社

社　址　北京市阜成路 8 号　**邮　编**　100830
(010)68768548

网　址　www.caphbook.com

经　销　新华书店

发行部　(010)68371900　(010)88530478(传真)
(010)68768541　(010)68767294(传真)

零售店　读者服务部　北京宇航文苑
(010)68371105　(010)62529336

承　印　三河市君旺印务有限公司

版　次　2015 年 3 月第 1 版
2015 年 3 月第 1 次印刷

规　格　787×960

开　本　1/16

印　张　21　**彩　插**　8 面

字　数　284 千字

书　号　ISBN 978-7-5159-0903-5

定　价　68.00 元

《中国航天院士传记丛书》
总编委会名单

《黄纬禄院士传记》编审委员会名单

编审委员会

主　任　张连成

副主任　李　陟

委　员　吕大波　严　华　严荣祥　张向群　唐应伟
罗　霄　李　芸　金立亮　鲁耀兵　张世溪
韩志平　刘　珂　路海东　曹建中　申屠燕冬
夏　溧

编审委员会办公室

主　任　侯萍梅

副主任　邸　帅　韩　宁

成　员　李　崁　余国辉　张福祥　李卫民　沙元昌
纪军丽　马丽丽　安　洁　吕慧英　刘方方
幸小雷　王　昕

序　一

Preface I

中国航天事业自1956年创建以来，已经走过50多年的发展历程。在党中央、国务院、中央军委的亲切关怀和英明领导下，中国航天人团结一心、顽强拼搏、勇于创新、无私奉献，不仅取得了以“两弹一星”、载人航天工程和月球探测工程为代表的辉煌成就，孕育形成了航天传统精神、“两弹一星”精神和载人航天精神，也造就了一支技术精湛、作风优良的航天人才队伍。

航天系统的中国科学院院士和中国工程院院士就是这支队伍的杰出代表。中国航天科技集团公司和中国航天科工集团公司先后有50多位科学家和航天工程专家当选为两院院士。其中，有7位院士获得过“两弹一星”功勋奖章，2位院士获得过国家最高科学技术奖。他们不仅是航天成就的主要创造者，也是航天精神的重要孕育者和忠实践行者。

中国航天事业是在新中国成立不久，工业实力、科技实力、综合国力都很薄弱，帝国主义严密封锁，苏联撕毁协定、撤走专家的情况下发展起来的。以航天院士为代表的中国航天人，自力更生，艰苦奋斗，奋发图强，顽强拼搏，在一穷二白的基础上，独立自主地创建起了中国的航天事业。

航天型号研制是复杂的系统工程，涉及很多领域，需要众人参与，必须大力协同、集智攻关才能完成。以航天院士为代表的中国航天人，在航天工程研制实践中，齐心协力，密切配合，实现了一次又一次技术突破，铸造了一项又一项辉煌成就。他们为祖国的航天事业作出了巨大贡献，却淡泊名利，不计得失，将个人利益置之度外。

航天事业属于尖端技术领域，难度大、风险高、技术复杂，在发展历程中碰到过很多难题，经历过各种坎坷，甚至遭受过重大失利。以航天院士为代表的中国航天人，在困难和失败面前不动摇、不退缩，树立百折不挠、锲而不舍、脚踏实地、严谨务实的工作作风，不断攻坚克难、勇攀高峰，取得了一个又一个胜利，树立了一座又一座丰碑。

今天，在由航天大国向航天强国迈进的征程中，航天院士的科学思想、创新意识、坚定信念和爱国情怀是全体航天人宝贵的精神财富。中国航天科技集团公司和中国航天科工集团公司决定出版《中国航天院士传记丛书》，不仅是为了宣传航天院士的科研成就，总结航天院士的成长规律，更是为了传承航天院士的宝贵精神，使之生生不息、薪火相传，为“续航天梦、筑强军梦、圆中国梦”的伟大实践提供精神动力和思想源泉。

许达哲

2014 年 1 月

序　二
Preface Ⅱ

中国航天事业创建半个多世纪以来，培养和塑造了一大批功勋卓著、德高望重的中国科学院院士和中国工程院院士。他们具有坚定的理想信念和强烈的爱国情怀，理论功底深厚，技术水平高超，善于引领科学发展和技术创新，在中国航天事业发展的关键时期发挥了重要作用，为中国航天事业取得辉煌成就、孕育航天精神作出了突出贡献。

为了全面、系统地总结航天院士的成长规律，把航天院士的科学思想和创新方法记录下来、传承下去，为中国航天事业积累精神财富，为航天强国建设提供有益借鉴，中国航天科技集团公司和中国航天科工集团公司研究决定，组织编写一套《中国航天院士传记丛书》（以下简称《丛书》）。

党的十八大描绘了坚持中国特色社会主义道路、全面建成小康社会、实现中华民族伟大复兴的宏伟蓝图，同时也为加强国防和军队现代化建设、推进我国由航天大国向航天强国迈进指明了方向。在中国航天事业“续航天梦、筑强军梦、圆中国梦”的新形势下，出版这套《丛书》，具有重大的现实意义和深远的历史意义。

记载航天历史。航天院士是中国航天事业的宝贵财富，他们的成长历程反映了航天事业的发展轨迹。这套《丛书》不仅是航天院士个人的传记，也从不同侧面记载了中国航天从技术到管理、从思想到精神的真实历史。

弘扬航天文化。宣传航天院士，就是站在科学的高度，向社会各界全面宣传航天事业，弘扬航天文化，使其成为中华民族文化宝库的重要组成部分，增强中华民族的自信心、自豪感和凝聚力，提升国家的软实力。

传承航天精神。航天精神是包括航天院士在内的几代航天人，在中国航天事业发展历程中，不断积累、提炼、传承而逐渐形成的，是民族精神、时代精神与航天实践相结合的产物，是中国航天事业之魂。《丛书》全面反映了航天院士的学术成就、科学作风和思想品格，有助于航天精神薪火相传。

培育航天人才。中国航天事业已经完成了新老交替，一代航天新人正在茁壮成长。《丛书》是泽被后世的人才工程，对于培育航天人才、发展航天事业、铸造新的辉煌将产生积极的促进作用。

总之，《丛书》是一套具有航天特色的爱国主义教材，是不可多得的精神食粮。相信这套《丛书》的出版发行，必将吸引更多的年轻人热爱航天、投身航天、奉献航天，以饱满的热情和昂扬的斗志再攀高峰，使中国航天事业后继有人，蓬勃发展，续写辉煌。

2014 年 1 月

目 录
Contents

引 子

1999 年 9 月 18 日，在庆祝中华人民共和国成立 50 周年前夕，一场备受关注的表彰大会在人民大会堂隆重举行。

党中央、国务院、中央军委作出决定，对为研制“两弹一星”作出突出贡献的 23 位科技专家予以表彰，并授予他们“两弹一星功勋奖章”。

此次表彰大会规格之高实属罕见：七位中央政治局常委全部出席会议；全国人大常委会委员长李鹏主持表彰大会；国务院总理朱镕基宣读表彰决定；中共中央总书记、国家主席、中央军委主席江泽民发表重要讲话，并向到会的 15 位科技专家颁发“两弹一星功勋奖章”。

科技专家们在热烈的掌声中轮流走上主席台，接受党和国家授予他们的最高荣誉。

他们之中，有一位身体单薄瘦弱的老者，尽管他在主席台上很努力地迈动双腿，但步履依然显得吃力而缓慢。江泽民总书记为他颁发奖章时，非常关切地叮嘱道:“你要注意身体啊！”

这位老人为祖国航天事业的开创、为“两弹一星”的研制究竟作出了什么样的贡献？党和国家授予他如此崇高的荣誉，这其中一定蕴含着许多鲜为人知的故事。

让我们把探寻的目光集中到这位老专家——黄纬禄的人生经历上来吧！

黄纬禄

黄纬禄院士传记

Academician Huang Weilu's Biography

第一章

好先祖，至诚守信 乖孩童，少而敏学

良好的家庭教育与现实的生活环境，造就了幼年黄纬禄隐忍平和、坚韧好强但外柔内刚的性格；善教的老师引发了少年黄纬禄对数学的兴趣与向往。

1. 至诚守信的黄家先祖

黄家子孙有记载的辈分，是按照名字中含有“天、地、经、纬、道、德、文、章”这几个字来传承的。在这之上的黄家先祖究竟再早出多少代，现居芜湖的后人们也无从考证了。

清代的安徽，生产力尚不发达。大部分平民百姓，生活得很艰难。当地流传着一首民谣：“生在徽州，前世不修；十三四岁，朝外一丢。”黄家先祖，不幸成为被“丢”出去的一个，还未成年，便自己外出谋生。历经半世的艰辛，他终于有了一条属于自己的小船，成为一位勉强能养家糊口的生意人。但全家的生活，都指靠他从歙县山中装载木炭，沿新安江、青弋江运往芜湖所赚的辛苦钱来维持。

有一日，黄家先祖意外得到一单好生意：一位富商指名要他运一船好炭到芜湖。装卸，不消他费力；运费，提前支付大半。黄家先祖大喜，将预支的银两交与妻儿，自己仅带了往返途中必需的盘缠上路了。

黄家先祖撑着炭船，顺利到达芜湖，等候交货。一日、两日，总不见来人接船。他忐忑不安，暗自思忖：是接船人有事耽误了，还是记错了日子？一等再等，怀中盘缠渐少，黄家先祖只能一餐半饱地从嘴里节省银两。等到富商管家终于出现时，他已面露菜色。管家身边还有一位年轻公子，一身孝服。管家叫人当着黄家先祖的面搬运木炭下船，其场面令黄家先祖大吃一惊：木炭下埋着许多银钱！经清点一两不少！管家这才道出其中原委：之所以找黄家先祖以运木炭的名义夹带银钱，是因为他在这一带跑航运一贯守信，声誉极好。不幸富商运送银钱之事走漏了消息，被歹人抓住，逼其供出银钱下落。富商不从，被害。家人以为银钱定被劫走，便定下心来办丧事。丧事完毕，管家抱着侥幸之心，力劝伤心欲绝的公子到江边看一看。没想到，黄家先祖死守着一船可以变成银钱的木炭，在饥饿难耐中不肯动一点就地卖炭的心思，这种至诚守信的精神，令富商公子感动不已。

富商公子感激之余，发誓要报答黄家。秉承徽商从儒之精神，定下只供黄家先祖的子孙们读书而不投资其他生意的规矩，以此来改变恩人一家的命运。黄家后人皆借此资助，加上自强不息，恪守着先祖诚信、隐忍、低调、谦和的待人之道，并代代相传，逐渐发达起来。

到了黄纬禄的父辈，已是出生在安徽芜湖了。黄家经过几代人克勤克俭、诚恳务实的努力，逐渐成为芜湖的一个大户人家。

黄纬禄的父亲名慎闻[①]，字藻，是前清的秀才。后来终身执教，成为当地一名声望很高的教师。他博学多才，写得一手好字，又擅长诗词歌赋，并且为人平易憨厚。每遇年节，总有许多人上门求字，或门帖，或对联，他总是有求必应，来者不拒，深受乡亲们的爱戴。

黄慎闻的妻子汪淑贞，贤惠温良，善理家务，与丈夫感情甚笃，相敬如宾。黄慎闻夫妻继承并发展了黄家诚信、朴实、和善的遗风。

---

① 黄慎闻的名字未按族谱辈分起名是特例。

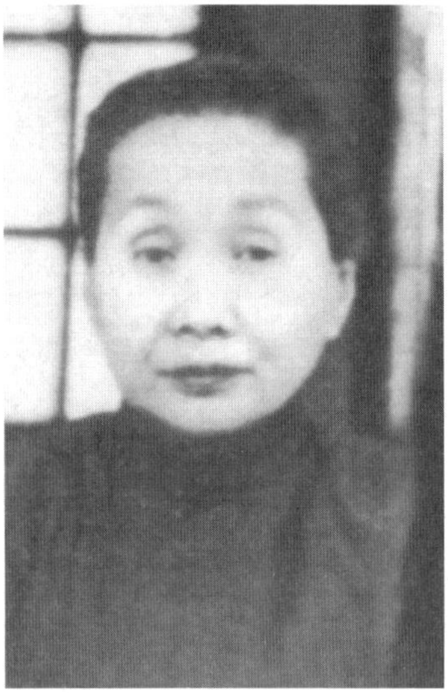

黄纬禄的父亲黄慎闻（左）和母亲汪淑贞（右）

虽家大业大，黄慎闻却生活俭朴，待人和蔼，与人与事决不对乡亲们有半点苛求。对儿女，家规甚严：生活可保衣食无忧，但决不能奢靡；礼数上要周全，且重视长幼有序，不强调地位尊卑；读书方面必求上进并学业有成，否则会遭责罚。

黄家内严外宽、严以律己、宽以待人、诚信和善的家风，在当地有着很好的口碑。

2. 勤于思考的乖孩童

1916 年 12 月 18 日，黄慎闻最小的儿子来到这个世界。此前，他已经有了三儿两女：纬祯、纬兰（女）、纬芳（女）、纬祥、纬福，个个皮肤白皙，面貌俊美，且礼数周全，夫妻二人视他们为珍宝。

黄慎闻抱着刚出生的小儿子，沉思片刻，为他取名纬禄，字秉之。添丁进口，又临近春节，黄家上下无不欢天喜地。

随着时间的流逝，黄慎闻夫妇对黄纬禄的疼爱在不知不觉中产生了些许变化。这孩子皮肤黑黑，相貌平平，两三岁了，还不曾开口说话。每当他张开双

黄慎闻子女头像。左起：黄纬祯、黄纬兰、黄纬芳、黄纬祥、黄纬福、黄纬禄

臂、步履蹒跚地扑向父母时，回应他的不常是父母深情的拥抱与亲吻，而是“大人们有事，自己玩儿吧！”语气虽平和，但幼小的黄纬禄却只能悻悻然离去。渐渐地，他总是一个人站在远远的地方，望着哥哥姐姐们簇拥在父母身边，有说有笑；尤其当有亲朋故旧来访时，夸赞哥哥姐姐们，父母亲脸上洋溢着的那种幸福笑容，深深地印在了幼年黄纬禄的心中。

黄纬禄幼小的心灵中没有一丝对父母的不满和对哥哥姐姐的嫉妒，只有一种懵懂的羡慕和不服输的想法：“等我长大了，要像哥哥姐姐一样，好好念书，让爸爸妈妈喜欢！”

黄纬禄是一个性格安静、寡言少语的孩子，并不十分顽皮淘气。但是，他又是一个对一切都充满好奇心的孩子，除了细细地观察自然界的各种现象，还常在心里问自己各式各样的问题：为什么天是蓝的、树叶是绿的？为什么鸟会飞、虫会爬？为什么木炭浮在水上、铜钱却沉到水底？……虽然没有找到答案，但他，却在时时捉摸这些问题。

幼年的黄纬禄，在父母与众人常常忽视的环境中悄悄地长大了。这种被忽视，无形中使他形成了隐忍平和、遇事不张扬、不叫屈诉苦、坚韧好强但外柔内刚的性格。这种性格不仅铸就了黄纬禄以后特殊的人格魅力，也铸就了他对事业执着追求、锐意进取的精神基础。

3. 不满于私塾之学

黄慎闻虽对这个寡言少语的小儿子关注不够，对他的教育却很重视。黄纬禄六岁时，父亲把他送进了私塾。

私塾的教书先生乃黄慎闻的昔日同窗。尊师随俗，黄纬禄穿着一身棉布褂儿向孔子的画像规规矩矩地行过三跪九叩礼之后，又正式行了拜师之礼。黄慎闻叮嘱教书先生："学兄不必顾及纬禄乃吾之子，定要严加管教，方可使他成才！"告诫儿子："好好跟先生习字，切不可顽皮！"黄慎闻一番嘱咐之后离去，黄纬禄从此开始了他的求学之路。

《三字经》《百家姓》《千字文》……先生手拿戒尺，在课桌间边走边念，学生们则一遍遍跟着先生的节拍复诵。很快，先生就发现，黄纬禄虽然口中大声念着课文，眼睛却常常盯着窗外，脸上一副走神儿的表情。可每当先生的戒尺敲在桌上，想通过罚背书给黄纬禄一些惩戒时，这个熟背长篇书文的学生却不给先生一点借口和机会，这倒使先生发现了黄纬禄的聪慧。这段私塾的启蒙教育对黄纬禄来说，是日复一日地读书、背书却不懂书，先生呆板的教学方式让他厌倦。机灵的黄纬禄便瞅准机会，央告母亲："我肚子疼，今天别让我去学堂了，行吗？"母亲虽然能看穿小儿子的心机，但毕竟心慈，时有应允，让孩子适当放松一天。

私塾先生也曾找过黄慎闻："纬禄是个很聪明的孩子，但看得出，他对所念的文章并无兴趣，怕是将来在诗词歌赋上永远都没有你这般的造诣，还是早作打算吧，免得误了他的前程！"

4. 痴迷于算术的聪慧少年

八岁的黄纬禄被父亲送进芜关小学。初小的课程设有修身、国文、算术、手工、图画、唱歌、体操，共七科；到了高小，又增设历史、地理、理科、英文、农业等课程。比起私塾，可谓种类繁多，算得上德智体全面教育。

莞关小学的教学方式比私塾灵活许多，课程各异，内容丰富，引起了黄纬禄的兴趣。

修身课上，老师也教给孩子们做人的道理，但改用了较为通俗的语言，或是通过一些历史小故事来启迪学生。黄纬禄逐渐知道了业精于勤荒于嬉，孝顺长辈、善待他人，举止得体、知书达理，己所不欲、勿施于人，先天下之忧而忧、后天下之乐而乐，天下兴亡、匹夫有责等道理，随着年龄的增长，这些道理不仅让黄纬禄懂得了怎样做人，更可贵的是，使他奠定了坚实的爱国主义思想基础。

国文课，虽有文言文，但白话文也占了相当的篇幅。最重要的是，老师不再要求学生一味在背书上下功夫，而是要注重理解课文的意思，这对黄纬禄养成善思重行的习惯形成了很大的影响。

手工课也是黄纬禄很感兴趣的，这对从小就喜欢自己动手做点什么的他来说，无疑提高了他善于动脑、勤于动手的能力。

尤其是算术，竟让他到了痴迷的程度。

教算术的程老师，眉宇间透着智慧与活力，镜片后的一双大眼睛总含着微笑。他手中虽然也拿着尺子，但只用于教学，从不打学生的手心。黄纬禄初次见到程老师，便觉得他和蔼可亲。在程老师的算术课上，许多数学知识是通过有趣的故事和游戏来教授的。不爱数学的同学都能被他吸引，爱数学的同学就更不必说了。在程老师的算术课上，黄纬禄最不愿意听到的就是下课铃声。

程老师教授乘、除法，是通过从连续加或减一个相同的数字而引申出来的，利用乘法口诀，迅速得出计算结果，让不满十岁的黄纬禄新奇、羡慕，从那时起，他开始有了人生的第一个理想：长大了，要像程老师一样当个算术老师！

黄纬禄学习很刻苦。他喜欢一个人躲在角落里，一坐就是好几个小时。有一次，居然还闹出了一场虚惊。保姆喊他去吃晚饭，他不理睬，嘴里却在不停地念叨着。保姆吓得转身就跑："不好了，这孩子怕是有毛病了，喊他也听不到，只管自己跟自己讲话呢！"黄慎闻听后心头一惊，连忙起身，妻儿们也立即站起来，尾随黄慎闻来看个究竟。

黄慎闻走到小儿子身后，看他坐在一个小板凳上，头埋得低低的，两个食指堵住耳朵，嘴里"叽叽、咕咕"的，原来是在背诵乘法口诀！黄慎闻见此情景，舒了一口气，轻轻拍了拍儿子的肩膀。黄纬禄以为父亲又要教训他，站起身来不敢吭声，可他却意外地听到了父亲和蔼的声音："饿了吧，先去吃饭！"他抬起头来，从父亲的眼神中看到了慈祥和赞许的目光。

早年，在芜湖有个习俗，每年到放寒假时，老师和同学们都会敲锣打鼓地前往成绩最好的同学家祝贺。大家聚集在门口，热闹非凡，也常惹得路人驻足，不时夸奖几句。黄纬禄年年享此殊荣，黄慎闻夫妇也觉得脸上有光，甚感安慰。

时间过得很快，转眼到了高小阶段。黄纬禄爱动脑筋的特性，越发显现出来。“竹蜻蜓”是小孩们爱玩儿的一个简单玩具，别的孩子们在玩儿竹蜻蜓时，只是比试谁的竹蜻蜓飞得高、飞得远，可爱动脑筋的黄纬禄却对着飞来飞去的竹蜻蜓突发奇想：能不能用竹蜻蜓做一个能飞的炸弹？把多个竹蜻蜓有序地连在一起，用橡皮筋作动力，让它们联合工作，又各司其职。顶上装几个竹蜻蜓，让它向上飞；前面装几个竹蜻蜓，让它向前飞。在竹蜻蜓的下面系一个炸弹，在引线上绑一根香，计算好飞行时间和香的长度，并使之匹配，然后将香点燃，继而引爆炸药，使之在敌人的上方爆炸，这样不就成了一个能飞的炸弹了吗！不知道这是否寓意着黄纬禄以毕生的心血铸就了自己的导弹人生！

黄纬禄

黄纬禄院士传记

Academician Huang Weilu's Biography

第二章

上扬中，少年有志 善学习，业精于勤

成绩优异的黄纬禄成为芜关中学的骄傲。坚韧不拔的毅力，是黄纬禄在扬州中学闯过道道难关的法宝；尊师善学，使得黄纬禄学业、品德双受益。

1. 考入扬州中学

黄纬禄的初中时代是在芜湖芜关中学度过的。学识随着年龄在增长，不变的是他的成绩始终名列前茅。除了数学是他的长项，物理课也在悄悄打开黄纬禄的眼界。“杠杆原理”“液压传动”学了没多久，他便萌发了想设计点什么的冲动。

说干就干。一天放学回家，认真完成作业后，黄纬禄便着手勾勒起他有生以来的第一张“设计草图”：用杠杆撬动小面积活塞，通过同一压力推动大面积活塞，产生更大的力作用在另一个杠杆的长臂上。就这样，将杠杆与活塞交替连接并循环下去，最终实现用一个很小的力举起极重的物体。幻想的无尽延伸，使少年黄纬禄对著名物理学家阿基米德的名言“给我一个支点，我能撬动整个地球”有了自己独到的理解。

黄纬禄正在凝神思考，忽然觉得有人扯他的衣角，一个稚嫩的声音在耳畔响起：“四叔叔，和我们玩儿一会儿吧！”黄纬禄从来不愿意让侄子们失望，再忙，也会停下手中的事儿来陪他们，哪怕只玩儿几分钟。这次他随手从桌上拿了张纸，又走到花园内，从水缸旁捡起一粒小石子。侄子们诧异地望着他的举动：只见他先将石子丢进水缸，又把纸小心翼翼地放在水面上。就在侄子们都不知道他要做什么时，黄纬禄笑道："谁能告诉我为什么石头会沉下去，纸会浮在水面上……不管你们去问谁，只要把答案说出来，就有奖励！"三五岁的侄子们先是面面相觑，紧接着一哄而散。奖励，永远对幼童有着不小的诱惑力。黄纬禄总是变着法儿地和侄子们玩儿，并且有意识地让他们在玩耍中学到知识，自然成了侄子们心目中既亲近又崇拜的偶像。这会儿，孩子们一溜烟儿地跑开了，黄纬禄又可以回去专心做自己的事儿了，两下里皆大欢喜。

数度寒暑，安徽全省中学毕业会考就在眼前，老师和同学们都铆足了劲儿。数学老师把具有代表性的题目整理出来，并根据多年的教学经验，自己也出些题目让同学们练习。刻蜡版、印卷子的差事，就交给数学成绩一向很好、写字又很工整的黄纬禄。在同学们眼中，这也是受到老师器重的一项小小殊荣。黄纬禄边刻蜡版，边在心里做着演算，偶然间发现老师所出题目中有些错误。黄纬禄在请教老师是否需要改正时，不但得到老师肯定的答复，也得到了老师的赞扬。面对毕业会考，少年黄纬禄立志要考上一所优秀的高中，为自己将来能踏入顶尖大学创造条件。

与安徽省毗邻的江苏省教育办得有声有色，如常州、苏州、南京、扬州等中学，在全国享有很高的名气。其中，当属扬州中学声誉卓著、首屈一指，远道慕名就学者甚众。通过入学考试跨进扬中的"高门槛"，并非易事。据《扬中校刊》统计，1936 年报考者 3257 人，被录取 332 人；1937 年报考者 4015 人，被录取 425 人。由此可见进入扬州中学之不易。

1933 年夏天，少年有志的黄纬禄与另外两位同学结伴前往江苏，他们立志要考入扬州中学。

扬中的校园真大呀！映入眼帘的"树人堂"，令学生们感到不同凡响。干净整洁的校园，宽敞明亮的教室，连被命名为"自省楼"的学生宿舍，都让考生

江苏省立扬州中学校门

们羡慕不已，恨不能立即成为扬州中学的一员！

考场内严肃而安静，只听见写字时笔落在考卷上的“沙沙”声，监考老师不时从考生身旁走过。此刻，黄纬禄的心“怦怦”直跳，他深吸一口气，又慢慢吐出来，强迫自己尽快从紧张的情绪中解脱出来。还好，当他把注意力完全转移到答题上时，便不知不觉地放松下来。数学，原本就是他的强项，首场考试下来，黄纬禄自我感觉良好，考入扬州中学的信心更强了。

但是，一位同学自感题目太难，考得不好，眼见录取无望，放弃了参试。

第二场考试是物理化学，这又是黄纬禄喜欢的科目，题目做得很顺利，越发觉得胜券在握。

遗憾的是，另一位同学由于疏忽，竟然漏答了两页考卷，也就此弃考了。

同行三人只剩下黄纬禄孤军奋战。“既然来了，就要考到底！”黄纬禄下定决心，沉着应战，继续考下去。

两位同学先行返回芜湖，引起了黄纬禄父母心中的不安。当黄纬禄出现在父母面前时，他们异口同声地问:“考得怎么样？”“我自己感觉还可以。”黄纬禄平静地回答。

接下来，黄纬禄是在期盼和略带忐忑的心情中度过的。终于有一天，父亲带着满面笑容出现在黄纬禄面前："孩子，你被扬州中学录取了！"这个好消息很快传遍了芜关中学。"我们学校有人考上扬中了！"芜关中学的老师们不但将黄纬禄的学业优秀着实夸赞一番，更为有这样的学生备感光荣和自豪！要知道，这可是芜关中学有史以来的第一次呢！祝贺的人络绎不绝，黄纬禄父母的脸上也天天笑容不断。

面对老师们的夸赞、乡亲们的羡慕和父母亲的疼爱，胸怀大志的黄纬禄倒是很冷静。扬州中学通知他入学前要抓紧时间补习英语，这使他立即放弃了要好好轻松一下的念头，一头扎进了对英语的补习中。

2. 名校严规

带着喜悦的心情，黄纬禄走进扬州中学，但很快就发现这里的一切与在家乡上初中时大不相同。

首先，是学校极为严格的管理制度：每个学生给予一定的基分，违反校规的扣分标准制定得非常精细，小到内务不整，大到记过处分，每学期累计扣分达到200者开除。遇有校方认为是品德方面的违规，如吸烟或考试作弊等，只要有一次，就立即开除，决不姑息。

其次，是学校对学生实行半军事化管理：男生着装一律是灰黑色布校服，住校学生的一应用品，大到蚊帐、被褥、床单，小到脸盆、毛巾、碗筷，均由学校收费统一制发，被子必须叠得四四方方，洗漱用品要放在指定位置……

扬州中学通过这些严格的管理，来体现对学生德育的培养。与家乡的芜关中学相比，黄纬禄对扬州中学的一切都感到既新鲜又紧张。

校方对新生进行的学校概况介绍，不但让黄纬禄对扬州中学有了更为深入、全面的了解，也让他为自己能成为扬中学生多了一份自豪。

扬州中学的教学质量高，源于教师学养深厚，教导有方，安于久任。学校千方百计聘请名师，高其薪俸，安其寓所，且礼遇有加。扬中对一些名师，更是“三顾茅庐”，诚心专请，直至感动对方，加入扬中。这种尊师纳才的做法，使扬中有了一批学富五车、德高望重的名师——办学的“台柱子”。依靠这批“台柱子”，扬州中学在多次全省毕业会考中都名列第一，这不但在全国中等教育界有口皆碑，也引起了很多名牌大学的重视。当然，这些功劳与著名教育家——校长周厚枢（字星北）的办学方针密不可分。

扬州中学历来注重手脑并用，校内物理、化学、生物等实验所需设备一应俱全，在数量和种类上可与一般大学相媲美。学生们经过锻炼，在升入理工科大学时，已经积累了一些实践经验。

扬州中学选定的教材深于一般的高中。课本中不仅英语，连数理化也都采用美国高等学校的原版教材。比如 Fine 的大代数，Smith、Galo 和 Loney 的解析几何，以及 Miligan 和 Galo 的物理，等等。

此外，扬州中学将普通高中的课程压缩到两年，学生完成普通高中的学业即可毕业，三年级则开设“高等”课程，如高等代数、高等几何、高等物理、高等化学，等等，像球面三角、微积分一类的内容也包含其中。这些基本上是大学一年级的教学内容。

对学生而言，必须通过名目繁多的考试，如临时考、段考、月考、期考、复习考，等等，考试的侧重点各有不同，但所有考试必定记分，好似“关卡”重重，学生欲顺利升级，谈何容易！因经受不住繁重的功课压力，每学期留级或因劳累过度中途退学的学生不在少数。

了解到这些情况，黄纬禄的感觉有点儿复杂。一方面为有这么好的教学环境与条件感到欢欣鼓舞，一方面为听上去很重的课业负担感到心情沉重。不过，当他想到自己的学习能力和以往的考试成绩时，又坚定了求学的信心。

3.英语教学，勇克难关

经过一个暑期对英语的恶补，黄纬禄自认为是有备而来。但几节课上下来，他对“扬中的功课是有名的难和深”的传言深有所悟了。

黄纬禄感到最困难的莫过于化学。老师汪榕（字冬心）初次见面便开门见山：“同学们，这是你们进入扬中后的第一节化学课。估计大家的英语程度不太好，我先把要讲的课文读一遍吧！”老师快速地朗读起来，十五六页的内容，一气呵成，抑扬顿挫的语调，使同学们个个不知所云，连老师读到课本的哪一页都找不到了。扬中化学课的作业也必须用英语来完成，不单要考核学生们对化学知识的掌握，还兼顾了对英语单词和语法的检查。

黄纬禄心中焦急。为跟上老师的讲课，预习变成第一要务，可惜见效不大。黄纬禄有生以来第一次感到学习上的压力。

开学四周，化学课月考如期进行。黄纬禄就读班级的总成绩倒数第一，就连老师汪榕都感到十分沮丧。这位中央大学化学系毕业的高才生，怎能接受自己所教学生成绩最差的事实呢？！望着满脸沮丧的学生们，汪老师除了为大家鼓劲，也改变了教学模式：提高考试频率，减少每次所考范围，使被考核内容的复习时间相对充裕。学生们脑海中清晰地印着“无论哪种考试必定记分”的扬中“铁律”，无不拿出“头悬梁、锥刺股”的精神来苦读。

开学后一直处于英语教学环境中的黄纬禄，渐渐有些适应，但要把学习成绩尽快提高谈何容易。黄纬禄想到，将来要是因化学成绩差而留级或被学校除名该多狼狈，这个从来不肯对旁人诉苦的年轻人终于拿起笔向父亲禀告实情，同时，也没忘记将自己以后的打算和盘托出：如果退学回家，就跟着当医生的姐夫去学医。

黄慎闻的回信很快就寄到了儿子手中：“……纬禄，你学习上有困难不要紧，只要努力了就行。期末如果考得不好，要留级或被学校除名，家里也不会责怪你。你只管学习，不要考虑太多……”黄纬禄感受到父亲对他的理解、关爱、信任和鼓励，他松了口气，慢慢冷静下来，在压力面前渐渐失去的自信被召唤回来，遇事不服输的性格又开始发挥作用了。

学校统一熄灯后，在路灯下苦读的学生中总有黄纬禄的身影；上床躺下后，他一手翻着单词本，一手拿着手电筒，背着单词送走黑夜，又想着单词迎来晨曦。几个月后，黄纬禄的学习成绩出现拐点，学生们考试分数在集体提升，汪老师的良苦用心初见成效。

一天，有个同学跑进教室，略带神秘地告诉大家：“你们知道吗？我发现了一个秘密！”“快说！快说！”“我在垃圾箱里发现了咱们的化学考试卷子！汪老师一张都没判，全扔了！”“你没有看错？”“没有！”几秒钟的静默后，爆发出一阵小小的欢呼声。看来，汪老师在执行“考试必定记分”的校规时，也悄悄增加了点灵活性，一直担心化学成绩会给期末总平均分数拉后腿的学生们“解放”了！

转眼间学期末到了，黄纬禄的学习成绩一跃进入班上前几名。他对英语原版书的阅读理解能力大幅提高，加之外语课中的全英语教学对其英语听力的训练，为黄纬禄在后续的学习阶段，扫清了外语方面的障碍。

4. 名师栽培，终生受益

数学老师汪桂荣（字敬斋）总是一身布衣布履，朴素无华。当他出现在讲台上时，学生们看到他闪烁着睿智的眼中充满了和善与慈祥。大家悄悄地打量，默默地揣摩：人说“长江流域四大数学名家，一半在扬中”，难道眼前这位汪桂荣先生就是其中之一吗？

讲台上的汪老师清了清嗓音，寥寥数语自我介绍之后，便直奔主题。

高中一年级的数学课首选三角，汪老师思路清晰，言简意赅，加之洪亮的声音抑扬顿挫，如磁石般吸引着大家。一节课下来，汪老师便让所有的学生都折服了。黄纬禄暗自吃惊：汪老师把数学课竟能讲得如此引人入胜！让人把听课与享受挂起钩来，这样的数学老师太少见了，遇到汪老师，真是自己莫大的幸运！

扬州中学数学老师汪桂荣先生

汪老师的课，成为黄纬禄心中的企盼。醉心于数学的他，只要课上专心，课下按时完成作业，就基本掌握了老师所教的全部内容。

每逢上新课前，汪老师总是把上一讲的重点扼要做一复述，使学生们在温故的基础上更易于知新；对指定的作业题，他常逐题作些提示，在功课繁、时间紧的情况下，为学生能按时完成作业起了很大作用。对于数学公式，汪老师喜欢介绍些简单有趣的记忆方法，使学生们乐此不疲地去尝试。老师讲得生动有趣，学生学得兴趣盎然，加之启发式提问，探索性讨论，将单向教学变为双向互动，紧紧吸引着学生们的注意力。对汪老师的课，学生们个个赞不绝口。“参加江苏省毕业会考之前，汪老师用一节课时间，把高中阶段教过的三角、几何、代数、解析几何等内容，全部提纲挈领地复习一遍，同学们对此无不佩服得五体投地。”黄纬禄很少用这种极具渲染力的形容词来描述人或事，但他对汪老师用“崇拜”二字来形容并不为过。

说到汪老师对黄纬禄的欣赏，还得从他的作业讲起。在汪老师连续几天批改作业的过程中，“黄纬禄”这个名字很快引起老师的注意：无论留的作业是奇数号题还是偶数号题，黄纬禄都会把所有题目做完，个别题的解法还不止一种；作业书写工整不说，看得出解题过程一气呵成，从头至尾很少涂改，如同重新誊抄过。再经过些许时日的观察，汪老师开始对这个考试基本上都是100分的黄纬禄刮目相看了。

“汪老师，这道题这么做对吗？”黄纬禄出于对数学的兴趣，除了完成教科书上所有的习题，还常抠些难题。汪老师告诫他：难题是数学上的装饰品，不是必需品，只要牢固掌握基础知识和练就解题的基本技能，具备较强的思考能力，就有了解决难题的“万能钥匙”。他要求黄纬禄在训练运算技巧的同时，注重对逻辑推理能力的培养，并鼓励他尝试着去帮助同学，也示范他如何把解题的思路用简便易懂的方式表述出来。黄纬禄听得入迷，觉得汪老师的话好似妙语连珠，诙谐风趣，使他大有在数学王国中畅快遨游、欲罢不能的感觉。他极其认真地遵从师教并大受裨益。后来，黄纬禄在他所从事的科学研究过程中，常习惯于把复杂的技术问题用生动形象的例子深入浅出地论述清楚，显得那样游刃有余，与汪桂荣老师对他的精心培养是分不开的。

1936年高中毕业时的黄纬禄

黄纬禄高中毕业时，不仅读完了高中普通课程，也读完了高等数学、高等物理、高等化学等全部选修课，并取得了数学、物理、化学均为100分的好成绩。

与此同时，在与汪桂荣老师三年的朝夕相处中，汪老师的学识、品德、为人之道，无不成为黄纬禄的榜样。

汪老师尽职敬业、平易近人、坦诚忠厚、反躬自省的作风对黄纬禄的影响如同细雨润物，潜移默化，恒久绵长。多年后，从人们对黄纬禄的褒奖之词“谦虚谨慎、平易近人”中，从黄纬禄对知识抱以“知之为知之，不知为不知，是知也”的态度中，从黄纬禄搞科研细心钻研的精神中……都会依稀看到一个熟悉的身影：他的恩师——汪桂荣。

5. 为考清华，努力冲刺

烟花三月的时节，扬州的空气中已然水汽浓浓，到了盛夏，就更让人觉得空气潮湿、闷热难耐。

按照扬中的惯例，对高三毕业准备报考大学的学生不再安排固定的学习教室，在何处复习功课，要自行解决。几个要好的同学自发组成的学习小组在校园里转来转去，终于在僻静之处找到一个小屋，屋内只有一扇窗，但窗外堆满杂物无法打开，使得屋内阴暗潮湿，墙皮也因此脱落了许多。

“你们看我们是不是就定在这里？”黄纬禄对同学们说。条件好些的地方已经被别人捷足先登，他不愿意再为寻找复习的地方而浪费时间了。

三年苦读得来的优异成绩，已经为黄纬禄的高中学业画上了圆满句号。眼下，为了能进入心目中向往已久的高等学府——在北京的清华大学、在上海的交通大学，他要奋力一搏。

擅长数学的黄纬禄要把主要精力放在化学上，是打听到交通大学的化学试题量很大，即使你会做所有题目，如果书写速度跟不上，题目也答不完。黄纬禄写字工整但速度较慢，他只有在做题的熟练程度上狠下功夫。

让黄纬禄每每想起都感到有点自豪的学习方法，是他复习化学时“独创”的：“复习到金属部分，我就背电化次序表。实际就是哪个金属活性强，就可以把它后面的金属从盐或其他化合物中置换出来。比如铁比铜活性强，在硫酸铜里加入铁，铁就能把铜置换出来，铁的电化次序就比铜要高。背一种金属，就把它以及它的化合物如何制造、性能怎样都讲一遍，这样，这种金属的有关内容就都复习到了。”黄纬禄通过熟背整个化学元素周期表，并对每个元素进行上述方法的复习，相当于把化学课本的知识全部记牢了。

如果人们细细琢磨这个方法，会发现依照这些化学元素的活性，黄纬禄的复习过程实际上勾画出了一张金属元素的树形结构图。相关金属化合物的制造方法和性能成为树形结构的底层。这张表包括了这种金属元素的全部内容，无一遗漏。

很多年以后，黄纬禄在查找导弹研制与测试过程中所遇到的问题时，脑海中会很自然地根据清楚的物理概念，将可能引起故障的原因列出“故障树”，从而较快地确定问题所在，或许就是当时自创复习方法的一种延续吧。

整日闷在阴暗湿热的小屋内，苦读中的黄纬禄只有靠手中的蒲扇给自己降温。紧张的复习阶段哪还顾得上到室外稍加活动，个把月之后，黄纬禄的身体出问题了。这天，大家讨论得正起劲，突然听到黄纬禄一声轻微而痛苦的呻吟。连日来，他感到双腿一阵紧似一阵地疼痛，这会儿，终于疼得忍受不住了，同学们只能把他送回宿舍休息。病情发展很快，他只能始终保持双腿蜷缩的姿势躺在床上，才能让自己好受一点。黄纬禄意识到这种身体状况很难参加入学考试了。

同学间的友谊纯朴而真诚，黄纬禄的一位安徽同乡张智斌决定把他送回家。凡需步行的地方，张智斌一直背着他。从扬中乘汽车到江边，再乘船到镇江，又从镇江乘火车到芜湖。黄纬禄和家人对张智斌自有一番感激。当张智斌的身影消失在门外，黄纬禄的清华梦也一同远去了，沮丧的情绪笼罩在他的心头。他难过，但很少说话，此时心痛胜于病痛，只是都放在心中。

父母精心照顾，为黄纬禄寻医问药，并不时安慰着“不要着急，把病养好，可以休息一年再考。”父母的劝慰加之黄纬禄自己内心的调整，他决定塌下心来，安心养病。

或许是医生妙手回春，或许是脱离了阴暗潮湿的环境，紧张的情绪也得以放松，黄纬禄的病情出现转机，仅两周时间就可以下地走路了，并逐渐恢复了正常。这场病使黄纬禄错过了报考清华大学和交通大学的机会，使他颇感失落。但随着身体的康复，他那颗年轻的心又开始活泛起来，考大学的理想之火再次点燃。

一寸光阴一寸金，黄纬禄不肯再等。闻听中央大学和浙江大学的招生考试就在眼前，黄纬禄立即打点行装前去应考。颇具实力的黄纬禄被两所大学同时录取，他顺从父母的意愿，选择了离家较近、交通相对方便的国立中央大学。

黄纬禄

黄纬禄院士传记

Academician Huang Weilu's Biography

第三章

入中大，初涉理工
逢战乱，艰难求学

艰苦生活，磨炼了他坚强的意志；名师楷模，对他的世界观产生了重要影响；成绩优异，为他的大学学业画上了圆满句号。

1. 入读中央大学

1936年8月，黄纬禄来到六朝古都南京玄武湖畔的中央大学。入学前，学校首先要求他做了笔迹核对，这是每个入学新生必经的一道手续。黄纬禄又见到了自己的高考试卷，发现数学成绩竟是100分[①]，脸上露出了欣慰的笑容。理学院数学系觉得黄纬禄有数学天分，数学系应当优先录取，工学院电机工程系（简称“电机系”）则强调“数学系是他的第二志愿，我们系可是他报的第一志愿”，爱才心切的教授们都希望把黄纬禄收到自己门下。最终，还是遵从了他自己的意愿，成为电机系的一名学生。

这一年，报考中央大学各系的学生共4000多人，黄纬禄总分第一。按照以入学考试成绩评定奖学金的规定，黄纬禄“榜上有名”。

办完新生入学手续后，黄纬禄迫不及待地到校园中走一走，看一看。笔直的大道，宽阔的操场，一座座教学楼隐蔽在郁郁葱葱的绿树丛中，图书馆、实验室都具有相当的规模。走进室内，黄纬禄惊异地发现，图书馆馆藏浩瀚，不

① 数学试卷共7道题，每题15分，总分为105分。7道题全部答对者，最高分为100分。

算中外文图书，单单理工科的外文期刊就有数十种，杂志的时间跨度有几十年；再看实验室，把工学院中的机械、土木、建筑、化学等系除外，仅电机系就有电子、电力、有线电、无线电实验室和电机制造（修配）室等十多间，仪器设备亦很齐全；在校园中慢慢行走，即使心情浮躁的人也会渐渐安静下来。一圈儿转下来，黄纬禄心中那份与清华大学、交通大学考试时间失之交臂的遗憾被悄悄冲淡了。

来中央大学后不久，黄纬禄发现，教授和同学们一提起罗家伦校长，就情不自禁地流露出赞佩的目光：他曾就读于北京大学，又留学美、英、德、法长达 15 年，学贯中西。归国后他牺牲了自己做学问的机会，而专心致力于学校领导工作，为别人做学问创造一个好环境，并且始终雄心勃勃，立志把中大办成牛津、剑桥式的一流学府。他在校期间建树甚多，尤其是把聘教授当成了最留心、最慎重的一件事，不曾把教学岗位做过一个人情，纵然因此得罪人也不放松条

黄纬禄在中央大学的数学笔记

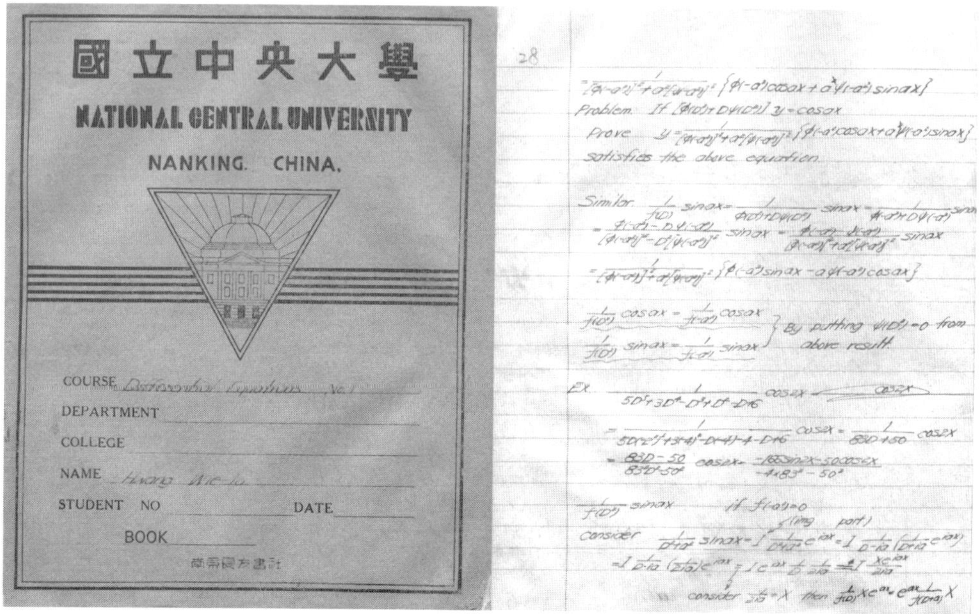

黄纬禄曾听过课的中央大学阶梯教室

件。大家对罗校长的一番评价，燃起黄纬禄心中的期望，他多么想多遇到几位像汪桂荣老师那样学富五车、可亲可敬的老师啊！

黄纬禄第一年的基础课程大部分是在阶梯教室上的。许许多多的学生，包括黄纬禄在内，一直对它有着一份特殊的感情。因为在这里，他们曾聆听过成为大学生后的第一节课；又因在这里，他们平静的大学生活，被日本侵略者的炸弹炸得粉碎。几十年后，教室内依旧能寻到历史的遗迹。那个深色的讲台，没有被敌机投放的炸弹炸毁，依旧静静地立在黑板前，无声地诉说着历史的沧桑。每当校庆之日，总会有中央大学早期的毕业生返回校园，在阶梯教室中略坐片刻，回忆自己已经远去的学生时代。

2. 躲避战乱，中大西迁

1931 年 9 月 18 日，日本侵占我国东北沈阳。至 1936 年，日寇已经占领华北大片土地。1937 年 6 月，日寇在河北宛平举兵挑衅，7 月，卢沟桥炮声响起，8 月，日军占领上海，南京危在旦夕。

中央大学校长罗家伦曾任国民党中央党务学校教务主任、代教育长。因与蒋介石比较接近，有更多的信息来源，可以对局势发展早作判断。早在 1935 年冀东事变时，他就令总务处做好了 500 只大木箱，以备迁校之用。1937 年 7 月，罗家伦又通知总务处，将该批木箱加钉铁皮，以备长途搬运之需。

“七·七事变”发生时，学校即将进行期末考试。黄纬禄见学校员工们紧张有序地准备搬迁，知道事态严重，也写信告知父母，字里行间充满着对家人的担忧。父亲告诉他：倭寇入侵，国之不幸。家人绝不肯生活在侵略者的铁蹄之下，已在筹措举家“跑反”[①]。只是祖孙三代，人口不少，需要时日准备。父亲叮嘱黄纬禄，国受欺侮，皆因国力不强，要他一心刻苦攻读，盼他早日成才报效国家。父亲也很伤感，此次离家不知何日可返，故也告诫黄纬禄：无论走到哪里，不要忘记家乡。黄纬禄牢牢记下了父亲的嘱咐。

罗家伦校长意识到这次抗战是长期的，但作为文化机关不便一搬再搬，为慎重起见，他派出三路人马寻访迁校地址。各方面议论纷纷，阻力甚多，对欲选新址，众说纷纭，莫衷一是。罗家伦接到各路寻址报告后，逐个分析利弊，最终认为，重庆不但在军事上险要，而且山峦起伏，宜于防空，水路又可直达。他力排众议，决定一举西迁重庆。于 9 月 23 日，得到教育部批准。

战火日渐逼近南京。1937 年 8 月 15 日，日寇飞机第一次轰炸南京，中央大学图书馆和实验学校大门被炸。8 月 19 日，第二次轰炸，中央大学 7 名校工被炸死，毁房七八处。大礼堂后壁破裂，主席台上的座椅被炸得飞至三楼。办公室被炸，罗家伦校长站在校门内梧桐树下办公。礼堂后是女生宿舍，校方急令学生搬出，2 小时后宿舍被炸塌。成贤街男生刚从宿舍的三楼二楼搬到底层，就有炮弹在附近爆炸，楼上门窗都被击碎。黄纬禄和所有同学一样，看着昔日美丽恬静的校园转眼间被炸得面目全非、断壁残垣，心里充满了对日寇的仇恨。

为了与日寇的轰炸抢时间，中央大学的大搬迁开始了。学校兵分几路，双管齐下：一边搬迁，一边派员到重庆沙坪坝筹建校舍。9 月 20 日，中央大学召开全校大会，向全体师生宣布迁校的意图与计划，同时发出通告：全体学生于

① 跑反：方言，指为躲避兵患而逃往他处。

10 月 10 日集中汉口乘船入川。数千师生和眷属，浩浩荡荡地千里西迁。风洞设备、三架拆卸的飞机、几千箱图书、仪器、设备、物资等，在所有人员齐心协力下，全部运抵码头，装船西运。

由于罗家伦校长的远见，中央大学在抗日战争中的损失被减到最低程度，避免了像北京大学、清华大学等高等学府所遭遇的厄运：匆匆撤离又一再迁徙，元气大伤。

黄纬禄随着全校 3000 多师生员工，顺着受到敌机威胁的长江航道溯江而上，穿过三峡，向山城重庆进发。船内的五等舱都是大通铺，环境脏乱，气味难闻。战争的阴霾挥之不去，背井离乡的感觉萦绕心头，黄纬禄常常站在甲板上，紧锁双眉向远眺望，他无心将青山绿水收入眼底，只是凝视着远方拉船的纤夫艰难的步履，纤绳深深勒进他们的肩头，也似勒进了黄纬禄的心里：仇恨与悲伤交织在一起，剪不断，理还乱，什么时候，我们泱泱大国才能强盛起来，不受欺侮呢?

……

1937 年 12 月 13 日，南京沦陷。没有来得及撤离南京的市民，陷入了万劫不复的深渊。不到一年，日寇长驱直入，武汉、宜昌等相继失守，整个华东、华南沦入敌手，山河破碎，国破家亡。

3. 艰难困苦的大学生活

中央大学入川后分为四处，其中本部设在重庆沙坪坝，分校在柏溪。1700 名工人在学校的指挥下日夜劳作，可容纳千余名学生的全部校舍竟然在 42 天之内就完工了！尽管各类房舍多为竹筋、泥墙、瓦顶、土地，极其简陋，但中央大学硬是靠着这点“本钱”，使学生们的复课时间，仅仅比正常开学季延迟了 3 个月！

师生们一路艰辛终于到达了沙坪坝。黄纬禄走进学生宿舍，发现这里就是一个大统舱。木板钉成的简易上下铺密密麻麻地排列着，从眼前向远方延展，100 多人共住一间，拥挤不堪。环境虽然艰苦，但想到又可以继续自己的学业了，黄纬禄心中仍感到一丝安慰，他卸下简单的行装和一身的疲惫，很

中央大学重庆沙坪坝学生宿舍

中央大学重庆沙坪坝校舍

快，一切就绪。既来之，则安之，黄纬禄在“陪都”重庆艰难的大学生活就此拉开序幕。

重庆是有名的雾都，秋冬难以见到太阳，令生活在江南平原的人们很不习惯。进入夏季，烈日当空，高温无风，室内气温常超过40℃，闷热难耐。最让黄纬禄感到苦不堪言的是臭虫和小咬，他的血型似乎格外受这些“吸血鬼”的青睐，每天在它们的阵阵突袭之后，身上总是留下十几或几十个大包，即使在皮肤上搔出道道血痕仍然奇痒难耐。

生活上，随着大批人马在重庆的快速云集，山城的物价在不断攀升。抗战之初米价不过每石10元，不几年便涨了30倍。教师们的薪水不升反降，随身带去的东西变卖之后，不得不外出兼职，养家糊口。来自沦陷区的学生，经济来源断绝，生活无着，几乎全靠学校为救助贫寒学生而设的资金制度维持。学生们在食堂的主食是许多泥沙、石子、稗子、稻壳混杂其间的“八宝饭”，带着霉涩的气味，难以下咽；副食基本是胡萝卜、大头菜、烂榨菜、盐水豆芽汤。环境脏乱差，老鼠多且硕大，到处乱窜，常把正在洗漱、如厕的胆小学生吓得尖叫。医疗落后，疟疾流行，许多师生都未能幸免。民生困苦至极，每天可见有人路毙在街头。

学习上，理工各系通常使用的英文原版教材已无法买到，大多数教师采取用英语口述、在黑板上书写的方法来授课，黄纬禄和同学们只能把听课、做笔记作为学习的主要方法。为了多掌握一些知识，他设法把上一年级同学出卖的旧书买来作为参考。晚上一些教室没有电灯，学生自修靠自己买油点灯，一只小油碗，几根灯心草，灯光昏弱，摇晃不定。这一切，都不能动摇黄纬禄刻苦学习的信念。

环境、生活、学习等方面的困难靠毅力都可以克服，不以人的意志为转移的是日本飞机的轮番轰炸。中央大学迁到重庆后的前四年，敌机轰炸不止一二百次。空袭往往从下午开始，有时陆续来几批飞机。夜间跑防空洞，影响师生睡眠，学校只得调整作息，增加午睡时间。直到美国对日宣战，派飞虎队来帮助防空，美机性能优于日机，且射击命中率高，日寇轰炸才得以减少，最后几乎绝迹。

黄纬禄永远忘不了重庆发生的隧道大惨案。那次日寇在重庆平民区展开“疲劳轰炸”，频繁的空袭使警报无法解除。重庆的防空洞有一二里长，但出口只有两个，洞内设施简陋，由于拥进了很多扶老携幼的难民，空气长时间不流通，致使许多人窒息而死，仅校场口一个防空洞就死了约 1.2 万人，惨不忍睹。而国民政府派出救援的人，只顾搜刮遇难者身上的贵重物品，将拖出去的人堆成人山，使很多尚存一线生机的人就此作了冤魂。

战时的生活是这样困苦，艰辛备尝。但是，素有爱国主义传统的中央大学的师生们，胸怀祖国安危之忧，誓立振兴中华之志，始终精神昂扬，学生“学而不厌”，教师“诲人不倦”，只见每天上下课调换教室，学生在山坡间上下奔跑，呈现出一派生机勃勃的动人景象。校长罗家伦有感而发，誉之为“弦歌不绝”，“炸弹下长大的中央大学”。

4. 跟随名师，发奋攻读

离开南京前，黄纬禄所在的班共有近 30 位同学，由于各种原因，最后只有 6 人来到重庆。他们的家乡都在沦陷区，疏于亲人照顾，同学间相互慰藉，互相帮助，关系亲密，情同手足。宿舍内过于拥挤，大家常聚集在教室里苦读。

这是一间近 20 平方米的专用教室，电机系的老师们常在这里出出进进。一天，黄纬禄正埋头看书，突然，他最要好的同学刘宗汉用胳膊肘碰了碰他，轻声说道：“你快看，这位就是电机系主任陈章[1]老师。”黄纬禄抬起头来，悄悄打

① 陈章，字俊时。

陈章教授

量着眼前这位中年人：他不过 40 岁，身材稍显单薄，但十分精干，外表严肃，在学生面前不苟言笑。虽然是初次近距离见到陈老师，但黄纬禄对他的大名却早有耳闻。

陈老师毕业于交通大学电机系，又在美国获得硕士学位，有着在美国电气公司任工程师和在国内几所大学任教的经历，他的学识、人品以及为电机系发展所作出的贡献，都得到罗家伦校长的充分肯定。学校西迁时，陈老师也是积极的支持者和组织者之一，中央大学电机系因此而成为抗战时期，国内唯一拥有完整教学和实验设备的电机系。

在南京时，由于工学院所有一年级学生都集中起来上基础课，与系里鲜有联系，黄纬禄对陈老师并不熟悉，进入二年级的专业课阶段，他与陈老师的接触才多起来。黄纬禄发现陈老师虽治学严谨，对学生的错误绝不姑息，但他内心非常关心爱惜年轻人。三年的朝夕相处，陈老师深厚的学识功底、优秀的道德品格，不仅对黄纬禄的学术成长、爱国情怀以及世界观产生了极为重要的影响，也使他们结下了非常深厚的师生之谊，陈章老师是黄纬禄继汪桂荣老师之后又一位终生难忘的恩师。

黄纬禄很喜欢上陈老师的课，像无线电、电力厂、交流电机、电报学、电话学，等等，不仅因为他本身对这些知识有着浓厚的兴趣，也因为陈老师严谨的教学态度和启发式的教学方法，每一节课都会给他带来新的收获。电机系课本中包含不少公式，凡书上只有结果而没有推导过程的公式，陈老师都要一一讲个明白；无论是同学们自己提出的还是他有意识引导同学们提出的问题，都先让学生们自己充分讨论，各抒己见，陈老师认真地听着，但只要觉得火候没到，就不会轻易作总结性讲解。学生们独立思考与分析问题的能力，在讨论中得到培养和提高。

有些英文教材很难学。比如“无线电”一课，用的是当年美国著名教授F.E.Terman 所写的 Radio Engineering 原版教材。他的书写得很有深度，但多用文字来叙述物理概念，而很少用到数学推导。F.E.Terman 擅长用英文长句来表述，一个句子往往有五六行之多。学生们读起来常面露难色，但陈老师文思敏捷，中、英文均挥笔立就，将句中的语义、修饰关系分析得一清二楚。若发现学生似懂非懂，陈老师定要讲到大家完全明白。在陈老师的指导下，学生们的收获是一举三得：掌握了无线电知识，学到了英语知识，又从反复接触、分

中央大学电机实验室

析此类句型的过程中，提高了逻辑思维能力。

电机系是培养工程师的摇篮，学校历来对提高学生动手能力极为重视。除数理化等基础学科、本系学科的理论知识外，还包括大量实验与实践。学校特意把实验课安排在下午 3 点至 6 点，这样，下课时尚未完成的实验，可以一直延续到晚间，而不耽误其他课程。

一天下午，又到了上实验课的时间，陈老师不同以往，手中多了几篇精心选出的文章。“今天做实验前，要给大家布置一项额外作业，每个同学拿一篇文章回去认真读，自己查找参考资料，加深理解，然后轮流向全班同学作报告，讲述你的论点，再由其他同学提问，报告人来解答，我也会一起参加讨论……”

实验课开始了。正当黄纬禄和同学们专心进行电路测试时，空袭警报拉响了。“快！快！快！大家赶紧把仪器搬到防空洞去，千万小心哪！”每遇轰炸，陈老师总是一改平时的沉稳，他通常一个箭步抢上前来，领着学生们以最快的速度从各个仪器的接线柱上扯下连接的导线，将设备逐个搬进在实验室外建起的地面防空掩体，直到最后一台仪器都安放好了，才领着学生们一边机敏地避开不远处落下的炸弹，一边奔向专为师生们修建的防空洞。

这个防空掩体是在日本飞机首次轰炸重庆后，陈主任亲自组织师生们修建的，尽管简陋得仅能挡住远处飞来的弹片，但在学校财力、物力极端困难的情况下，已是尽了最大努力。由于重庆多雾少晴，防空掩体又被堆在厚厚的土层之内，里面湿度很大。陈老师唯恐仪器设备受潮损坏，空袭过后，又赶紧领着大家把它们搬到实验室里通风晾干。在几年的空袭中，如此搬进搬出不止百次，陈老师不厌其烦，对这些设备的珍爱程度远远超过了对私人财产。在他心里，它们是电机系失而不可复得的最宝贵财富。

空袭过去了，教课、听课、做实验，一切又照常进行。

敌机的轰炸虽不能摧毁人的意志，却使得生产停顿，通货膨胀，民不聊生，重庆的物质生活越发艰难。老师们的工资从到达重庆起就锐减30%，随着物价飞涨，月收入竟然落在黄包车夫之后。陈老师家人口多，还要供几个孩子上学，更加困苦。即使这样，他心中念念不忘的还是他的学生们。

位于嘉陵江上游距沙坪坝约三四十里的柏溪分校，地处僻壤，听不到空袭警报，又不通电话。一年级的新生都集中在那里上课，令人放心不下。学校责成电机系研制无线电收发报机，每遇空袭警报，及时发电报到柏溪。陈老师惦记着黄纬禄他们这些离乡背井失去经济来源的学生，为了给大家争取到一点补助，把发电报的任务争取过来，交给黄纬禄他们来做，并以此为由，从系里非常拮据的经费中，挤出少量的钱发给大家，以缓解生活的困难。黄纬禄和同学们无不对陈老师的关怀感念在心。

黄纬禄大学毕业走上工作岗位后，中央大学电机系录取了一位来自江西、极度贫困的女生，衣食无着，陈老师除了千方百计为她寻找兼职工作外，还在必要时紧缩家庭开支，解囊相助。自己再难也不肯向亲戚朋友张口寻求接济的陈老师，竟然为了解决这个学生的生活困难，出面向自己的大哥和黄纬禄等几位早期中大的毕业生求援。黄纬禄他们被陈老师的行为深深感动，从各自菲薄的工资中，拿出一部分集中交给陈老师，坚持数月去帮助那位素

坐落在东南大学信息科学与工程学院的陈章塑像

不相识的同学，使她得以坚持把书读下去。

每一位受过陈老师教诲的学生，都对他敬仰有加，任凭时光流逝，也带不走他们深刻的记忆。他们对陈老师的深情表白，完全代表了黄纬禄的心声："俊时吾师，韶华易逝，岁月如流，追忆往事，缅怀您对我们的教育培养之恩，不胜依依！回忆生等受业之日，正值日本军国主义者蚕食、侵略我国之时，内忧外患，交相侵迫，赴前线抗日乎，抑继续留校学习乎？生等年轻，阅历甚浅，惶惶然不知何去何从。吾师以'示有居者，谁守社稷，不有行者，谁捍牧圉'的《左传》之义，教育我们应安心求学，以供将来建设破坏后的国家之需。遂使我们能在嘉陵江畔，松林坡下，在敌机滥施轰炸、前线频传不利战讯的情况下，继续弦歌，埋首攻读，为日后报效祖国，积蓄了力量。在专业培训上，您高瞻远瞩，紧跟时代，不断改革，锐意求新，使我们为适应后来本学科的不断发展，打下了良好基础。在当时艰难的物质条件下，您对我们这些离乡背井类似孤儿的学生的生活和就业，爱护关怀备至。凡此种种，今犹深印脑际，未尝或忘。所幸生等未辱教诲，在后来的工作中，在不同领域，竭智尽忠，为国家作出了各自应有的贡献。虽成就大小有异，服务方面各有不同，而您的道德行为，公忠体国，方正为人，始终是我们遵循和学习的楷模。"

5. 处世低调，博学笃行

多年来，中央大学招收新生一贯取保守态度，重质而轻量，且不论有人在招生会上宣称“宁要一个杰出的科学家，而不要两个平庸的毕业生”是否正确，招生时严把质量关成为一个不争的事实。电机系更是由于考生多而选择性强，新生的录取成绩一直居高不下。按理，这样精挑细选上来的学生，完成学业不应太困难，但实际上，能够从电机系顺利毕业相当不易。中央大学有着极严格的升留级制度，例如有 1/3 学分不及格要留级，1/2 学分不及格要退学。另外，学生如果高等数学考试没通过，不能学微积分，微积分考试没通过，不能学物理……学校同时规定理工科教授讲课要全部用英语，这无疑增加了学生学习的难度。遇到个别教师在考试中，多出难题和偏题，致使淘汰率升高，许多人因此而留级甚至退学。以 1938 年中大电机系的学生为例：这一届共录取了 50 多个学生，再加上上届单门功课考试不过重读的 20 多人，总共 70 多个学生，最后拿到学位的只有十几个人。

大多数同学初入中央大学所面临的英语障碍，对黄纬禄而言已不复存在。但他依旧十分刻苦，没有丝毫懈怠。

1939 年，黄纬禄已是大学三年级的学生，父母逃难在外数年不见，读书之

1939年6月，中央大学电机系全体师生合影（二排右一为黄纬禄）

国立中央大学电机系全体师生合摄于二十八年六月

孙荣　胡名桂　李慧中　朱经　杨晋宣　归绍升　陈桂芳　李家琏　田炳耕　施复言　梁学熹

曾宝蒙　刘景伊　梁礽焕　严筱钧　周茂培　张文生　易寅亮　张可南　张多琦　侯世杰

唐昌润　王祥华　杨伟澄　冷远志　裘益钟　熊大楷　洪瑞楫

刘宗汉　蒋景芬　杨献之　陈钦柱　贺天枢　王昭烈　冯子来　陈伟燕　戴朝沛　林启荣　陈翔龙　郭美中　朱耀衣　吴鸿适　盛幼豫　黄纬禄

陈树德　孙家炘　孙月英　唐必威　闵泳川　吴大榕　王启贤　陈章　陈涵奎　张训尧　许照　王克中　唐宝乾

此为照片上的大致位置，原摄于 1939 年 6 月在重庆沙坪坝中央大学，1997 年 6 月在桂林电子工业学院复制。

昔日中大同学再聚首（左：刘宗汉，中：张可南，右：黄纬禄）

余，想起家人免不了有些孤寂伤感。一天，突然接到通知，周星北校长和汪桂荣老师要专程到中央大学来看望扬州中学毕业的同学们！阔别三年，能在抗战后方与中学老师再次见面，黄纬禄感到激动、兴奋，此刻，他盼望见到昔日的恩师，如同盼望久别的亲人。当周校长和汪老师出现在同学们面前时，立即被大家团团围住，关切的问候夹杂着欢声笑语，那份亲切与激动荡漾在每个人心头。汪老师像过去一样，声音铿锵有力："同学们，希望你们努力学习，也就是把'工'字旁边加个'力'字，预示着你们的学业一定会取得成功！"汪老师的话不仅博得了热烈的掌声，也好似一股强劲的动力激励着黄纬禄，他如同上足了发条的时钟，更是把学习过程当成长跑比赛的征程。

刻苦努力加上天资聪慧，黄纬禄的学习成绩始终名列前茅；心灵手巧加上善于用脑，无论平时的电路实验，还是实习课中的金工、木工，他都做得很出色；黄纬禄的学习成绩、动手能力，以及在逻辑思维、分析问题、表述问题方面显露出来的才华，给陈老师留下的印象越来越深刻；黄纬禄温文尔雅、不骄不躁的性格受到陈老师越来越多的赞赏。尽管两人有着 16 岁的年龄差距，但他们之间的关系最终超越了师生，成为了很好的朋友。陈老师作为电机系主任，在挑选本系教师时，条件极为严格，曾直接拒绝过罗家伦校长亲自举荐的两位教授，但出于对黄纬禄才学的器重与赏识，当他从英国留学归来后，陈老师极力主张他回到母校电机系任副教授，后来得知黄纬禄最终因家庭原因留在上海，惹得陈老师很认真地与他生了一回气。

黄纬禄没有丝毫的傲气，也从不张扬。很多同学都知道“电机系成绩最好的是黄纬禄”，但大都只闻其名，不识其人。

还有一学期就要毕业了，在这关键时刻，同学们个个铆足了劲儿奋力一搏。一天，同班好友刘宗汉为黄纬禄引荐来一位低年级同学：“纬禄，微积分的公式你还记得吗？他有一道难题，你能帮他看看吗？”黄纬禄微笑着说：“我试试看。”他拿过题目，没有更多的思索，便一步一步地解下来，过程清楚而流畅，所用公式虽是大学一年级学的，依然像刻在脑海中一般清晰。小同学心中暗生敬佩，消息也就不胫而走。以后，常常有同学慕名而来，向他请教高等数学、微积分中的一些难题，占用了他不少宝贵时间，但黄纬禄从不拒绝前来求助的人。偶尔遇到一时来不及解答的习题，他会嘱咐说：“等下一个课间休息，我在这里等你。”同学们拿来询问的题目不曾有一道难倒过黄纬禄，他的数学功底与待人诚

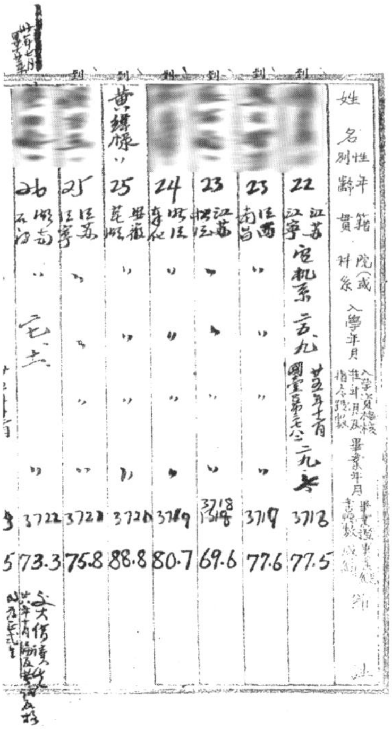

黄纬禄所在班全体毕业生总平均成绩表

心，赢得了大家的赞许。

每学期平均分 85 分以上；四年总平均分为 88.8 分。黄纬禄以优异的成绩完成了他的大学学业。

按照中央大学电机系的惯例，以毕业生四年总平均分严格排列名次，当有用人单位来公函招聘学生，或由系主任以私人关系介绍学生前去应聘时，总是成绩名列前茅者优先。由于抗战时期学校极度困难，即使老师有心将优秀学生留下任教，也无法解决新教师的住宿问题。黄纬禄遂被陈章主任介绍到了重庆毕业生去向最好的工作单位——中央无线电器材厂重庆分厂。

6. 步入中央无线电器材厂

1940 年 8 月，黄纬禄结束了四年的大学生活，成为资源委员会中央无线电器材厂重庆分厂的新成员。

资源委员会是中华民国国民政府发展中国工业尤其是重工业的专门机构，成立于 1932 年，原名“国防设计委员会”，蒋介石自兼委员长，成员由知名学者，金融实业界首脑，国民政府所属企业的技术及管理负责人，国民党军政、党务人员数十人组成。1935 年改称“资源委员会”。中国的石油、金属矿开采和冶炼、钢铁、电力、煤炭、机械、化学、电子等行业中的绝大部分企业都在该委员会领导之下。解放后，资源委员会在大陆的企业成为中华人民共和国国营工业的基础。

1939 年，从湖南长沙迁到广西桂林的原“湖南电器制造厂”更名为“资源委员会中央无线电器材厂（总厂）”，它的两个分厂分别在昆明和重庆。重庆分厂组建时间不长，技术人员不到 10 人，连办公室都没有，技术人员和工人们一起挤在车间里上班。黄纬禄参加工作时，正值夏季，气候炎热，工作环境十分艰苦。他不在意天天汗流浃背，白天虚心求教，晚上研读技术资料，很快就可以上手工作了。

这个工厂虽小，它的实力却不一般。厂长王端骧是我国无线电工业的创始人之一。他 1930 年毕业于交通大学电机系，之后的七年中，先后成为上海三个无线电厂的技术骨干：为上海铁路局安装了三座无线电台；在福州、南宁建立了两座广播电台；设计制造了中国自制的最大功率 (10kW) 的桂林广播电台；还为泰国海军建立了两座军用电台。1937 年秋，王端骧随中国无线电公司迁到重庆，国民政府资源委员会急需在重庆建立无线电器材分厂，王端骧受命组建分厂并任厂长。日军对后方狂轰滥炸，基建器材短缺，运输时常中断，条件十分艰苦。但是王端骧是个干劲大又很有朝气的人，他带着职工苦干，重庆无线电器材分厂迅速建立起来。此后的几年中，该厂配合桂林的中央无线电器材厂，供应了全国半数以上的军用无线电设备，为抗日战争作出了贡献。

有这样能力非凡的人做厂长，厂里的技术水平也不一般。黄纬禄的设计、动手能力很快得到了厂里的认可。桂林中央无线电器材厂研究室主任蔡金涛在重庆分厂承担了一部分技术工作，在他的指导下，黄纬禄很好地完成了电台的研制，并接受了设计新型收音机的任务。此时，重庆市面上正流行二灯（即两个真空电子管）收音机，黄纬禄设计的五灯收音机很快通过了技术鉴定。

“黄纬禄平时不太言语，对利益看得比较淡，从不跟别人计较。他为人很低调，对技术人员和工人都很客气，人际关系很好。”这是他留给同事们的印象。

尽管黄纬禄在工作上得心应手，但在生活上有时却一筹莫展。抗日战争的持续，使得重庆生活每况愈下，黄纬禄领到的薪水除去伙食费，两个月的结余也只够买一件衬衣或一双布鞋。即便如此，黄纬禄仍将自己的支出压缩到最低，他总是小心翼翼地把这点钱积攒起来，汇给逃难在外最终落脚贵州独山的父母。他内心渴望给予家人更多的支持，但却无能为力。

房漏偏遭连阴雨，过于恶劣的环境，使他不幸染上了痢疾。重庆物资供应

在重庆无线电器材分厂工作时，黄纬禄与同事们合影（一排左起：孙家炘、黄纬禄、杨士智；二排左起：施复言、王详华）

奇缺，药品更是天价，黄纬禄囊中羞涩，除硬扛外，无计可施。他的病情迅速加重，一天十几次的腹泻，令他几近脱水，很快就虚弱得无法支撑了。与黄纬禄一起来厂的同学们焦急地跑到中央大学医务室求救："医生，你帮帮黄纬禄吧！他病得太重了，再这样下去，恐怕就危险了！"同学们的真情感动了怀有恻隐之心的校医，终于同意破例将黄纬禄视为在校生免费收治，当同学们跑回位于小龙坎的工厂将消息告知黄纬禄时，他已无力走出宿舍区了。同学们轮流连扶带背地把他送到校医务室，在校医的精心治疗下，黄纬禄的病情终于得到了控制。但是，为了不中断自己的生活来源，大病初愈的黄纬禄只得硬撑着虚弱的身体勉强上班。宿舍距办公地点1000多米的路程，在烈日的暴晒下，他中途要歇上几次才能走下来。那份无助与无奈，令黄纬禄难以忘怀。好在他还年轻，尽管身体恢复得很慢，但总算挺过来了。

俗话说："福无双至，祸不单行。"1941年4月，大病过后的黄纬禄又遭到更为沉重的打击，他接到了父亲去世的噩耗！几年来，一路受尽颠沛流离之苦的家人，辗转湖南湘潭，广西柳州、桂林，最后落脚在穷乡僻壤的贵州独山。父亲最终没能盼到抗战胜利的那一天，客死他乡。此时囊中空空的黄纬禄，无力购买一张车票去奔丧，泪水无声地顺着脸颊淌下来。他心里难过极了，这件事成为他心中永远的遗憾、永远的痛。

不久，黄纬禄搭上前往贵州的便车，来到独山祭奠父亲亡灵，守候在悲痛欲绝的母亲身边。父亲的灵柩并未葬入地下，临时安放在平地向上垒砌的墓穴内，盼着有朝一日回归故里后再入土为安。黄纬禄做梦也没想到，这次见到母亲竟然也是最后一面。母亲难以割舍几十年来与父亲夫唱妇随的伉俪深情，一病不起，在父亲走后的第二年也随之而去了。

后来，日本军队打到独山，手无寸铁的平民百姓仓皇逃命，黄纬禄的家人来不及带任何行囊，两手空空地连夜逃了出来，父母的遗骸永远留在了独山。黄纬禄忘不了这笔国恨家仇，他越发沉默，拼命工作，内心渴望着国家能够尽早强大起来！

抗战胜利后，在独山深河桥建立的抗日文化园

黄纬禄

黄纬禄院士传记

Academician Huang Weilu's Biography

第四章

出国留学，初识导弹
立志高远，申请深造

到达英伦，实习生活在导弹的威胁下度过；二战结束，亲眼目睹德国V-2导弹；继续深造，进入伦敦大学帝国学院；学业有成，坚定踏上归国之路。

1. 参加"庚款"留学考试

转眼间，黄纬禄在重庆无线电器材分厂工作进入到第三个年头。当年一身书生气的他已成为厂里的业务骨干。黄纬禄不满足于仅胜任眼前的技术工作，他清楚地记得陈章老师对他们进行的爱国主义的言传身教，也不忘自己最初的抱负：寻找一条可以使祖国摆脱贫穷、走向富强的道路。这条路在他眼中就是科学救国、工业救国。他渴望着能够有机会继续深造，使自己的技术能力得到进一步升华。早就听说国民政府教育部利用庚子赔款，不断选送学生到西方国家留学，黄纬禄默默地关注着。

庚子赔款，也是中国不强盛而被西方列强欺侮的铁证。1900 年（庚子年），义和团失败，八国联军攻陷北京，强迫清政府于次年 9 月 7 日签订了《辛丑条约》，其中规定付给美、英、俄、德、日、奥、法、意、西、荷、比等 11 国赔偿白银 4.5 亿两（相当于当时中国的 4.5 亿人口每人赔偿 1 两），这几乎是整个国家年收入的 2 倍，加之 4% 的年息，分 39 年付清，连本带利高达 10 亿两白银。英国分到了其中的一部分。

1918 年，第一次世界大战结束，德、奥等同盟国失败，英、法、美等协约国取胜。中国因参加了协约国，也就成为了战胜国。1924 年 5 月中苏复交，签署了《中俄解决悬案大纲协定》，苏联宣布放弃庚子赔款的俄国部分。巴黎和会之后，在中国人民爱国运动的促使下，英国政府虽然在 1922 年 12 月就宣言“以后中国应付逐期庚款预备悉数退回”，但又附加条件，规定要“作为两国互有利益之用”。后经多次交涉，直至 1930 年才由中英两国政府以正式换文成立。换文中对庚款的使用有许多详细规定，可以明显地看到英国退回庚款是有附加条件的，资金使用受对方严格控制，“考送留英公费生”是其中的一项内容。

陈章老师和重庆无线电器材分厂始终保持着密切联系。按照惯例，中大电机系大三学生在暑期都要安排到工厂实习，黄纬禄时常可以和陈老师见面。

1943 年 2 月的一天，陈老师很高兴地找到黄纬禄，给他带来了一个令人振奋的好消息：英国工业协会 (Federation of British Industries，简称 FBI) 和国

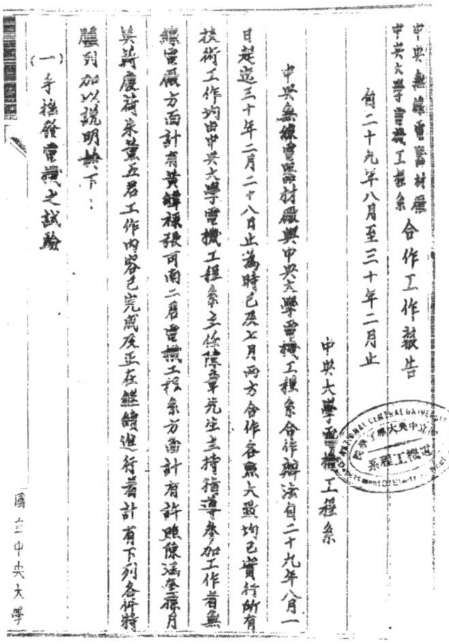
中央無線電器材廠
中央大學電機工程系 合作工作報告
自二十九年八月至三十年二月止
中央大學電機工程系

中央無線電器材廠與中央大學電機工程系合作辦法自二十九年八月一日起迄三十年二月二十八日止為時已及七月兩方合作各點大致均已實行所有技術工作均由中央大學電機工程系主任陳章先生主持指導參加工作者無線電廠方面計有黃緯祿張可南二君電機工程系方面計有許照陳遠瑩孫月異蔣康蔣來黃五君工作內容已完成及正在繼續進行者計有下列各件特臚列加以說明於下：

(一) 手搖發電機之試驗

國立中央大學

中央无线电器材厂与中央大学电机工程系合作工作报告（报告内容提及黄纬禄、张可南作为无线电厂方人员参加电机工程系的合作实验）

民政府教育部要共同举办留英进修生的选拔，条件是1939年至1941年期间电机系、机械系、土木系、水利系毕业且成绩优秀的大学生。

陈老师对黄纬禄说："学校已经把你推荐到教育部，接下来还有考试，是中英双方的共同面试。学生要单独接受中外考官的谈话，面试内容一个是专业知识，另一个是英语口语。你要好好准备，争取被选上。""陈老师，我一定会好好准备的。"黄纬禄平静地答道，其实这个消息让他很开心，只是不惯于喜形于色罢了。黄纬禄心中很清楚，庚款实习生或留学生的遴选条件十分苛刻，能够被推荐参加考试本身就不易，一定要好好珍惜这个机会。

黄纬禄参加面试并不十分紧张。但当他走进考场，发现里面布置得很庄严，主席台上有七八个座位，除了中间的一两位中国考官，两旁都是英国人。这个阵式，还是让黄纬禄的心跳略略加快了一点。他在考官面前坐下来，在中国考官介绍考试要求的过程中，他已将自己的心态慢慢调整过来。针对黄纬禄的专业和学习情况，英国人开始发问了。最初，他们说得很慢也比较清楚，随着黄纬禄沉着的英语对答，他们的语速在明显加快，而且离开了专业，问及其他。比如你为什么要选这个专业？它对你们国家的建设有什么作用？你去英国留学的希望是什么？你的志愿是什么？等等。这些都是需要现场发挥的问题，黄纬禄的回答流畅、朴实，应对自如。不久，一位带有浓重苏格兰口音的英国人开始发问，黄纬禄无法听懂他说的每一个词，但凭着自己的英语功底，能够从语句中捕捉到一些关键词汇，从而揣度出整段话语的主要意思，回答得倒也八九不离十。

几天之后，报纸上陆续刊登了两批留英学生名单，应试的100多人中，一共录取了31人，黄纬禄名列其中。

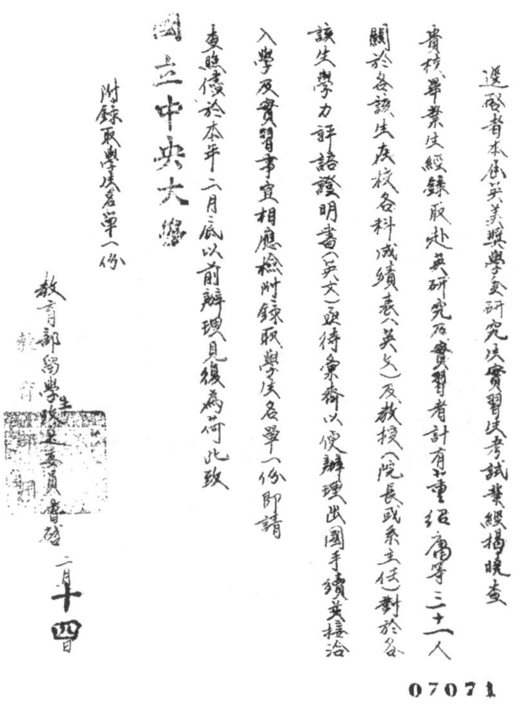

逕啟者本屆英美獎學金研究生實習生考試業經揭曉查
貴校畢業生經錄取赴英研究及實習者計有[illegible]重紹廣等三十一人
關於各該生在校各科成績表（英文）及教授（院長或系主任）對於各
該生學力評語證明書（英文）亟待彙齊以便辦理出國手續並接洽
入學及實習事宜相應檢附錄取學生名單一份即請
查照儘於本年二月底以前辦理見復為荷此致
國立中央大學
附錄取學生名單一份
教育部留學生派遣委員會啓 二月十四日
07071

教育部派遣留学生的有关文书

2. 艰险漫长的赴英之旅

1943 年 5 月，31 名留英学生被教育部分成几批，陆续离开中国，首先从重庆飞往昆明，再到印度集结，然后从印度乘船去伦敦。黄纬禄、黄大能是第一批。充满好奇的年轻人，从飞机起飞就紧盯着窗外，直到重庆被雾气完全笼罩才将眼睛收回，两位伙伴互相搭起话来。从学校、专业，聊到爱好、家境，等到达昆明时，双方倒像是老相识了。黄大能觉得黄纬禄“为人沉着机智，非常聪明，而且性格内向可亲”，黄纬禄觉得黄大能虽是名人之后（中国民主同盟会和民主建国会的发起人黄炎培之子），但并无傲气，敦厚实在，豪爽健谈。二人性格各异，却很投缘，一路走来，成了要好的朋友。

第二天，从昆明直飞加尔各答，途经喜马拉雅山，飞机受飞行高度所限，只能从两座险峻的山峰之间穿过。这条航线繁忙时，经常上演飞机失事的悲剧，令人触目惊心。偶尔遇到的强气流，使机身上下颠簸，胆小的乘客不由得惊叫起来，紧紧抓住前排的椅背，黄纬禄和黄大能倒像是在经历一次冒险，只感到刺激，而没有胆怯。时间一小时一小时地溜走，两人都感到饥肠辘辘，但当乘务员送上午餐和小食品时，他们都礼貌地用“No，thank you！”来婉拒，只

1945年，黄纬禄（左）与黄大能（右）漫步在伦敦的海德公园

2009年，黄纬禄（左）与黄大能（右）在《雷震海天》图书首发式上合影

因口袋中没什么钱，一路忍饥挨饿好容易才到了目的地。“谁知道飞机上提供的食品是免费的！”此后，两人常拿第一次乘飞机时当了回“土老帽儿”来做笑谈。

中国驻印领事馆工作人员早已等在机场接应，安排住宿、发放生活费，一切井井有条。大约一两个星期后，31 名留学生全部到齐。

领事馆经常召集学生们开会，除了报告战势，就是强调纪律，只是出发时间渺无音讯。等待已久免不了心烦意乱，大家百无聊赖，不时相约着走马观花，看看印度民俗及当地人的生活。

黄纬禄（后排左二）在加尔各答与同去英国的中国留学生合影

第一次出国的黄纬禄处处感到新鲜，骑大象、看动物、逛街景，只要有同学去，他都积极参与，包括发现了印度人常常不等公交汽车停站就上上下下。对此，黄纬禄也赶上去亲自体验一把，结果被摔了下来，他站起身来笑着说："哎哟，看来功夫不到。"为自己的失败而解嘲。

两个多月过去了，依然没有动身的消息，领事馆决定把学生们从印度东海岸的加尔各答转移到西海岸的孟买。孟买是一个建筑漂亮又安静舒适的海滨城市，许多富商聚居于此。它与加尔各答形成了强烈对照：加城赤贫者多，他们除了下身的小块遮羞布，便一无所有，靠乞讨度日，自生自灭。孟买对于加城的穷人而言，就像不可企及的天堂。

为了打发枯燥的等待，黄纬禄常到海边漫步，余下的时间便和同学们聚在一起打桥牌。爱动脑筋的黄纬禄，因滞留印度而多了一份收获，他打桥牌的技艺在漫长的等待中大有长进。

1943 年 9 月，终于盼来了动身的通知：严格保密行踪，悄悄整装待发。31 人分批行动，个人必须服从集体，保持高度的纪律性。同学们如同战士接到上前线的命令，神经立刻紧绷起来。黄纬禄联想起加尔各答和孟买街上到处张贴着大意为"不把紧口风，必导致沉船！"的英文标语，此刻好像才真正感悟到它

黄纬禄在印度孟买

的含义，若走漏船期消息，会遭遇敌机的轰炸，而轰炸就意味着沉船与死亡。黄纬禄表情严肃而凝重，认真执行着领事馆下达的每一道指令。

这是一个清晨，天上的繁星还未落尽，人们尚在梦呓中，31 名中国学子分别登上两艘万吨级轮船。黄纬禄站在甲板上回望着远方，心里默默地想：再看一眼吧！穿过印度半岛，就是自己的祖国。父亲的话又在耳边响起：不论走到哪里，不要忘记家乡。黄纬禄知道，当自己踏上异国的土地时，祖国就是家乡！这次远航，虽然无人知晓是生离还是死别，但是他知道，为了祖国的繁荣富强，他有重任在肩，必须勇往直前。

轮船行驶了一天，举目望去，已是海天一色，陆地的踪影消失殆尽。此时的黄纬禄终于明白了数月来滞留印度，是为了等待轮船的集结，以便到达一定数量后由军舰护航。只见 5 艘舰船一字排开，中间为主帅：一艘巡洋舰，两翼各有一艘驱逐舰，在巡洋舰与驱逐舰之间是黄纬禄他们分别乘坐的两艘万吨级轮船。为了防止德国飞机俯冲投弹，每艘万吨轮船上都挂有两个特大气球，其间密布着铁丝电网并夹带着一些探照灯似的装置，这就是早期的雷达。英国人 40 年代初发明的这些装置被首先应用在舰船上。在雷达的帮助下，船队才得以安全行驶。

航行的第一站是亚丁市。过了亚丁进入红海，船转向北去，在狭长的红海中前进。红海两岸皆是沙漠，在太阳烘烤下，连海上的天气也异常闷热，黄纬禄和同学们忍受不了憋闷在舱内由四层钢丝床摞在一起构成的上下铺所形成的狭小空间里，不得不在甲板上度过数个通宵。

过了红海，到达苏伊士运河和塞得港，这是埃及的重要港口，也是进入地中海的必经之路。

船队在塞得港停下来重新编队。万吨级轮船和护航舰的数量都大大增加，几十艘船组成了巨大的船队，浩浩荡荡行驶在无垠的海面，在蔚蓝色天空的映衬下，那份壮观与美丽令人叹为观止、终生难忘。

战争状况瞬息万变。原本因埃及被德国占领，乘船到英国都要绕道非洲好望角。1943 年 4 月，英国蒙哥马利将军在北非战胜了德国元帅隆美尔，占领了阿尔及尔、利比亚等港口，以及意大利的西西里岛。地中海航线在中国学生启程时已经开通，他们得以免去绕道好望角，而使航程大大缩短，并能够安全通过直布罗陀海峡到达英国了。

中国学生和印度士兵生活在一起，虽不是上战场，也实实在在地体验了一把真正的军旅生活。乘客们在一次次的演练中奔上甲板，站在指定位置，面向救生艇，检查浑身装备：救生圈、水壶、干粮等一样都不能少；每位乘客有一件救生衣，外带一个镶有红色玻璃罩的防水电筒，一旦夜间轮船被炸，乘客跳海后，红光便是求救的信号；夜晚船上实行灯火管制，舱内开灯要用黑布遮拦得严严实实，乘客更不允许在甲板上抽烟。逃生演练越来越频繁，使得人们不加思考就可以把“空袭警报躲舱底，潜艇警报奔甲板”变成了本能的反应。这一切并非虚张声势，因为此时德国的潜艇在地中海还很活跃。

船队从塞得港启程了，日复一日枯燥的航海生活，使不甘寂寞又总想学些新技能的黄纬禄，将注意力从打桥牌转移到了国际象棋上。从围观到参与，有着良好中国象棋基础的黄纬禄，很快就入门了。两种象棋的下法有同有异，黄纬禄把不同之处的规则记住并掌握好，下起来就得心应手了。船上有位英国官员，也爱下国际象棋。黄纬禄本想跟他多学几手，没想到到后来比他下得还好。

一天，国际象棋的对弈又开始了。没走几个子，突然听得“轰轰”几声巨响，全船为之震动。“不好！有炸弹！”不知谁喊了一声，大家丢下手中的棋子，迅速奔上甲板，发现所有的驱逐舰已经集中到船队右后方，其余轮船开足了马力向前奔。火光和爆炸声逐渐消失了，大约半个小时后，驱逐舰追了上来，海面上泛起的浪花中夹杂着一些漂浮的船体碎片。一艘德国潜艇在这次战斗中被摧毁，数十名敌人被俘获。但消息传到国内时已经走样，引起黄纬禄家人的异常担心。

船队在海上走走停停，但所停之处如西西里岛、阿尔及尔海港，除了远远眺望城中的断墙残垣，任何人都得不到下船的许可。当船队驶进地中海西端的直布罗陀海峡，转而向北进入大西洋后，人们感受到随着纬度的升高，天气也在渐渐变凉，气候从酷热到寒冷的变化，更令人感到旅程的漫长，船队行驶了六个多星期，英国西海岸的著名城市利物浦终于出现在视野中。

3. 初到英伦

1943 年 11 月，一个星期天的早上，31 位中国学子终于结束了漫长枯燥的海上生活，大步走向英国利物浦码头。黄纬禄深深出了口气，他知道在踏上陆地的那一刻，自己有惊无险的海上旅程就此结束了。

这是英伦三岛初冬大雾季节中一个难得的好天气，迷蒙的阴霾消散得无影无踪。远处，马塞河上隐约蠕动着几艘汽船，偶尔传来的汽笛声划破沉寂的长空。近前，映入眼帘的所有房屋无不被数十年来工厂黑烟留下的沉积物包裹得如同穿上了灰黑色外套，它们在以这种独特的方式炫耀着英国工业的发达。

火车站也是死一般的寂静，人们默默地寻找着自己的车厢座位，顽皮的孩子们惊奇地睁大了眼睛，注视着这些黄皮肤、黑眼睛的外国人，但没有一点大声喧哗，这对习惯了重庆、加尔各答、孟买车站码头嘈杂拥挤的黄纬禄而言，似乎走进了另一个世界。

来利物浦码头接应并将中国学生送往伦敦的是英国工业协会的詹更斯先生。他是位彬彬有礼的绅士，服务热情周到，说话清楚斯文，把每个人的去向与联络人交代得清清楚楚。临别时，詹更斯掏出一份账单，索要他从利物浦到伦敦的一切个人费用和酬金。这使得有着讲人情世故与客套传统的中国学生们感到有些惊讶，大家如数付款并致谢意的同时，也初次体验到了中西方文化背景的差异。

中国驻英使馆已经为黄纬禄安排好了住处。房东是英国人。四位中国人分住两个房间，先前三位房客是中国派来的技术人员，专程来接收英国帮助研制的电台。黄纬禄的室友居然也是中央大学电机系的毕业生，两位不同届的校友能在异国相见，感到分外亲切。

“我们从利物浦过来，一路上好像很宁静。”黄纬禄还没说完就被校友打断了：“这是你碰巧！你要有思想准备哟，现在这里战事吃紧，空袭频繁，我们可

1946年，黄纬禄（中）在英国伦敦住所附近与室友合影

是一直生活在炮火下的。我先带你去看看轰炸时藏身的地方吧！”说罢，领着黄纬禄走出房门。“就是这里”，室友指了指房东家后院另盖的一个小房子。黄纬禄顺着他的手指望去，这是一个房顶特意加固了的小屋，只要炸弹没有落在屋顶上，还是可以阻挡炸弹碎片的。“有空袭警报时，我们四个就躲在这里，房东一家藏在他们的地下室……”真是说曹操，曹操到，校友还没介绍完呢，凄厉的空袭警报就由远而近地响起来。一阵嘈杂的脚步声过后，所有人都跑到了惯常藏身的地方。黄纬禄仿佛又回到了他的大学时代，不同的只是没有和陈章老师一起拼命往掩体里搬仪器。远处不时传来炸弹落地后的爆炸声，黄纬禄的室友里有一位信佛者，口中不停地念着“阿弥陀佛”来祈祷平安。“还有一件事，你也要有思想准备。”室友的表情凝重起来。“在这里，中国人是被歧视的，你若穿得风光体面，会被当成日本人。如果知道你是中国人，人们的目光就变了。比如租房子，如果自己到街上租就租不到。街上所有衣冠不整、穿着破烂不堪的黄种人，都被认定是中国人，他们打心眼里就看不起。你刚来还没感受到，时间久了，你会觉得很压抑、屈辱。看来，只有到了中国强大的那天，我们才能扬眉吐气！”

室友的一席话，让黄纬禄心中愤愤不平，这个目睹过民族贫弱苦难的年轻人，心灵好似被一股力量猛烈地撞击着，这股力量化成了肩上沉甸甸的责任。

此刻的黄纬禄更觉得只有发奋学习，掌握好先进的科技知识，才能积攒起将来报效祖国的本钱。

4. 导弹威胁下的实习生活

黄纬禄的实习生活，在德国不断用 V-1 导弹袭击伦敦的状态下拉开了帷幕。这些从德国导弹基地发射的导弹，每发都携带着 1 吨重的炸药，越过自古以来护卫英国本土的天堑英吉利海峡，落进伦敦市里，在街道上、楼群中、花园里肆无忌惮地狂轰滥炸。整个第二次世界大战期间，德国向英国投放了约 1 万枚 V-1 导弹，约 25000 英国人因此丧生①。然而，英国的螺旋桨飞机，达不到 V-1 导弹 350 千米 / 小时的速度，面对 V-1 导弹的淫威，人们无可奈何，恐怖笼罩着整个城市。但是，只要有生命存在，生活就要继续。从一次次警报拉响、伦敦人惊恐地四处逃避着从天而降的祸星，到慢慢摸到规律，知道只要导弹飞来时，弹体内的冲压发动机还未发出“啪啪”的声响，就说明推进剂尚未耗尽，导弹还要继续飞行，此时即便它掠过头顶，也还有躲避的可能。这点

地下仓库中的 V-1导弹

① 引自第二次世界大战纪录片《天启》。

经验，是人们以鲜血和生命为代价换来的。黄纬禄掌握了它，遇到空袭时也从容淡定了许多。

黄纬禄在伦敦实习的第一家公司是伦敦标准电话电缆公司（Standard Telephones & Cables Ltd.）。公司的主要产品是军用无线电发射机、无线电定向仪、收音机、自动电话机、特种电话自动选择器、金属整流器、火警报警器，还包括了其中一些产品的专用真空管以及导线，等等，种类繁多。但是公司指派黄纬禄实习的首要项目只集中在加工车间，车、铣、刨、磨，每个机床都要操作一段时间。这些内容，对于动手能力很强的黄纬禄而言，实在没有什么新鲜之处。好在公司对他并不严加限制，同意他在完成机床操作实习后，可以到各部门走走看看。

黄纬禄是个有心人。他没有一头扎进加工车间摆弄机床，而把目光集中到了自己并不熟悉的技术和管理环节上。比如，到工具室看技术人员如何设计工模夹具，参与对器件进行如电镀、涂覆类的化学处理，摘录些比较有价值的技

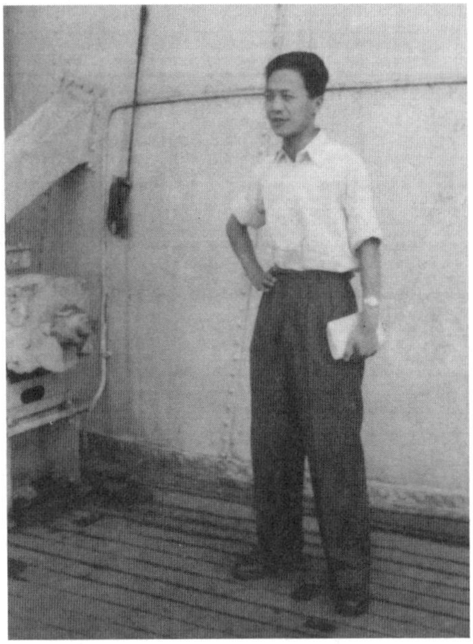

在加工车间实习的黄纬禄

术资料，等等。他尽可能详细地了解公司结构、各部门职能，以及产品的设计流程、生产流程、工艺流程、检验流程等，无所不包。英国同事问他将来是否想做个全能“超人”，黄纬禄微微一笑，只是说：“出国一次不容易，能学就尽量多学一点。”

黄纬禄与英国同事们交流起来没有什么语言障碍，遇到“茶歇”时，偶尔出个智力题，讲个小笑话，让人们感到他的聪慧与幽默，大家相处得还算融洽。在一次谈笑中，黄纬禄不动声色地问英国同事：“Excuse me，could you tell me witch is the longest English word？（请问，你们能告诉我最长的英文单词是什么吗？）”英国同事们你一言我一语地说出了好几个由许多字母组成的英文单词，黄纬禄却总是微笑着摇头，英国同事反过来将黄纬禄一军，要他做出回答，黄纬禄慢条斯理地说：“The word is ‘smiles’.(动词‘微笑’的单数第三人称形式)”“Because,”黄纬禄故意停顿了一下，又接着说道，“Between two ‘s’ ,there is one mile.”(这是一个脑筋急转弯的题目。“mile”在英语中是“英里”的意思，在单词“smiles”的两个“s”之间，有一“英里”，自然是最“长”的英语单词了！)周围的人听到黄纬禄的话，不由得笑起来，相互间的关系也拉近了许多。

一个大雾天的早晨，黄纬禄如同往常一样，离开住所去上班，善良的房东太太一边说着“路上小心，上帝保佑你”，一边在胸前画着十字。每逢此时，黄纬禄总是微笑着向她点一下头，彬彬有礼地道声：“谢谢！”

20世纪40年代，伦敦的地铁已经十分发达，分上、中、下三层，有五条线路直接连到市郊，单从泰晤士河底穿越的隧道就有七条。黄纬禄的住地与公司相距12英里，乘地铁往返十分便捷，地面上步行的距离也不太远。这天他像往常一样出了地铁站，不紧不慢地朝公司走去。但是黄纬禄毫无察觉，此刻，对于他和他的英国同事们而言，已是生者与死者的诀别！

外国实习生照例每天可以比其他员工晚半小时上班。黄纬禄走到公司时，这里的情景却不同往常。只见公司大门紧闭，门外站着为数不多的几个人，有的沉默不语，有的在小声哭泣。“你平时上班的那个办公室刚才被炸了，你快回去吧，公司已经通知今天不上班了。”一位加工车间的工人对他说。“那他们呢？”黄纬禄焦急地问道，“他们，他们都被炸死了！”回话的人已然泣不成声。黄纬禄此刻更是百感交集，他眼含热泪难过地把头转向一边。昨日还在一起干活、说笑、交流技术的那些鲜活的生命，顷刻间竟阴阳两相隔了！黄纬禄极难接受这悲惨的现实。但是，战争犯下的罪恶就是这样残酷与血腥！

原来，就在黄纬禄乘坐地铁的当儿，一枚 V-1 导弹越过公司围墙，落在距黄纬禄平时上班的车间窗外 5 米处，窗户全部被炸毁，5 位英国同事 4 人当场被炸身亡，唯一尚存微弱气息者，还未送到医院，也永远闭上了眼睛。

此刻，黄纬禄的心情难以形容，他为突遭导弹袭击而逝去的同事悲伤不已，他对战争的凶残无比憎恨，他更企盼着战争能早日结束。所庆幸的是，晚 30 分钟上班，让自己与死神擦肩而过！

数月后，黄纬禄来到坐落于剑桥地区的马可尼公司（Marconi Co.）下属的无线电厂实习，实习内容是电路修理。以黄纬禄扎实的技术功底，查找电路问题基本上是手到擒来。但让他大开眼界的是，在这里他第一次见到了电视机。

第二次世界大战之前，英国已经开始播放电视节目。战争爆发后，节目停播，相关人员都去从事抵抗德国、保卫英国的相关工作。黄纬禄实习的这家工厂，原本是生产电视机的，仓库中还有不少存货。他的具体任务是和技术人员一起，把库存中有问题的电视机逐一查出并修好。

黄纬禄对电视机抱有极大兴趣，他仔细阅读说明书，渐渐胸有成竹。在黄纬禄眼中，电视机的电路并没有特殊之处。他利用调试接收机的信号发生器作为测试、查找问题的辅助设备，偶尔还能调出些短片来观看一下。这个文雅、干练、睿智的中国实习生修理电视机的效率，可与英国技术人员比肩。

“这可真是个好东西！”第一次从显像管上看到只有在电影院里才能看到的影片时，黄纬禄对电视机爱不释手；以至于1959年夏天，当苏联第一批电子管的“纪录”牌电视机进入中国时，黄纬禄迫不及待地买了一台。当晚，一家人就围坐在这个显得很笨重的深红色木壳的“庞然大物”前，等待着“小电影”的出现。当黄纬禄调试好天线，收到了电视台正在播放的梅兰芳主演的《贵妃醉酒》时，黄纬禄的老表姐朱素云高兴得合不拢口，不住地感叹：“乖乖（方言，表示惊讶与感叹）！现在的人真是聪明得不得了！做出来这个电视机让人看戏都不要出房门了！”

5. 目睹德国V-2导弹

20世纪40年代中期，正是第二次世界大战进行得最为惨烈之时，残酷的战争加速了各国间的军备竞赛。随着德国V-1导弹的不断轰炸，英国的科学家们绞尽脑汁，研究出三条对策：第一，派出大量飞机轰炸德国的导弹发射基地；第二，在英国海岸用阻塞气球排成拦截网，或用密集高射炮阻挡，尽量不让导弹进入伦敦上空；第三，用飞机巡航于边境线，一旦发现有V-1导弹从海面上飞来，抢先发送警报。但这些对策的防护作用十分有限，每天数十次的空袭警报，仍然使人们疲于奔命。为了躲避V-1导弹的袭击，伦敦地铁也变成了巨大的防空洞，胆小些的人日夜藏在洞中不敢出来。战争使英国生产萧条，经济严重受损。

为了对抗纳粹德国，英国一方面通过情报机构和飞机的侦察手段搞清德国导弹研制基地之所在，派出大量飞机轰炸，摧毁了德国部分导弹研制基地；一方面很快研制出飞行速度超过V-1导弹的喷气式飞机，当德国从欧洲北岸再向英国发射V-1导弹时，英国飞机想方设法在英吉利海峡上空把它打下来。

1946年坐在寝室里的黄纬禄

但是，德国的科技毕竟比较发达，虽然他们的部分研制基地和生产设备遭到重创，但技术人员却侥幸逃出，没过多久，比V-1导弹性能和威力更强大的V-2导弹问世了。V-2导弹飞行速度之快，让英国人措手不及，空袭警报还未拉响，导弹就到了。1944年9月7日，德国向英国发射了第一枚V-2导弹。至1945年3月27日，德国共向伦敦地区发射了约1120枚V-2导弹[①]，给英国造成了巨大损失。

一天，住在伦敦郊区的黄纬禄正要从住所二层的寝室里出来，刚打开门，就听到一声巨响，窗户也随之强烈震动起来，黄纬禄转过身一个箭步奔到窗前，只见不远处上空闪出一个大火球，一枚V-2导弹在空中提前爆炸了。黄纬禄愣在窗前，心里一直在琢磨，这V-2导弹内部到底是个什么结构，能使这庞然大物飞得这么远、这么快？此时，楼梯上传来房东太太的脚步声，她正要把给黄纬禄洗好的衣物送来。当她透过敞开的门，看到站在窗前的黄纬禄时，不由得惊叫起来：“噢，上帝啊！你怎么还敢站在窗前呢，我的孩子？你就不怕弹片飞过来要了你的命吗？”正在凝神思考的黄纬禄没有被导弹的爆炸给吓着，倒是

① 见《国防科技名词大典·航天》，航空工业出版社2002年1月第1版，第588页。

被房东太太的声音吓了一跳。黄纬禄还在琢磨着刚才看到的大火球，心想：如果能弄到一枚 V-2 导弹研究一下，该有多好……

德国战败之后，不知英国从何处弄到一枚 V-2 导弹，把它解剖后放在伦敦博物馆展出。消息像一阵风似地传遍了伦敦，人们争相赶往博物馆，都想一睹这个把大英帝国送进血与火的炼狱的恶魔究竟是个什么样子。即便是经历了残酷的战争，英国人也没有丢掉绅士风度，人们自觉地在博物馆前排起了长队。

黄纬禄站在长长的队尾，不时悄悄地向前张望，看何时可以轮到自己一睹为快。终于，他随着人流进入了宽敞的展厅。那墨绿色的庞然大物醒目地矗立在大厅中央，四周用绳子拦着。他随着参观的人流转了两圈之后，就离开队列，选了一处不妨碍他人、又能看清 V-2 导弹的位置，以他自己特有的目光和思路，开始了对 V-2 导弹的研究。

“V-2 导弹有 14 米长，直径 1.65 米，它是弹道导弹，发射之后先垂直上升，然后按预定程序飞行，达到弹道最高点后，再沿抛物线轨道下落，击中目标。因为制导系统精度有限，命中误差较大……”讲解员耐心地向观众们介绍着 V-2 导弹的工作原理，黄纬禄一句不漏地认真听着，当他听到关于陀螺仪定

德国的 V-2 导弹

位、定方向，大功率的发动机可以使导弹起飞、加速、飞得很高很远时，他对 V-2 导弹的飞行原理很快就理解了。

参观者走过了一批又一批，细心的讲解员注意到这位东方青年的与众不同：他哪里是在参观？分明是在考察、研究！一双睿智的眼睛久久盯在了 V-2 导弹的剖面上。他执着、认真的眼神感动了讲解员，讲解员有意提高嗓音，放慢语速，以使这位东方青年能听得更清楚一些。神秘感在黄纬禄心中渐渐消退，这家伙原来就是个自己带着动力装置并能接受控制而飞向既定目标的巨型“炸弹”。

此刻的黄纬禄，脑海中突然闪过一个念头，要是自己的祖国也能造出这样的导弹就好了！这瞬间闪过的想法，使黄纬禄的大半生与导弹结下了不解之缘。

6. 就读伦敦大学帝国学院

时间过得飞快。转眼间，黄纬禄来到英国已有两年。从实习的角度讲，他们已经完成任务，可以打道回府了，但黄纬禄心中有所不甘。他曾经那样满怀热忱，抱定学习先进技术的决心，冒着生命危险，经过半年漂泊才来到伦敦，可现实的实习生活在他心中逐步加深的不是成就感，而是失望。虽说见到过一些较之国内更为先进的设备，增加了一些实践经验，但严格说来，这更多地是工作时间的延续，而不是技术水平的提高，更不是理论水平的进阶。眼前通过实习得到的一点收获常令黄纬禄于心不安，甚至有愧对国家厚望的感觉。夜晚想起这些，黄纬禄辗转反侧，在中央大学时的情景常常浮现在脑海中：他曾见到高年级的同学十分激动地找到陈章老师，要求中断学业走上抗日前线。陈章老师语重心长地对他们说：“你们的爱国热情很可贵，但你们眼前的学习机会来之不易，不要中途放弃。战后国家肯定需要建设，用手中掌握的知识去建设国家、强盛国家，也是你们的责任！”科学能救国，工业能强国，这种想法在爱国青年心中是根深蒂固的。每当想起这些，黄纬禄更加渴望有继续深造的机会。

他冷静地思索着，考虑的内容逐渐聚焦到了形势和学校等几个方面。

1943 年 31 名中国学生到达英国时，在德国 V-1、V-2 导弹的狂轰滥炸下，无论是在工厂，还是在学校，生死存亡都不得而知，想要专心学习，纯粹是一种奢望。但到 1944 年年初，苏联军队的反攻矛头指向柏林后，德军在东线开始全线溃退。6 月 6 日，盟军又在法国西北部诺曼底半岛对德军实施了大规模登陆作战，对在西欧开辟第二战场起到了决定性作用，德国开始节节败退。当苏联和波兰军队共同攻入柏林后，德国最终在 1945 年 5 月 8 日宣布无条件投降。德国投降，意味着第二次世界大战在欧洲战场的结束。英国从此彻底摆脱了导弹的威胁，宁静的校园很快在高等学府中再现，这是能够吸引黄纬禄留下来继续学习的外在条件。

伦敦大学帝国学院是黄纬禄向往的高等学府。该学院以其强大的教师队伍和雄厚的综合实力跻身世界名校之林。作为一个专精于科学技术和医学的高等

1944年9月2日，中国留英学生合影（三排左四为黄纬禄）

学府，帝国学院科研成果累累，培养出多位诺贝尔奖获得者，对人类作出了杰出贡献。

帝国学院中的电机系对黄纬禄而言，则有着更加非凡的吸引力。

黄纬禄了解到，电机系主任 Fortescue 教授赫赫有名。他从 1922 年起就一直在帝国学院电机系任教，长期致力于无线电工程方面的教学与研究，尤其在无线电高频电路及高频测量方面贡献卓著。由于他在该领域的知名度以及在教育界享有的名气，吸引了世界各国的优秀学子投师于他的门下。黄纬禄的选择自然就成为高起点了。

选定专业后，首先就是要征得英国工业协会的同意。黄纬禄先与周围的同学们商量，发现还有四位同学与他的选择不谋而合。他们决定一起与英方沟通，于是结伴来到英国工业协会。经过认真、细致而紧张的磋商，英国工业协会同意继续为他们发放一年津贴，但是期满后不再负担包括回国路费在内的任何费用。条件虽然近于苛刻，但他们五人都坚定地答应了，因为至少可以名正言顺地留下来读书了，大家心里非常高兴。

1945 年 10 月，黄纬禄和其他四位同学都进入了帝国学院。有的学无线电，有的学水利，有的学结构。再次走进高等学府并选择了自己渴望的专业——电机工程，放飞自己的梦想，黄纬禄的心里畅快无比！

在帝国学院，黄纬禄如同一块干燥已久的海绵忽然被丢进了知识的海洋，全身心地投入到艰苦、紧张而又充满兴趣的学习中。

一年后，英国工业协会停止为中国学生发放津贴。失去经济来源的黄纬禄，利用省吃俭用攒下的积蓄，来支付房租、学费与日常开销。到了第二年下学期，黄纬禄已明显感受到了生存的压力。他不得不寻找一些为人打字、翻译的工作，经常挑灯夜战，有时一直工作到天明，以换取微薄的收入，来维持自己的生存与学业。

尽管学习与生活很艰苦，在这两年时间里，黄纬禄不但系统地学习了《电路电场理论》《电能传输与电子学》《电气工程》《电气工程材料特性》《电气设备及电能研究》《固体电子理论》《能源系统分析》《绝缘现象》《电力整流器放大和整流》等课程，还进行了大量与课程密切相关的实验，这使得黄纬禄在专业方面的理论水平、设计能力以及解决实际问题的能力得到大幅提升。黄纬禄优异的学习成绩，令一起就读于帝国学院的几位同学由衷地佩服。但是，对黄纬禄而言，这两年的学习过程并非一帆风顺，他也有惆怅与遗憾。特别是导师Fortescue先生1946年退休后，黄纬禄便失去了导师的直接指点，他只能以十倍的努力、百倍的坚韧，去钻研他的专业和导师曾指导过的课题。

两年后，当无线电通信中还在大量使用模拟信号时，黄纬禄以《The Use of Pulse Modulation in Communication Channels》（即《脉冲调制在通信电路中的应用》）为题，完成了他的硕士论文，顺利地从帝国学院毕业。黄纬禄回国后，收到了帝国学院寄给他的硕士学位证书。

黄纬禄的硕士论文

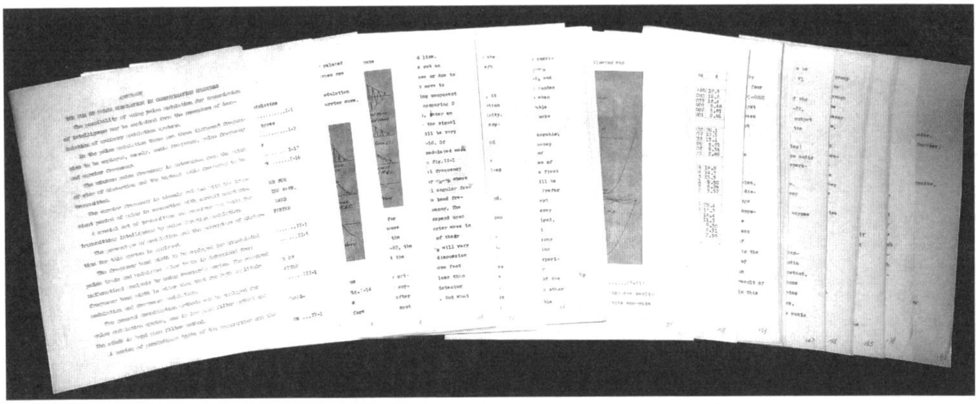

黄纬禄

黄纬禄院士传记

Academician Huang Weilu's Biography

第五章

学成归来，立志报国 爱国敬业，激情燃烧

归国学子，为实现强国梦多出成果；社会变迁，选择留在大陆；服从需要，从上海来到北京；施展才华，爱国热情为新中国绽放。

1. 归国学子，一展英才

离开祖国整整四年，黄纬禄非常想念自己所熟悉的山山水水和久别的亲人。1947 年 8 月，他踏上了归国的征程。在归国途中，黄纬禄对祖国有过许多美好的憧憬：抗日战争胜利已经两年，灾难深重的祖国经过这段停战后的喘息，一定会有较大的改变。老百姓再不会颠沛流离、躲避战乱，整个社会应当已进入到正常的运转之中。“社会安定，码头热闹，街市繁荣，学生认真读书，工厂正常生产，农民安心种田……”一幅祥和美景在黄纬禄的脑海中勾勒出来。离祖国越近，他的心情就越兴奋，盼望着自己所见到的比想象中的还要好，还要好！

然而，归国不久，黄纬禄的期望渐渐变成了失望。离别四年的祖国，依然灾难深重，依然贫穷落后。抗日战争虽然结束，但内战仍在继续。社会动荡不安，小道消息频传，物价飞涨，百姓无助。

黄纬禄心中的失望与一种强烈的责任感并存。他始终认为国不强民不富，首先是因为国力弱，科学技术不发达。科学救国的激情，在黄纬禄的心中更加猛烈地燃烧起来。为了祖国科学技术的发展，黄纬禄要把这些年在英国学到的知识，全部奉献给自己亲爱的祖国。

当然，眼下最务实的问题，是找一份最能发挥自己特长的工作。刚回到上海的黄纬禄，正面临着一个选择：是到无线电研究所任工程师呢？还是到中央大学电机系当副教授？他在认真地考虑着。

抗日战争胜利后，中央无线电器材厂开始搬迁。1946 年 6 月，总办事处从桂林迁至上海，筹建中央无线电器材有限公司。1947 年 7 月 1 日，中央无线电器材有限公司完成了所有筹建工作，所属研究室也扩编成研究所，并增设了生产车间。研究室主任蔡金涛任中央无线电器材有限公司总工程师兼研究所所长。蔡金涛对当年在他指导下出色完成电台研制任务的黄纬禄记忆犹新，基于彼此间的了解，他很欢迎这位技术功底深厚、做事踏实认真、为人又很谦和的年轻人来研究所工作。

黄纬禄从英国返回前夕，中央大学电机系陈章主任就对他发出了邀请，希望他回母校讲授无线电课程。

两项工作对于黄纬禄来说都很适合，也都具有很强的吸引力。一边是直接参与研究工作，将知识转化为技术成果，一步一个脚印地去实现他多年的科学强国之梦；一边是登上高等学府的讲堂，去培养建设国家的栋梁之才，像陈章老师一样，做一块基石，让年轻的学子们踏着自己的肩膀向上攀登。陈章老师历来对选择电机系的教师有着极为苛刻的要求，能够被他选中，足见对学成归来的黄纬禄多么信任与器重。一想到与陈章老师多年的师生、挚友之谊，黄纬禄心中的天平不由得慢慢向中央大学倾斜。他甚至想象过与陈老师久别重逢、一起叙旧的激动场面。

在黄纬禄必须做决断的时刻，他很自然地想到了自己的女朋友刘汉菊。自从中大的同窗好友刘宗汉把妹妹刘汉菊介绍给自己，两人鸿雁传书维系着亲密的恋情，屈指算来已经有五个年头了。刘汉菊能够在毕业时以优异成绩被复旦大学留任助教是件多么不容易的事，如果她保留这份工作，自己将只身前往南京，与刘汉菊天各一方的日子还要继续。此时的黄纬禄渴望与她长相守，并给她一份稳定的生活和一个温馨的家。为了刘汉菊，他选择了留在上海，这也符合黄纬禄希望在技术上快出成果的愿望。遗憾的是，这样就不能与陈章老师一起共事了。陈章老师在很长时间内为黄纬禄的这个决定心中不悦，黄纬禄每每谈及此事，心里始终对恩师怀有一份歉疚感。

1947 年 10 月，黄纬禄到位于上海提篮桥平凉路和临潼路交叉处的研究所正式上班。

工作场所是座不大的临街二层楼房，里面包括了办公室、物理实验室、化工实验室各一间，电器实验室三间，机械加工车间、装配车间及器材库各一间，真是麻雀虽小五脏俱全，尽管拥挤程度与上海典型的弄堂工厂不相上下，但具备了从设计到生产的全部条件。工作人员有五六十人，主要来自原中央无线电器材厂的桂林总厂和昆明、重庆两个分厂，还有一些由国外实习或进修归来的技术人员。

有作为的人一旦将理想与职业相结合，便会碰撞出许多智慧的火花。在无

20世纪40年代末的黄纬禄

线电研究所这段时间，黄纬禄干起工作来有使不完的劲，技术创新上的艰苦付出对他而言，则是甘之如饴，兴趣盎然。他以坚实的理论基础、严谨的科学态度、熟练的技术水平，取得了可观的技术成果：

黄纬禄与研究所的同仁们共同设计完成了五、六、七、八、九管的收音机样机，这些被命名为“资源牌”的收音机，品质可与外货相媲美，一经投产，便在国内市场极负盛誉；

黄纬禄与研究所的同仁们共同设计完成的中频变压器检验器，可以使中周变压器的调节是否适宜、声频放大器的性能是否优良，通过简单的测试便一目了然；

黄纬禄设计的穿环绕线机，显著地提高了手工穿环的工作效率；

黄纬禄等三人研制的移频发码样机，利用黄纬禄提出的“两报叠传”技术，可增进发码速度，提高通报效率。

此外，黄纬禄还研制出高质量音频放大器、炸药爆炸威力测量仪、长途保密电话通信机，等等。成果累累的他，深得蔡金涛所长的赏识。

最可圈点的是黄纬禄提出的“两报叠传”通信制。它的工作机理是：在本体制中，甲乙两电报以相异的甲乙两频率电流同时发出。当两电报相重时，则另以丙频率开动顶替，所以甲电报被包括在甲丙二频率内，而乙电报则在乙丙二频率内。在电报的接受处，备有两组滤波器：其中一组滤波器仅让甲丙频率信号通过，而另一组滤波器仅让乙丙频率信号通过。因此甲、乙两电报，可由此而分开。此种叠传新制需要的设备简单，可应用于有线电、无线电的任何线路中，而不需要进行大的更改。依照这样的原理，黄纬禄曾设计发、收报机件各一套，试用的结果，可以使甲、乙每一电报的发码速度达到每分钟百字以上，而且不会互相干扰，得到了令人满意的效果。

黄纬禄首先提出并通过实践验证切实可行的“两报叠传”技术，实现了在

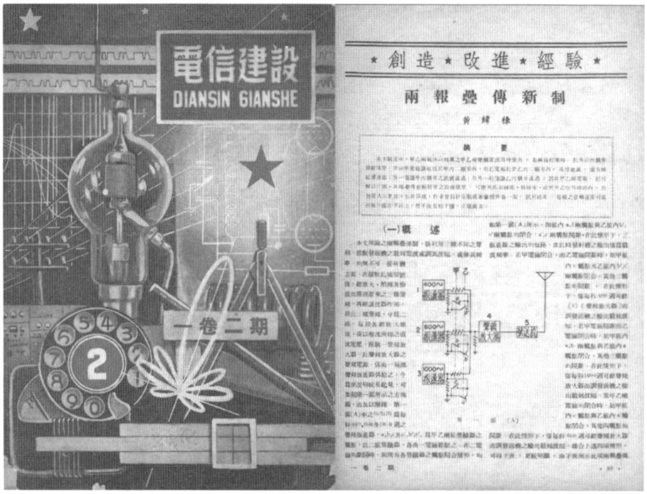

1950年的《电信建设》一卷二期刊登了黄纬禄的论文《两报叠传新制》

一个信道同时进行多路通信。这一技术后来被应用在解放军的短波单边带电台中，被定为双路移频印字电报发送标准。后来的高速调制解调器所应用的方法，就是基于相同的原理，相当于五码叠传。

1948 年 10 月，蔡金涛所长参加在台北召开的中国工程师学会大会，代为宣读了黄纬禄的论文《两报叠传新制》。1950 年，这篇论文发表在《电信建设》杂志上。

黄纬禄的科技研究成果不断涌现，科学强国的梦想化为了他忘我工作的实际行动。

2. 在人生的十字路口

1948 年 5 月，黄纬禄与刘汉菊喜结连理，长达五年的期盼与守望终于有了圆满的结局——有情人终成眷属。

研究所为黄纬禄在距离办公室 25 分钟自行车车程的溧阳路弄堂小院中分配了一间住房，从此，这里就成了黄纬禄和刘汉菊最温暖的家。一对白金戒指自戴在新郎和新娘手指上的那一刻起，两人就同呼吸共命运，携手走过了 52 年的风风雨雨。

然而，温馨幸福的生活始终伴随着政治形势变化带来的忧心忡忡。通货膨

黄纬禄与刘汉菊的结婚照

胀问题日趋严重，1937 年 12 元一袋的米，到 1948 年竟涨到了 470 万元！人们在从一家店走到另一家店的短短时间里，商品的价格就已飞涨到了买不起，满手钞票顿时犹如废纸。为了解决通胀问题，国民政府引进了一套新的货币系统。新颁布的法令迫使人们得卖金子、银子，以及外国货币，好以固定的汇率来换新的货币。然而，国民政府无法制止黑市交易，以致在 1948 年年底，市场交易被迫中断，人们只能以物易物，大众对国民政府的信心跌入了谷底。人们一拿到工资后，就急匆匆地跑到银行排队，等候兑换银元，起到一点保值的作用，黄纬禄和刘汉菊也用同样的方法，苦心支撑着这个小家。

在国家经济形势一塌糊涂的同时，由国民党反动派挑起的内战也进入了大决战的阶段。解放军在全国人民的支持下愈战愈勇，节节胜利。1948 年 11 月 2 日，辽沈战役取得胜利，歼灭了国民党军队 47 万余人；11 月 6 日，淮海战役又起，此役使蒋介石在南线的精锐部队损失殆尽；11 月 29 日开始，平津战役打响，最终以解放军解放了包括北平、天津在内的华北大片地区而宣告结束。

处于解放战争旋涡中尚待解放的上海，各种小道消息满天飞，研究所的技术人员也人心惶惶，都在为今后的命运担心。他们的心情非常苦闷，一方面对国民政府的腐败无能完全丧失信心，一方面对共产党还缺乏了解，但这些只想以科学报国的书生们当时一致的想法是，希望能在安定和平的环境中多出技术成果，使国家逐步强盛起来。

随着在内战中的失利，在上海开始筹划后路的国民党当局，已经有了将大部分工厂迁往台湾的动议。无线电研究所是个技术精英聚集的单位，自然成为国民政府动员搬迁的重点。一些有政治背景的人亲自出马，到所里来动员。但技术人员大都认为台湾太小，不具备研究条件。上海的工作环境虽然不很理想，研究条件还是具备的，建所只有一年多，已经获得了很多技术成果。从内心来说，大家都不愿意走。但迫于政治压力，或许又不得不走。究竟何去何从，谁也说不清楚。黄纬禄对共产党和国民党都不大了解，但摆在眼前的现实，让他深深感受到，在这种混乱的时局下，想通过科学技术来强国兴邦的愿望实现起来似乎很渺茫，国民政府的腐败在老百姓心中留下的负面印象极为深刻，这样的政府又怎么可能对强国的重任有所担当呢？若随国民政府迁到台湾，前程在哪里？没有人可以回答这个问题。在国民党和共产党的对弈中，传来的消息都是共产党节节胜利、国民党节节败退。留在大陆，或许还可以看到新的希望。是走？是留？这个在每一位技术人员心中都默问了自己许多遍的问题，在黄纬禄的心中很快有了明确的答案——留在大陆。

1949年5月27日，上海宣告解放。

一天清晨，黄纬禄像往常一样，打开了通往巷子的小院门，他惊讶地发现，巷子两侧的地上，都是和衣而睡的解放军战士，他们有那么多的人，却又是这样安静。黄纬禄心中很感动，这是他第一次看到不扰民的军队。

……

解放后的变化可谓翻天覆地：物价逐步趋于稳定，妓女和吸鸦片等社会毒瘤被彻底铲除，整个社会都在向好的方面慢慢转化。老百姓切实感受到共产党有能力、有办法来领导、管理这个国家，对国家的发展前景渐渐有了信心。黄纬禄也由开始时不了解共产党，到后来认为共产党能够领导人民把新中国建设好，他的认识发生了很大的转变。

3. 从上海到北京

1949 年 5 月 28 日——上海解放的第二天，有“中共谍报员”之称的涂作潮接到任命，以解放军首席军代表的身份接管国民政府资源委员会中央无线电器材有限公司的无线电研究所。涂作潮是 1924 年 5 月加入中国共产党的老党员，曾在苏联参加过特工技术培训，并学习无线电技术。电影《永不消逝的电波》中的英雄人物李侠的原型，就是涂作潮的徒弟李白。由于李白突然被捕，涂作潮接到党组织的命令，立即离开了上海。5 月 29 日，研究所正式迎来了首席军代表涂作潮。

6 月初，所务管理委员会成立。成员有蔡金涛、冯道生（共产党员）和黄纬禄三人。其中，黄纬禄的主要精力放在研究所的技术工作上。

涂作潮接管研究所后，凭借他的专业技术功底，很快就发现无线电研究所是个藏龙卧虎的地方。这里有 20 多名身手不凡的工程师，虽然他们不愿意多说在国民党时期自己的具体研究成果，但技术成果斐然是显而易见的。涂作潮敏锐地意识到，这些技术人员是建设新中国不可或缺的宝贵人才，就按照花名册对人员进行清点，当他发现技术人员王安（即后来的美国王安电脑公司老板）抗战时期由研究所派到美国学习未归时，立即下令，所有技术人员一律不准辞职。同时，很快对这些技术人员进行政治审查并作出结论。

1949 年 11 月，无线电研究所从无线电器材有限公司中独立出来，改称上海电工研究所，划归华东工业部电器工业处。由于电工研究所属于电器工业处代管单位，其经费和管理都要由所里自己负责。研究所面临着自己找活干的局面，最终，是军委通信部给予了最大的帮助。

在涂作潮接到命令即将离任之即，给军委通信部部长王诤写了一封信，详细介绍了上海电工研究所技术人员的状况和他们的研究成果。

王诤部长非常重视这批旧中国遗留下来的电子工程技术人员，尽管该所并不属于通信兵系统，王诤还是时时关心并经常到这个研究所了解情况。

1949 年 9 月，根据《中华人民共和国中央人民政府组织法》第十八条的规定，设置中央人民政府重工业部。

1950 年 10 月下旬，重工业部电信工业局在北京召开第一次全国电信工业会议，邀请上海电工研究所参加，蔡金涛、黄纬禄、蒋家仁三人出席会议。会后，他们向军委通信部部长兼电信工业局局长王诤汇报了工作。王诤部长明确指示：上海电工研究所将在数月后迁来通信部，搬前暂在原地工作；工作任务在部内由总工程师负责联系，日常公事可就近向华东工业部电器工业处请示，经费按月造册向通信部请领。不久，王诤部长派人来所主持了清点工作。研究所的去向就此有了着落。

1951 年四五月间，蔡金涛、黄纬禄、蒋家仁再次来到北京，查看候选所址和房舍，权衡之后，决定在通信部另盖新房作迁所准备。

1952 年下半年，王诤部长派人来研究所主持搬迁，整个研究所大约有 30 名技术人员被调往北京。

黄纬禄奉命举家北迁。这时，他已经有了一个五口之家：除了夫妻二人和一儿一女外，还有黄纬禄的表姐朱素云。1952 年 9 月，黄纬禄一家从上海来到北京，家就安在位于西郊万寿路的通信部丙种宿舍。

4.“黄纬禄同志是个人才”

军委通信部成立了电信工业管理局。王诤部长将上海电工研究所迁入北京后，于 1952 年 10 月与邮电部电信科学研究所合并，成立了电信技术研究所。黄纬禄从此在王诤部长的直接领导下，为新中国的电信事业继续工作。此时，研究所约有 120 人，1953 年至 1954 年间，又发展到了三四百人。

上海电工研究所的蔡金涛所长，1952 年 6 月奉命前往华东革命大学学习，直到年底结业后才来到北京。电信技术研究所第一任所长和党支部书记由深得王诤部长信任、20 世纪 30 年代就投奔延安的老革命边拱担任。整个研究所包含了天线、电波、通信、保密通信机、雷达、载波机、理化仪器、编译共八个研究室和一个行政办公室，另外还有一个包括了机工、装配、石英晶体三个车间的试验工厂。黄纬禄担任了保密通信机研究室的主任。

黄纬禄（中）与电信技术研究所的同事合影

1953年，通信部为建工厂和研究所决定盖一座大楼，黄纬禄担任了整个楼内的电路设计工作。这是一座含有工厂车间、实验室、办公室的综合体。电路设计图包括强电平面图、弱电平面图、电话系统图、配电干线图、照明平面图、照明系统图、等电位连接示意图、备用发电系统图、综合布线系统图，等等。黄纬禄心思缜密，考虑问题周到仔细，不但出色地完成了电路设计，就连安装、检查、调试的节点与步骤都考虑得清清楚楚。他的能力在新成立的研究所中也逐步被人们所肯定。

一天，研究所接到一所医院的求助电话。中国请来的苏联医生所使用的脑电波测试仪出现故障，但医院既无设备的电路图，也无专业维修人员。在20世纪50年代，研究所领导对于“涉外”问题十分重视，便派了比较有能力的黄纬禄帮助解决。没有寒暄客套，黄纬禄径直来到问题设备跟前。他先接通电源察看故障现象：噪声大，脑电波信号却很微弱。打开仪器外壳，细细观察内部结构。虽然从未接触过这类设备，但通过元器件的布局与连接，黄纬禄发现仪器的工作原理并不复杂：除了电子管构成的三级放大器和接触人体的电极（相当于探测器）以外，没有更多电路。黄纬禄用万用表选择性地测量了电路中的几个关键点，确认电容、电阻无损坏，电路连接也没有问题。他逐步将注意力转移到电子管的性能上。三级放大器的放大倍数很高，第一级输入端若有一点噪声信号进入，在第三级放大器的末端就会输出一个很强的噪声信号。最便捷直观的方法是找几个相类似的电子管替换原有的电子管，来确定问题所在，但医院没有备份的电子管。考虑到各级放大器使用的是同型号的电子管，黄纬禄通过测量和试用，最终选出性能相接近的电子管插到了第一级推挽放大器的管座上。噪声信号大大减小，测试仪又可以正常使用了，黄纬禄两天时间便完成了任务。苏联医生非常高兴，拿出礼物作酬谢。黄纬禄一再声明：“国家有规定，不能接受别人的礼物。”苏联医生开玩笑说：“我送给你的不是原子弹，可以接受的！”但黄纬禄还是婉言谢绝了。

电信技术研究所的业务面很宽，总体来说，可以抽象地概括为：在一定的技术领域范围内，根据国家或军队的需求，把一个想法通过一系列的技术手段加以实现，并保证满足使用需求。对黄纬禄而言，只要是研究所分配下来的工作任务，就想方设法去努力完成。

黄纬禄接到的任务之一是为某个以炮和炮弹为主攻目标的研究所提供解决测量炮弹初速度的方法和设备。保密机组（这是保密通信机研究室的工作人员对自己室惯用的简称）的同仁们在黄纬禄的组织下积极行动起来。至关重要的是把技术方案先确定下来。黄纬禄在研制设备和解决技术问题时，一贯注重选用相对简单的方法来实现自己的设想。从物理概念来讲，如果已知一个运动物体所走过的距离和经过这段距离所需要的时间，就可求出物体的运动速度。基于这样的概念，实现它的思路与方法就变得清晰起来：人为设定一段已知距离的两端为 A 点和 B 点，在 A、B 两点各放置一个电感，当炮弹经过时，电感量会发生变化。但此时需要解决的问题是，炮弹经过已知距离的时间还是个未知量。为了得到这个未知量的精确数值，需要有电子计数器来计算炮弹经过这两点的时间。眼下没有现成的电子计数器，但保密机组都是精兵强将，更何况他们有模样车间，本身就具备了自行设计、自行生产的条件。他们边查看资料、边动手搭线路。很快，一个电子计数器就初见雏形了。大家兴致勃勃地开始做试验，当炮弹经过 A 点时，计数器的门打开，开始计脉冲数，当炮弹经过 B 点时，计数器的门关闭。计算出炮弹从 A 点到 B 点的脉冲总数，并且已知振荡器的频率，就可以换算出炮弹从 A 点到 B 点的精确时间。正式研制出来的设备达到了使用方提出的要求，获得了好评。

鉴于电信技术研究所本身具有的军方背景，一些政治意义浓厚的任务也不时被安排进来。黄纬禄每当接受这样的任务时，都会加倍小心地把它们完成好。

在新中国成立不久的一次政治协商会议上，毛泽东主席要即席讲话并同声对外广播。出席会议的每一位首长面前都放有麦克风，如果在毛主席讲话时有人插话或发出声音，也会被同时播出。于是，黄纬禄领命去完成一项“一星期必须完成的紧急任务”：研制一个连接所有麦克风的放大器，当毛主席讲话时，其他麦克风自动从电路上断开，确保只有毛主席的声音被播放出去。黄纬禄立即组织技术小组，群策群力，尽快确定技术方案。当黄纬禄将自己提出的方案与另一位技术人员的建议相比较后，感到那位同志的建议更好，就立即采用了他的建议。事后有关部门对放大器的效果极为满意，并给予嘉奖。黄纬禄作为组长被授予一等奖，其他人均为二等奖。黄纬禄当即向领导如实反映，在他的坚持下，一等奖转授给了那位方案提出者。黄纬禄此前就拿定主意：“万一这次任务完成得不好，被上级追究下来，我首先承担主要责任！”

保密通信机研究室的主要研制任务自然是保密机。黄纬禄在保密机上投入的精力和时间远远超过其他临时性任务。按照国内的工业水平，能够把保密机的体积做到小得可以安装在电话机的机座上实属不易，但是在设计人员和工厂工人的共同努力下，取得的成果令人赞叹！

边拱所长在谈起这段工作时说：“研究所研制了几种保密机。每个省一套，中央与各省通信用的就是保密机。另外，研究所在电声系统方面也作出了贡献。1954 年 9 月，第一次全国人民代表大会即将在中南海怀仁堂召开，需要研制一套电声系统。为此，黄纬禄在怀仁堂考察了好几天，提出了详尽的实施方案，后来，电声系统研制成功了。蒙古大使在怀仁堂开会看见后，也希望我们给他们研制一套，我们又给蒙古研制了一套。通过这些工作，我们发现，黄纬禄同志是个人才，他工作非常仔细，进行工程研制确实有一套。搞工程设计，只会画线路图不行，还要会画装配图，各部分之间如何衔接，如何检查，他有一套设计方法。装配工人认为，黄纬禄设计的图纸好懂，容易装配。在年终总结时，

1954年，在颐和园休养时的集体合影（后排右七为黄纬禄）

研究所表扬了黄纬禄的做法和工作作风，并提倡大家向黄纬禄同志学习。”

黄纬禄在电信技术研究所期间，解决了测速仪、频率仪、便携式保密机、复式保密机的研制及生产问题。他不计个人得失，不争名利地位，工作业绩好，群众威信高，1954 年，黄纬禄以他突出的成绩被推选为北京市为建设新中国有特殊贡献的十位英雄人物之一，并于同年 7 月，参加了由北京市总工会组织的在颐和园的休养。

1956 年，电信技术研究所进行第一次技术评级，除了原上海电工研究所所长蔡金涛为一级研究员外，黄纬禄是四位被评为二级研究员的人员之一。

1956 年 9 月，黄纬禄被选为北京市海淀区人大代表和工会委员。

5. 爱国热情为新中国绽放

1956 年年初的一天，黄纬禄正埋头于手头的工作，研究所通知他去参加一场报告会。报告的内容没有事先说明，但要求着装整齐，注意保密，给人一种严肃而神秘的感觉。

报告厅就在中南海的怀仁堂。黄纬禄再次来到这个一年多以前进行电声系统改造的地方，不禁产生一种熟悉而亲切的感觉。但是，报告会的听众们，却让黄纬禄心中微微一震：他们绝大部分都是来自于陆、海、空三军的高级将领，包括大将、上将、中将，连少将都不多见，个个一身戎装，威风凛凛；其余就是少量的技术人员。究竟是什么人要作什么报告呢？显得这般隆重。黄纬禄正揣摩着，只见陈赓大将走上台来，宣布会议开始。通过他简短的介绍，黄纬禄才知道，原来报告人就是刚从美国回来不久的著名科学家钱学森。钱学森在报告中介绍了导弹的概况，及其在国防事业中所起的重要作用。将军们不但听得认真，而且详细地做着笔记。黄纬禄更是注意力高度集中，从技术的角度聆听钱学森对导弹的介绍，不让任何一个字轻易从耳旁溜过。钱学森讲得深入浅出、生动形象，使得对科技知识掌握不多的将军们都听得津津有味，并对这一尖端武器产生了极大的兴趣和莫大的神往。钱学森常以德国的 V-1、V-2 导弹为例进行讲解，使得 V-2 导弹实物的结构与剖面在黄纬禄脑海中再度清晰起来。当他听到钱学森建议中国发展自己的导弹事业时，心里怦然而动：我们中国要是能造出这些“庞然大物”

来，国家的腰杆就硬了，说话的分量就重了。到那时，就能打破敌对国家对我们进行的核讹诈了。如果自己能亲身参与导弹研制，将是一件多么有意义、多么具有挑战性、多么值得骄傲的事啊！无疑，这次报告会让黄纬禄收获颇丰，也令他在心底燃起了无限的期望……

很显然，钱学森的报告会是在党的高层领导直接安排下举办的。报告会给在场所有的军队将领和科技工作者们传递了一个非常重要而又令人深信不疑的信息：研制导弹——这项加强国防建设的重要事业就要起步了！

钱学森的报告会举办不久，1956 年 2 月 4 日，在国防委员会副主席叶剑英的引见下，钱学森在军委办公地“三座门”见到了国务院总理周恩来。2 月 17 日，钱学森完成了周总理交给他的任务——起草《建立我国国防航空工业意见书》。1956 年 2 月底，周恩来总理亲自领导，由陈毅、李富春、聂荣臻等领导具体组织，数百名科学家参与制定的新中国第一个远大科学规划《1956—1967

1956年，参加制定《12年科学规划》的部分专家：魏鸣一（前排右1）、梁思礼（前排右2）、童志鹏（前排右3）、吕保维（前排左3）、黄纬禄（前排左1）、吴展（后排右1）、张履谦（后排右2）、郝复俭（后排左1）

年科学技术发展远景规划纲要》(简称《12年科学规划》)的编写工作正式启动了。

电信技术研究所奉命派出了几位通信、雷达等方面的技术人员，参与制定国家的《12年科学规划》，黄纬禄是其中之一。1956年春节后，来自各领域的技术专家开始集中，其中有200多位科学家聚集在北京阜成门外的西郊宾馆。

能够直接参与制定我国自己的科学发展规划，黄纬禄感到既使命光荣，又重任在肩。他作了极为认真的准备，根据自己所了解的国内技术状态，对12年内国家在该领域切实可行的发展规划提出了自己的见解。专家们吃、住在一起，用了几个月时间，所讨论的内容都是怎样使国家尽快强盛起来。每个人都以主人翁的姿态全身心地投入进去，几乎到了废寝忘食的程度。就这样，经过600多名科学家、技术人员和一些苏联专家约半年的讨论，《1956—1967年科学技术发展远景规划纲要(草案)》终于完成了。在规划中提出了国家建设所需要的重要科学技术研究任务共57项，研究课题600多个，整个规划连同附件，共600多万字。

其中，聂荣臻元帅审改的《关于12年内我国科学对国防需要的研究项目的初步意见》，对武器装备的发展规划，分航空、电子科学、热核子应用、防化与军事医学、常规武器五大类，提出了初步的发展目标，内容包括研究制造射程 100 千米的地空导弹，射程 500 ~ 600 千米的地地导弹，射程 15 千米的空空和空地导弹……这份规划，成为《1956—1967 年科学技术发展远景规划纲要（草案）》的组成部分。

6 月 14 日，党和国家领导人接见参加制定《12 年科学规划》的全体科学家和技术人员，并与大家合影留念。为郑重起见，黄纬禄特意跑到附近商店，买了件正装穿上，接收党和国家领导人的接见，并留下了一份珍贵的合影。

为了使祖国走向繁荣富强，常怀科技强国梦想的黄纬禄，参加规划制定工作之后，深深感到夙愿得偿，他比以往更加拼命地工作，浑身上下似乎永远充满着用不完的力量。

1956年6月14日，党和国家领导人接见制定《12年科学规划》的科学家合影中的黄纬禄

黄纬禄

黄纬禄院士传记

Academician Huang Weilu's Biography

第六章

入五院，一生与导弹结缘
从头学，仿制中攻坚克难

黄纬禄带领年轻的研制团队，在仿制“1059”控制系统的工作中，克服许多困难，终于看到在祖国的地平线上飞起了自己制造的导弹。

1. 调入国防部五院

1956年10月8日，是中国航天事业的起点，国防部第五研究院（简称“国防部五院”）成立了！

从此，国防部五院秉承“自力更生为主，力争外援和利用资本主义国家已有的科学成果”的建院方针，踏上了发展中国航天事业的征程。

国防部五院建院之初，需要抽调大批技术人员，被王诤将军视为掌上明珠的电信技术研究所自然也成为被国防部五院重点关注的一个单位。听说要调人去研制导弹，令电信技术研究所的很多人翘首以待，黄纬禄自然也不例外。带着为发展新中国导弹事业作贡献的强烈愿望，黄纬禄终于等到了宣布名单的时刻。第一批由电信技术研究所调往国防部五院的人员有：梁思礼、乔石琼、冯世章、蒋通、李一鸣、吴宝初。在这份名单中，黄纬禄没有发现自己的名字，又羡慕又失望的感觉让他心里不太好受，但他很清楚调动的事不能以自己的主观意志为转移，个人必须服从国家需要。随遇而安的性格，使黄纬禄很快安下心来，继续专心从事他的本职工作。

国防部五院成立后不久，聂荣臻元帅邀请有关人员商讨在导弹研制中如何争取苏联的技术援助时，针对怎样答复苏共方面的回应问题，钱学森谈道：“目前我们设计那种没有控制装置的射程一二百千米的火箭是没有问题的，较困难的是在自动控制的设计方面……”

1956年11月初，聂荣臻元帅提出：“自动控制研究所应先组建起来，并解决所需的人员和设备。在未组建起来之前，先利用通信兵部研究机构的人员和设备开展研究工作。通信兵部有责任帮助五院把该所建立起来。”

1957年1月，中央军委决定，将电信技术研究所扩建为中国人民解放军军事电子科学研究院，王诤兼任院长和政委。各类人员不断补充，到年底时，全院职工已达600多人。除了有12个研究室外，还有分布在全国各地的7个电离层观测站，以及1个200多人的试验工厂。全院工作蒸蒸日上，技术成就硕果累累，研究院被许多人赞誉为军内的“一颗珍珠”！

1957年11月，经过聂荣臻元帅主持的一系列讨论和决策后，得到周恩来总理的批准：以国防部五院为总院，军事电子科学研究院成为总院下属的一个分院，即二分院。

同月，国防部五院组建两个分院：以总体设计、空气动力、结构强度、发动机和推进剂5个研究室为基础，组成一分院，负责导弹总体设计和弹体、发动机研制，由国防部五院院长钱学森兼任一分院院长。一分院建院初期有175人、8个研究室，聚集了如任新民、屠守锷、梁守槃、庄逢甘等一批科技专家，驻地在北京长辛店附近原中联部所属马列主义学院二分院大院内（一年后迁至南苑）。以军事电子科学研究院为基础，合并控制系统、控制元件、无线电、计算技术、技术物理5个研究室组成二分院，负责导弹控制系统的设计工作，任命军事电子科学研究院院长王诤为国防部五院副院长兼二分院院长。二分院成立后，调整组建了12个研究室和一个试制工厂，调集了全国知名的无线电专家蔡金涛以及包括吴朔平、黄纬禄、郝复俭、李蕴滋、沈家楠在内的30多位电子技

航天专家合影（左起：黄纬禄、屠守锷、钱学森、梁守槃、任新民、庄逢甘）

术专家，院址选在北京永定路地区。

1957 年 12 月，除了蔡金涛等 6 人外，从军事电子科学研究院调来的技术九级以上的科技人员还有：陈德仁、张梓昌、张履谦、何午山、吴展、史长捷、陈敬熊、陈雁、陈方桢、何国伟、钱玉泉、熊继衮、彭望军、黄玉珩、苏秉炜、钟任华、郭衍堂、李桂生、李世培、梁棠文、文定、孙白坡、李波。

黄纬禄终于实现了直接加入尖端武器研制队伍的理想，亲自参与构建祖国的强国之梦。从此，黄纬禄以他高度的爱国、报国之心，投入到他为之终生奋斗的导弹事业！

2. 仿制导弹，从头学起

黄纬禄调到国防部五院不久，家也由万寿路搬到了位于马神庙的院部大院里，上班则是在北京西郊永定路的二分院。

黄纬禄初到二分院，映入眼帘的只有原解放军后勤部财务学校的几栋旧房子。房子西面不远处，荒草遍地，荆棘丛生，由于这里曾是一片坟地，有时还会看到骷髅骸骨，后来建礼堂挖地基时又发现了带有陪葬品的棺木。房子的东面是农田，一个个露天粪坑散落在地块中，到了夏季，蚊蝇成群、臭味熏天。

这里环境之恶劣，条件之简陋，使人们怎么也想不到是个搞尖端武器研制的单位。但是，那些满怀爱国热情、决心为新中国国防现代化作贡献的人们，没有人在意工作环境与条件的恶劣，为了能早日造出中国人自己的导弹，他们全心全意投入到这项崇高的事业中。

1958年新年刚过，研究工作任务表就下发了。国防部五院下达给二分院的任务中包括“建立弹道式地地导弹技术，学习、仿制苏联的P-2地地导弹控制系统”。同年4月28日，仿制的‘P-2’更名为‘1059’，计划在1959年10月1日之前仿制出来进行飞行试验。科技人员急切地盼着早日看到P-2导弹的实物与技术资料。

其实，就在10天前的一个深夜，一列由几十节车厢组成、满载苏军士兵和装备的军列，冒着-40℃的严寒，悄悄驶进了位于中苏边境的满洲里火车站。两枚苏制P-2导弹连同测试、发射、运输和加注等地面设备一起，被运到了中国。虽然这是苏联淘汰的旧型地地导弹，可毕竟是中国没有的。当P-2导弹和地面设备运抵解放军炮兵教导大队驻地时，国防部长彭德怀亲手解开了系在P-2导弹上的红绸带。他满含深情地对在场官兵说：“这是苏联老大哥过继给我们的‘儿子’，祖国把他托付给你们了，你们可要把他当作亲生儿子看待呀！”许多技术人员是第一次亲眼目睹这个全长17.68米、最大直径1.652米、起飞重量20.5吨、射程可达到600千米的P-2导弹实物，怎么也抑制不住内心的激动。

黄纬禄在观看苏联的P-2导弹时，不由得想起了在伦敦参观德国V-2导弹时的场景。在伦敦面对V-2导弹，他只是一名普通的参观者；在祖国大地上，面对P-2导弹，他却是一名要对P-2进行解剖、研究并进行仿制的科研工作者。此情此景，不仅使他感到幸运和激动，更使他感到任务的神圣与责任的重大。在与P-2零距离接触中，除了能仔细端详这个庞然大物的头部、稳定裙、酒精贮箱、液氧贮箱、仪器舱、尾段和发动机等部件以外，还可以打开仪器舱中的控制系统，去认真琢磨该系统所使用的电路。具备扎实技术功底与触类旁通聪明才智的黄纬禄，渐渐发现有些电路与他以往接触过的电路存在相似之处。尽管黄纬禄是初识导弹，但他对于学习掌握导弹控制系统，却从未产生过无从下手的感觉。看过 P-2 实物之后，虽然 P-2 的技术资料与图纸尚未到达，黄纬禄已经开始争分夺秒地学习相关理论知识了。

1958 年 4 月 17 日，国防部五院二分院第一专业设计部（以下简称“第一设计部”）成立，它的主要任务是承担地地导弹控制系统和电子设备的研制。二分院副院长钱文极兼任设计部主任，蔡金涛任设计部副主任；黄纬禄被任命为第一设计部下设的三个研究室之一——地地导弹控制系统研究室主任。

导弹武器系统是个非常复杂的庞大系统，由许多具有一定功能又相互影响

1993年，部分航天专家合影留念（前排左起：钱文极、董启强、蔡金涛、黄纬禄；后排左起：何国伟、陈德仁、郭芃、沈家楠、李一鸣）

的系统组成，主要包括：弹体、推进、控制、战斗部和电气等系统。而控制系统犹如导弹的大脑与神经中枢，它精确地控制着导弹，使导弹保持一定的姿态，按设定的轨道飞行，从而将弹头送到预定位置。导弹若要“飞得稳、打得准”，控制系统起着极为关键的作用。

黄纬禄作为研制控制系统的第一技术负责人，带领着几位技术人员和一群刚出大学校门的热血青年，对导弹控制系统要从头学起，他很清楚自己肩负的责任和面临的压力。这份责任驱使着已届不惑之年的黄纬禄离开过去所熟悉的专业，要在“一穷二白”的基础上去开创中国的导弹事业，这份压力对黄纬禄来说真是不轻啊！但在“生在永定路，死在八宝山，为国防事业奋斗终生”的精神鼓舞下，黄纬禄将压力转化为巨大的精神动力。为了不辜负党和人民的最大信任，为了早日吃透并仿制出导弹的控制系统，黄纬禄凭借仅有的技术资料，加班加点、夜以继日地拼命学习，同时，也不忘经常到集体宿舍走一走，关心一下这些刚刚毕业、远离父母的青年人。黄纬禄的到来，不但给青年人送上了一份关爱，也常在嘘寒问暖和欢笑中不知不觉地把宿舍变成了另一个知识答疑、技术讨论的课堂。

1958 年 5 月 17 日，国防部五院颁发了“1059”导弹武器系统任务分配表，设计部结合进度要求，制定出“1059”专业基础理论学习计划，并强调必须吃透、切实掌握全部资料。

二分院于 6 月 19 日收到仿制所需的部分资料。尽管苏联专家还没到，但一场从学习技术资料开始的攻坚战已经打响。人们不再有严格的上下班概念，星期天也很少休息，办公室里经常彻夜灯火通明。为了能尽快尽早消化并掌握有关资料，大家通宵达旦、分秒必争地边干边学，互教互学。作为控制系统研究室主任的黄纬禄，一面安排部分同志参加国防部五院举办的学习班，一面组织人员突击进行技术资料翻译，使大家更早、更直接地接触到这些文件。黄纬禄组织大家一张图纸、一张图纸地学，一个技术条件、一个技术条件地研究。他的要求是：对于每张图纸和每个技术条件，不仅要弄清它们本身的技术内涵，还要弄懂它与左邻右舍的关系；不但要搞清楚为什么这样设计，还要搞明白为什么要选用这样的材料，以及为什么要做这样的试验。

第一设计部也有计划地安排资深技术人员讲课，比如：黄纬禄讲无线电测距，研究室副主任梁思礼讲惯性制导，另一位副主任沈家楠讲无线电制导与惯性制导的比较，等等。同时，还分专业组织“1059”总体、飞行力学、控制回路、电源配电、地面测试等 12 门导弹技术知识的学习。通过学习，使每个科技人员初步了解和掌握“1059”控制系统及部件（单机）的工作原理、设计原理、技术参数、配套关系以及零组件的设计、工艺要求，材料与元器件的选用标准等，以便打下初步的设计基础。

为早日完成仿制任务，设计部变成了攻关的战场、火热的学堂。“宁可多掉十斤肉，也要拿下‘1059’”“两耳不闻窗外事，专心苦读导弹书”的口号，使加班加点成为人们的自觉行动，使查资料、学技术蔚然成风。不拘形式的学术交流非常普遍，小到一个公式的推导、大到一个方案的讨论，在技术人员之间开展得热火朝天。参加学术讨论的人员，从设计部的老专家到新来的大学生，大家异常踊跃，人人畅所欲言，有时甚至争得脸红耳赤。对个人而言，这是增长知识、提高水平的机会；对工作来说，由于思想解放，技术民主，效率倍增，充分体现了尖端科技研究中的团队作用。

为了尽快投入“1059”的仿制，黄纬禄要求自己以最快的速度实现由外行到内行的转变。由于他刻苦钻研，勤于动手，善于交流，精于组织，带领全室人员解决了导弹控制系统的许多实际问题，从而名副其实地成为了导弹控制系统的技术领军人物。为了使研究室的日常工作和自己的“充电”学习两不误，黄纬禄总是早上七点就到办公室，先自学一个小时，然后开始工作，晚上九点后才披星戴月而归。虽说大多数时间每天都回家“点卯”，可孩子们一连几天和父亲不打照面也是家常便饭。渐渐地，黄纬禄逐步了解到导弹的主动段是如何控制飞行的，横偏校正系统是怎样工作的……一点一滴、日积月累，导弹控制系统的工作原理在黄纬禄脑海中清晰地建立起来。

“1059”控制系统是一个无线电—惯性混合制导系统。它由制导系统、姿态控制系统、弹上电源配电系统和地面测试以及发射控制系统组成。纵向射程控制用惯性捷联式制导，横向采用无线电横偏校正系统。惯性捷联式制导系统，是在导弹弹体上沿纵轴安装一个摆式加速度表，在飞行中敏感导弹纵向的视加速度（即除引力外，所有外力引起的加速度），经电解积分仪积分后得到导弹的视速度。当实际飞行的导弹视速度值和事先按预定射程算得并装订的导弹视速度值相等时，就发出关闭发动机的指令，以达到控制导弹射程的目的。但是，导弹的视速度并不等于导弹的真正速度。当有干扰作用时（如推力发生变化、起飞重量有偏差、有风干扰和推力偏斜等），按导弹视速度关闭发动机就会造成射程偏差。“1059”导弹对发动机推力偏差和起飞重量偏差造成的射程偏差采取了补偿措施，即在关机方程中加进一个与时间成正比的常量，以提高命中精度。这种补偿叫做单补偿方案。

对于"1059"控制系统各部分的工作原理，黄纬禄理解掌握得很深刻、透彻。在"1059"的仿制过程中，黄纬禄把自己比作登山运动员，每学到一些导弹知识，就如同向山顶迈进了艰难的一步。整个仿制过程虽然充满艰辛，但黄纬禄相信，只要坚持，总会登上山顶，他心中的山顶就是最终研制出中国自己的导弹。当然，登山的不止黄纬禄一个人，还有参加"1059"仿制任务的整个队伍。为了早日仿制出导弹控制系统，黄纬禄带领年轻的研制团队，把研究室的几张课桌拼在一起，紧挨着课桌放一块黑板，大家围坐在黑板前讨论，有什么问题，不需站起来就能直接在黑板上写写画画，大家像初学写生的少年一样，一板一眼地模仿着、研究着。慢慢地，导弹在黄纬禄他们眼里不再深不可测，他们逐渐摸清了导弹控制系统的内部结构。几个月后，黄纬禄带领控制系统研究室画出了 P-2 导弹控制系统的设计图纸。对于没有图纸仅有实物的仪器、设备，如地面测试发射电气设备等，黄纬禄领着大家根据实物进行测绘，画出了结构图、布线图和原理图。

鉴于黄纬禄的技术水平与工作能力，1958 年 12 月，他被任命为国防部五院二分院第一设计部副主任。

3. 向苏联专家学习

1958 年 12 月，26 名前来协助工作的苏联专家陆续抵达二分院，其中 19 名来到第一设计部。黄纬禄和设计部的技术人员都非常高兴，他们对苏联专家的援助抱以极大的希望。

国防部五院明确要求，要按专业指定专人向苏联专家学习，务求把导弹资料学深学透、把技术学到手。黄纬禄除了直接组织技术骨干，按专业配套分组跟随苏联专家边工作边学习外，对于苏联专家的授课内容与时间安排，也进行了多次探讨与磋商。比如根据控制系统研究室的实际需求，黄纬禄请苏联专家

欢迎苏联专家到北京（左三为黄纬禄）

重点讲授导弹控制系统与部件的设计原理、设计程序和方法、设计组织和分工、设计师职责、技术管理，等等。黄纬禄希望在苏联专家的指导下，不但要学会解决技术问题的方法与技巧，尽快仿制出“1059”，而且更要尽可能多地汲取设计导弹控制系统的知识，进一步掌握设计原理、摸清关键技术和设计参数，为以后自行设计奠定基础。

作为“学生”，设计部的所有技术人员态度谦虚又务实；他们缺什么，补什么，干什么，学什么；作为老师，大部分苏联专家态度诚恳，他们热情帮助设计部的技术人员消化资料、掌握技术并提供一些管理方面的经验，在导弹控制系统的仿制过程中做了大量有益的工作。苏联专家到设计部后的 20 多次授课、40 多次技术问题答疑，无不体现出他们对中国同行的真诚帮助与深厚友谊。在解决“1059”仿制生产中的技术、工艺等问题方面，苏联专家尽心尽力，他们提出的数十个书面建议中，大部分内容都是涉及生产技术与工艺的，其中也包含一些设计技术改进问题。为了使学习效果更好，设计部还把苏联专家的讲课、答疑和建议整理汇编成册，供技术人员学习参考。

尽管黄纬禄彬彬有礼、平易谦和的态度给苏联专家们留下了良好的印象，并与他们保持了非常融洽的合作关系，但黄纬禄心中产生的疑团，随着时间的推移在慢慢增加。他可以感受到，苏联专家更愿意回答的问题是关于如何仿制导弹，而对于导弹的设计经验，他们常常很有礼貌地巧妙回避，尤其是控制系统专家组组长，他严密地控制着自己的组员，不许他们随便透露。这种现象，随着后来中苏关系的逐渐恶化越发明显。

设计部的技术领导们充分察觉到这一情况。他们及时为各研究室提出了主攻方向：有的部门要把重点放在研究技术资料上，帮助解决生产中的技术问题，并在试射后进行遥测结果分析，探讨控制系统改进的可能性；有的部门要研究每个仪器及整个无线控制系统的工作原理，解决调整、调谐及靶场试验中的技术问题，解决生产中出现的与技术资料不符的问题；有的部门要研究弹上仪器、地面仪器及整个综合系统的工作原理，各单机参数，以及在调整、调试工作中出现的与技术资料不符的问题。大家都在默默努力，争取多学一点，再多学一点。

其实，黄纬禄和大家的感觉并非空穴来风。聂荣臻元帅后来针对苏联对我国国防科学技术援助执行协定的情况和存在的问题，在给周恩来总理的报告中写道："苏方对我援助的态度，在签订协定时就是有所保留的，是有限度的，其基本意图是在新武器和科学研究方面，使我们与他们保持相当的差距。要我们仿制苏联的第三线甚至停产了的装备，而不给第一线或第二线的最新装备。对我国研究、设计、试验工作的援助，亦局限在规定的几种仿制型号上。总之，他们想长期使我们处于仿制阶段，处于从属地位，永远落后他们两三步。苏方执行协定的态度，1958 年下半年以前还是较好的，一般能按协定条文办事，具体工作部门和办事人员还是热情积极、愿意帮助我们解决问题的，但是上面控制较严，绝不许越雷池半步。1958 年下半年以后，控制更严，步步卡紧。"

类似的情况不仅出现在黄纬禄所在的设计部，在其他单位也都遇到过。黄纬禄知道，无论是中国技术人员还是苏联专家，在他们心中都是国家利益至上，不能以个人意志为转移。俗话说得好：师傅领进门，修行在个人。面对苏联专家不肯轻易传授的技术或经验，黄纬禄也不勉为其难，尝试着自己去悟出其中的奥秘。

对于苏联专家在技术上有所保留的态度，黄纬禄并不横加指责，他的为人之道中有这样一项原则：“别人对自己的帮助，永远记在心里。”因此，之后不论在任何场合，有记者或节目主持人请他谈谈“苏联背信弃义、撤走专家对导弹研制工作的影响”时，他都以平和的口吻说：“苏联撤走专家是政府行为，我们和苏联专家合作得很好。”

4. 从仿制开始的“1059”

“1059”仿制工作与理论学习和消化技术资料始终在紧密地同步进行。1958年7月，第一设计部负责的“1059”单机第一批图纸资料译校完毕。为了配合工厂生产，第一设计部组成了下厂工作组，将技术人员直接派到生产第一线，随时解决发现的技术问题。国防部五院党委对仿制任务极为重视，同年11月，成立了以马清藻为组长，林爽、冬春为副组长的“1059”仿制工作组。

20世纪50年代的中国，除了导弹技术是全新领域外，其他技术领域和工业基础也十分薄弱。即使是仿制导弹，其困难程度也超乎人们的想象：没有工厂可以生产导弹所需的复杂材料，没有大型风洞，没有发动机试验台，没有研究机构钻研喷射推进的相关理论，甚至连这方面的参考书都很难找到。钱学森说：“我们没有人力，也没有金属工业……我真的感觉到，在科学研究方面，即使进步一英寸，都是非常困难的。”

但是，中国具备其特有的举国体制，她能够在中央的一声号令之下实现最大范围内的大力协同：全国调集了1400多个单位直接或间接地参加“1059”仿制工作，从金属材料的试制，到用自己设计制造的简易工装来代替仿制所需的大型设备和精密设备，再到突击培养工人中的技术力量，并让大学生深入工厂配合生产，解决诸如超差代料一类的生产问题。“1059”的仿制，是一个千千万万人经历无数次的攻坚克难，试验、失败、再试验、再失败，直至成功的艰苦卓绝的过程。

控制系统需要突破的技术难关很多。进入仿制阶段后，黄纬禄的工作地点已不完全在办公室、实验室，接受仿制“1059”任务的工厂也成为他常来常往的地方。比如，采用捷联方式控制导弹射程和精度的电解积分仪，其中一些部件在北京东郊某厂生产。黄纬禄常带着技术人员从西郊跑到东郊，每一次去，都要直接找到设计部派出监管设备生产的年轻技术人员沈世杰，向他详细了解第一手情况，及时解决生产中出现的技术问题。

面对仿制工作的千头万绪，黄纬禄把带领科技人员进行深入的计算、分析与研究，对技术方案进行反复设计和试验放在首位。鉴于苏联援助的资料中涉及技术设计的内容极少，黄纬禄需要主抓对“1059”控制系统与主要部件（单机）进行反设计工作。黄纬禄克服了许多令人难以想象的困难，如同一架永不停歇的机器，不知疲惫地连续运转。在解决控制系统仿制中出现的重大技术问题时，他总是亲历亲为；在第一设计部解决数百项超差、上千项代料、上百个生产技术问题时，也同样可以看到他忙碌的身影。

由于苏联停止了对仿制工作所需材料和元器件的供应，而国内电子元器件和精密仪器仪表、精密设备的研制基础薄弱，无法满足“1059”仿制工作的需要，致使在“1059”控制系统仿制工作中，每当所用的国产材料和元器件出现质量问题或工艺水平不过关时，就会使仿制工作变得极其艰苦，即便有图纸，也常会面临“巧妇难为无米之炊”的尴尬。自行研制的材料和电子元器件，其质量、稳定性、高低温状态下参数的变化，都要经过多次试验，证明确实可用之后，才能非常谨慎地用到“1059”导弹上。由千万个零部件组装而成的“1059”，若其中某个零部件出现问题，都会产生牵一发而动全身的后果，直接影响到发射试验的成败。黄纬禄对此十分重视，并做好了充分的思想准备，他不厌其烦地解决了许多琐碎但又不可忽视的超差代料问题，和所有研制人员一起，确保仿制出来的“1059”控制系统满足设计要求。

由于“1059”仿制工作涉及国防机密，在极其严格的保密观念和保密制度制约下，黄纬禄所解决的重大技术问题和大量具体工作的细节已被半个多世纪的漫长岁月深深地封存了，只能从有关部门对他的评价中看到他的贡献：1957 年年底，黄纬禄改行从事导弹制导与控制系统的研究和设计工作……仿制“1059”时，他主持控制系统的试制任务，经常战斗在科研生产第一线，处理了大量的关键技术问题，为“1059”飞行试验成功作出了重要贡献。他是我国研究控制技术的元老之一。在 50 年代末期，我国整个科学技术基础都很薄弱，特别是涉及火箭技术的许多学科和工程技术领域还处于空白状态，他率领控制系统研究室的科技人员首先突破了导弹控制系统的仿制关。

5. 自主研制的第一枚导弹

1960 年 7 月 18 日，就在苏联政府照会中国政府中断协定、撤走专家的第三天，毛泽东主席在北戴河中央工作会议上说：“要下决心搞尖端技术。赫鲁晓夫不给我们尖端技术，极好！如果给了，这个账是很难还的。”

8 月 14 日，聂荣臻元帅勉励国防部五院的领导：中国人民是聪明的，并不比别的民族笨，要依靠我国自己的专家和工人搞出自己的导弹。同时指示：苏联专家撤走以后，要发挥中国专家的积极性，使他们畅所欲言，不要怕争论，不要怕有不同意见，应发挥他们各自的特长。应有意识地培养他们成为红色专家，把党委的意图变为他们的实际行动，技术干部主要是钻研业务，应减少他们的行政事务工作，一定要保证他们的研究设计工作时间。聂荣臻元帅还提出了国防部五院和三机部有关工厂完成苏联 600 千米地地导弹的仿制后，成批生产任务移交工业部门接受。国防部五院则集中力量，尽快研制出 1200 千米近中程地地导弹和 2000 千米的中程地地导弹。

作为中国的知识分子，当国家利益遭到损害时，他们挺身而出，责无旁贷。黄纬禄与所有技术人员一样，对于苏联政府的背信弃义义愤填膺。他虽然没有慷慨激昂的言辞，但心里想的是中国绝不能受制于人，豁出性命也要把自己的导弹搞出来！自幼常被父亲用“求人不如求己”的朴实话语激励着不断求知的黄纬禄，骨子里早就养成了一种“尽己所能，万事不求人”的性格——学人所长，但不依靠旁人的一技之长，已成为他一生中求知必求甚解的习惯。因此，向苏联专家学习时，他要求自己知其然也知其所以然，力求悟出其中的真谛。苏联专家全部撤走并没有令黄纬禄感到恐慌，只是冷静地意识到中国人独立研制导弹的时代就此开始了。

尽管中国航天事业处在起步阶段，但在“1059”仿制的同时，1960 年 2 月，中国自行研制的导弹“东风一号”（后来更名为“东风三号”）开始了设计工作。1960 年 3 月，“1059”改型设计的导弹“东风二号”上马。1960 年 3 月 3 日，黄纬禄被国防部五院任命为“东风一号”副总设计师兼控制系统总设计师。同年 10 月，国防部五院讨论通过了包括“东风一号”“东风二号”在内的型号设计委员会组成人员名单。一分院副院长林爽任主任，黄纬禄等为副主任。

“1059”“东风一号”“东风二号”，三个型号的研制任务陆续并行安排。

以仿制为主还是以研制为主的争论在中国航天事业创建初期一直存在。对这两种观点，聂荣臻早在1958年春天就作过比喻：仿制是“爬楼梯”，爬上楼梯才能研制，先学会走才能学跑。一定要通过仿制，“爬楼梯”，再向独立设计发展。仿制的目的是为了独创，但必须在仿制中把技术吃透，才有利于独创。1960年8月，聂荣臻指出：“1059”不要忙着在“十一”试射，应该在一切准备妥当之后再试射，仿制练兵过程是不可缺的。必须通过仿制练兵，锻炼自己的技术骨干。“东风二号”可定为一个型号，关要一个一个地过。过了“东风二号”中近程导弹的关，再过中程导弹“东风一号”的关。于是，大家塌下心来并行进行“1059”仿制、“东风二号”的改型研制工作。每个人都能感受到：苏联专家的撤走，对成功仿制“1059”、改型研制“东风二号”赋予了更多的政治含义——制造中国的“争气弹”。

1959年9月，黄纬禄的家从院部大院搬到了位于永定路的二分院，十来分钟即可从家到达办公室的黄纬禄，更加没有了八小时工作制，在“大跃进”精神的感召下，他长期处于每天十几个小时超负荷工作的亢奋状态。

一天晚上，黄纬禄破例没有到办公室去加班：他需要一个安静的环境独自思考技术问题，他在卧室里来回踱步，又不时坐下来在纸上写出许多公式并计算着。孩子们也在妻子的叮嘱下不大声嬉戏，各自安静地写作业。“爸爸”，黄纬禄听到女儿喊他，立即顺手将事先放在手边的书拿来压在自己的演算纸上，随后问到“什么事？”当他抬起头来，发现平时很少跑来打断自己思路的女儿表情有点异样。从小就受到“父母做什么工作不要问，父母有客人来家谈工作自动躲开，偶尔听到父母和别人谈工作的事不许对外讲”的“保密”教育的女儿，对父亲遮挡的动作习以为常，并不介意，只是望着黄纬禄认真地说：“学校的同学在议论，现在苏联和中国一点都不要好了，所以苏联专家全走了。这是为什么？要是将来特别特别不好了，会不会打仗呀？要是打仗了，咱们家可怎么办呢？”黄纬禄听后愣了一下，他既奇怪不满十岁的女儿为什么会突然冒出这样的想法，又无法让她明白关于“为什么”的问题，于是他一边安慰一边明确地告诉她：“不要怕，现在不会打仗的。但是你要记住，不管什么时候，要是打仗了，我们都要先想国家怎么办，知道吗？”“噢！”女儿答应一声就跑开了，但她并不懂得黄纬禄这番话的含义，也不知道黄纬禄正是在这种“先想国家怎么办”的思想驱使下，去忘我地从事国家的导弹事业。

苏联专家撤走两个多月后，黄纬禄与所有从事“1059”仿制的人们，终于要把“1059”送往发射场了。又是一连几个昼夜，黄纬禄和技术人员们一起，将仿制成功的“1059”控制系统反反复复测试了许多遍，不放过任何一点蛛丝马迹。所有设备整装待发，黄纬禄那颗无时无刻不在牵挂“1059”的心，似乎也将随着设备一起出征。

1960 年 10 月 23 日深夜，一列由 18 节客、货车厢和特种车厢组成的专列，载着两枚“1059”导弹、仪器、地面设备和特种车辆，以及 120 名试验队员，停在了火车站。黄纬禄亲自赶来为第一设计部的参试人员送行，细心的他担心大家精神紧张且旅途寂寞，还特意带来自己的魔术扑克，塞到一位队员的手中。经过一系列检查的神秘专列由火车站启程西行，铁路两旁布置了由解放军战士和民兵组成的双层警戒线。每逢停车，车上所有试验队员一律下车，背向专列设防，不准任何无关人员靠近。经过三天多的昼夜兼程，于 27 日中午抵达试验基地。

处于荒无人烟、大漠深处的试验基地尚未完全建成，工作和生活条件异常艰苦，但是无人介意这里的简陋环境。试验队员们小心翼翼地把“1059”的全部装备移交给试验部队。

11 月 3 日，用于首次发射的“1059”导弹经过测试后，被运往发射区。导弹缓缓起竖成垂直状态，垂直测试合格后开始加注推进剂……

虽然黄纬禄没有亲临发射场，但他内心的紧张程度绝不亚于在现场的人们。他在第一设计部值守，时刻准备接听来自试验基地的电话。一旦“1059”控制系统出现技术问题，他将立即组织技术人员分析、讨论、试验、验证问题所在，并在最短的时间内将结论提交给试验队。

11 月 4 日，聂荣臻元帅一行来到发射场，他和大家一样既兴奋又紧张。在全面了解了导弹的测试情况后，他抚摸着墨绿色的弹体，仿佛自言自语，又仿佛在叮嘱：“一枚争气弹，一定要打好啊！”

导弹起竖吊装

11 月 5 日凌晨，戈壁滩上的气温降到 -30℃。在探照灯照射下，试验基地发射场亮如白昼，参试人员跑前跑后一片繁忙。随着太阳的升起，远远望去，竖立在发射台上的“1059”导弹似一把身披朝霞的利剑，直指长空。

9 时 2 分 28 秒，发射指挥员下达了最后命令：“点火！”

随着一声惊天动地的轰鸣，人们看见导弹尾部射出一束橙红色的烈焰，发射台周围猛地腾起一股浓烟。所有人都瞪大了双眼。3 秒钟后，导弹呼啸着飞离发射台冲向蓝天。只见导弹先是垂直上升，几秒钟后开始按程序转弯，最后变成一个亮点，向正西方向飞去。人们静静地凝视着远方，担心、紧张、期盼交织在一起，出奇的静谧使人们的呼吸声都能听得到。

指挥中心不断传来各跟踪台站发出的“发现目标”“飞行正常”和“跟踪良好”等报告。7 分 32 秒后，590 千米外的弹着区传来报告，导弹准确击中目标！

10 时 45 分，搜索部队找到了导弹弹头，11 时 20 分，找到了导弹弹体。

“1059”导弹准备发射

至此，我国自己制造的第一枚导弹首次飞行试验获得圆满成功！它实现了我国军事装备史上导弹武器零的突破，发射场内顿时成为欢腾的海洋！此时，远在北京的黄纬禄，脸上也露出了欣慰的笑容。

这一天，是自苏联专家 8 月 12 日全部撤走之后的第 85 天。

聂荣臻元帅在庆功宴上高举酒杯骄傲地宣布："在祖国的地平线上，飞起了我国自己制造的第一枚导弹，这是毛泽东思想的胜利，是工人、技术人员、干部以及解放军指战员辛勤劳动的结果，也是我军装备史上一个重要的转折点！"

……

1960 年 12 月 6 日和 16 日，又分别进行了两次"1059"导弹发射试验，均获得成功，导弹达到了设计规定的战术技术指标。随后，中国对"1059"进行了小批量生产。

1964 年 2 月 27 日，一枚"1059"导弹被送往中国人民革命军事博物馆展出。半个月后，按照上级指示，"1059"导弹更名为"东风一号"。

6. 化关怀为动力

1958 年 11 月至 1959 年 7 月间，毛泽东和中共中央曾努力纠正已经觉察到的"大跃进"中的一些错误，采取了一系列措施压低 1959 年的工农业生产指标。八届八中全会错误地批判了所谓“彭德怀右倾反党集团”，及随后展开的“反右倾”斗争，使纠正错误的努力中断，而党内“左”倾错误更加发展。1960 年提出要长期保持“大跃进”，继续要求工农业生产达到不切实际的高指标，对 1959 年上半年压缩指标进行不公正的指责，一味强调反对右倾，要把干劲鼓足。在各地粮食告急的情况下，还不断追加基建投资、追加基建项目，钢产量指标一吨也不能少，高指标、瞎指挥、浮夸风又再度全面泛滥起来。从 1958 年“大跃进”开始的三年“左”倾冒进导致了国民经济比例大失调，并造成了严重的经济困难。

1960 年，一场全国性的饥荒在中国大陆不断蔓延，人民的副食品供应几乎中断，粮食供应也大幅缩减……在国防部五院，饥饿导致有的人“上楼梯两手扶栏杆，蹲厕所两眼冒金花”，有的人画着图就晕倒了，大伙儿只能用糖精或盐粒兑水喂他们，让他们缓过气来。晚上大家睡得晚，饿得实在难熬时，就想办法买一点酱油膏，冲一点酱油汤充饥。黄纬禄发明了“抗饿新控制疗法”——每当肚子饿得“咕咕”叫时，就把裤子上的皮带向里勒紧一个扣；再叫，就再勒紧一个……当他熬到终于可以回家吃饭时，每每看到几个正在长身体的孩子狼吞虎咽的样子，总是吃个半饱，就不肯再动筷子了。

周恩来总理考虑到外地民众更加困难的情况，

要求从北京市民的口粮中拿出一部分置换外地的白薯干。于是，掺了白薯干的玉米面糊糊就成了家中顿顿都有的饭食之一。这些陈年的白薯干有的已经变质，吃在嘴里有霉涩味道，被孩子们戏称为吃“石灰”。黄纬禄常常先把自己碗中的白薯吃掉，当孩子实在不愿下咽“石灰”时，就用糊糊把它换出来。每当妻子提醒他：“你天天吃胃舒平还总是胃疼呢，怎么可以光吃这些作酸的东西！”并责备孩子“太不懂事”时，黄纬禄总是用眼神制止妻子再说下去。一个星期六的中午，孩子们向黄纬禄提出：“下午不上课，我们想和同学一起到七食堂帮炊事班的叔叔洗菜，洗完了，可以每人给一个白菜根。同学说了，把它泡在水里，还可以长出叶子来，我们就可以吃了！”看着孩子们期待的目光，黄纬禄感到有点心酸，但他还是很平静地对孩子们说：“吃饭的事情，大人们来考虑，你们小孩子还是好好念书吧！”

由于物资匮乏，营养不良，70% 的科技人员患上浮肿病，许多人还患了肝炎。就是在这样艰苦的条件下，黄纬禄和所有的科技人员一样，丝毫没有放慢研制“东风二号”的进度。大家的心愿是共同的：必须突破从仿制到独立研制这一关，用我们的双手，制造出中国自己的导弹！

赫鲁晓夫曾经说：“中国现在过的是‘大锅清水汤，三个人穿一条裤子’的生活，还想造导弹？做梦吧！造几个大鸭蛋我看还行……”中国人有志气，岂能让他看笑话？！此时，人们忘我工作的程度可以与“拼命”二字画等号了。

1960 年 12 月，因心脏病发作而住进医院的聂荣臻元帅了解到国防部五院的专家和科技人员的生活和身体状况后心痛不已，他说：“以我的名义向北京、广州、济南、沈阳等军区和海军的领导说明情况、讲清意义，向他们呼吁，请他们尽快设法给予支援，价拨给五院一批猪肉、鱼、黄豆、水果等副食品，能支援什么食品就支援什么，各尽所能，以便使五院的专家和科技人员能维持起码的生活水平，集中精力搞好科研。这些食品，以中央和军委的名义分配给每位专家和科技人员，这也是一项有力的政治工作。”

紧急募集来的肉、鱼、黄豆等副食品很快就运到了，这些专门分配给科技人员的食品，被冠以了具有时代背景的特殊称谓：“科技肉”“科技鱼”“科技豆”。国防部五院政委刘有光少将拍着胸脯对聂荣臻说：“要是查出有政工、行政干部分了一两，你马上撤了我！”

黄纬禄谈起这件事总是满怀感激之情。他说：“聂老总的话，下面必须照办。这些副食品都分配给了技术干部，行政干部和领导都没有。我们对这种做法非常感动，很感谢聂老总的关心。但同时对于只有我们技术干部享受这种待遇也感到非常不安。”三年经济困难期间，他时时想到广大人民都在节衣缩食，连中央领导同志都带头吃粗茶淡饭，因此，对

黄纬禄与聂荣臻合影于聂帅90寿辰

组织上给他的一些物质上的照顾，他常常拒绝接受。

在极端艰难困苦的条件下得到这样的关怀，无疑将化为工作上更大的动力。

在钱学森的带领下，科技人员们对“东风二号”导弹改型任务抓得更紧，步子迈得更大、更快了。

黄纬禄

黄纬禄院士传记

Academician Huang Weilu's Biography

第七章

研制液体弹道导弹 殚精竭虑善解难题

黄纬禄担任中国液体导弹控制系统总设计师。他提出的双补偿制导方案，被应用于多个导弹型号。他因解决技术问题的能力高超，获得了“导弹医生”的美誉。

1. 研制“东风二号”

1960 年 3 月，国防部五院下达了“东风二号”的改型研制任务。

“东风二号”导弹的总体方案在型号设计委员会主任林爽（后为总设计师）、副主任屠守锷的主持下，很快出炉了。“东风二号”导弹要比仿制的“1059”射程更远，打击更为精准，这就给液体火箭发动机和控制系统提出了巨大的挑战。增加射程的重任主要由发动机总设计师任新民等专家担当，而提高命中精度的重担就落在了以“东风二号”控制系统设计师小组组长黄纬禄为首的研制团队肩上。

黄纬禄把工作重点放在了控制系统方案的改进上。苏联 P-2 导弹采用的“捷联补偿”制导方法，仅仅对几项误差作常值补偿，为了提高“东风二号”的命中精度，黄纬禄受命主持控制系统方案大讨论。他除了注重在设计部内营造出浓浓的技术民主氛围，启发技术人员畅所欲言、充分发表见解外，也不断在博采众长的基础上逐步把讨论引向深入。在黄纬禄看来，“1059”方案是在加速度表上加入 K 补偿，即根据统计结果来补偿，误差较大。要解决这个问题，需要考虑新的方案，于是，黄纬禄提出用水平陀螺仪输出 $\Delta\varphi$ 角来修正导弹的速度误差，从而引出了双补偿制导方案。

设计人员根据黄纬禄提出的新思路，设计了具体的双补偿制导方案。由于风干扰等引起导弹速度方向的变化，可以通过水平陀螺仪和在弹上增加一个法向加速度表来测得。这样，关机方程中不仅有对发动机推力、起飞重量变化的补偿，还有对风、推力偏斜等干扰的补偿，故称之为“双补偿制导方案”。实现这个方案，只需在纵向加速度表中增绕补偿风干扰等的线圈，其他无需变动。这种制导方案保留了单补偿制导方案简单可靠的特点，又省去了在发射前测定风速、风向并予以修正的程序，提高了导弹的作战性能，大大减小了由于制导方案引起的方法误差。

此时，黄纬禄是二分院控制系统初步方案定案委员会的三位成员之一，他不但是新方案的提出者，也对控制系统制导方案的最终选择起到了一定的决策作用。

黄纬禄 1962 年撰写的《补偿舵机磁滞回线》手稿

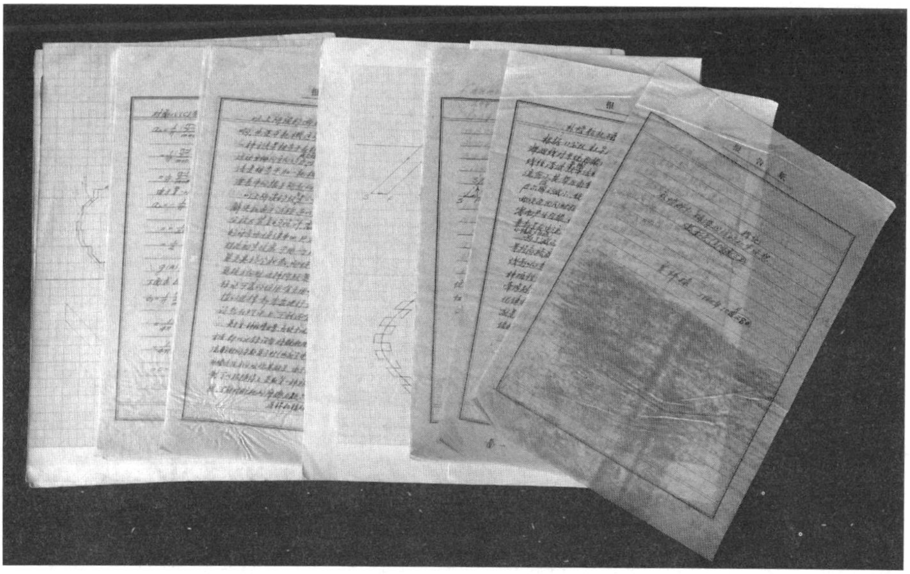

方案大讨论收获颇丰，在全惯性制导方面涌现出许多新的思想和方法，其中“双补偿制导方案”和“横向坐标转换方案”，首先被列入了预先研究计划。在黄纬禄的主持下，第一设计部对“东风二号”控制系统方案的改进工作讨论得很透彻，对部分整机和线路的改进就有65项之多，该方案最后得到了国防部五院的批准。

为了尽快在实践中带出一支过硬的研制队伍，第一设计部专门成立了技术尖子培养指导小组，黄纬禄亲自担任组长。被选出来的技术尖子按专业分为自动控制、无线电控制、系统理论、机械结构四个小组，以自学为主，重点指导。他们每周利用业余时间学习都在18小时以上，最多的达到30小时，定期写出技术报告或学术论文，坚持每月召开一次技术尖子学习小组会，检查和交流学习情况。同时，为了弥补科技人员普遍存在的专业理论与技术知识不足的问题，设计部除了组织专业理论课与基础课的学习外，还要求各研究室根据工作特点，组织各类专业课讲座。黄纬禄一方面仿效当年陈章老师培养学生的方法，来培养这支年轻的技术队伍；一方面认真观察各人所长，尽量做到人尽其才。二分院机关曾经要从设计部调一名年轻的技术人员去从事行政工作，黄纬禄认定他在技术领域有发展潜力，便以“我很了解他的长项，调他去做行政工作不大合适”为由拒绝了，为此事还引起了上级领导的不满。后来，这位在该领域很有造诣的知名专家，想起黄纬禄拒绝他调到机关之事，心里充满感激之情。

从方案论证到设备研制，在学中干，从干中学，经历了千辛万苦，人们终于盼来了“东风二号”导弹就要踏上发射征程的这一天。

1962年2月26日，国防部五院举行了“东风二号”导弹首次试射产品进场动员会。第一设计部组织了以黄纬禄、梁思礼为领队的参试队伍，梁思礼带领设计部的参试人员直奔发射现场，黄纬禄则组织留守的研制人员，做好技术保障工作。

1962年2月2日，国防部五院科学技术委员会成立（三排左一为黄纬禄）

2. 失败的“经验”也很宝贵

1962年3月4日，虽是乍暖还寒，但已到了万物复苏的时节。我国自主研制的第一枚导弹“东风二号”经过科技人员一年多的艰苦奋斗，终于带着大家无限的期望，从北京起运，直奔试验基地。接下来便是紧张而繁忙的导弹发射前的测试、准备工作。

3月21日，见证历史的时刻就要到了。随着“东风二号”在发射阵地的竖起，人们的心里除了充满庄严神圣的感觉，也免不了紧张得把心提到了嗓子眼儿。设计部的带队领导梁思礼看到在大风的猛烈吹袭下，“东风二号”导弹的燃气舵在不停抖动，心中很是焦急，频繁地从基地给在北京值守的黄纬禄打电话，商讨技术问题。无论前方后方，所有人都把全部精力投入到这场导弹飞行试验的特殊战斗中。

上午9时5分53秒，随着发射指挥人员的一声令下，所有技术人员都紧张地盯着发射台。导弹飞起来了！然而，时间太短暂，仅仅几秒钟后，弹体便出现了较大幅度的摇摆与滚动，紧接着发动机出现异常。发射后 21 秒，导弹完全失控；69 秒时，导弹轰然坠毁在距发射台纵向 68 米、横向 660 米处。

这一瞬间，时间似乎凝固了！所有看到这种场面的人难过得几乎窒息昏厥。得知导弹坠毁的消息后，黄纬禄的心一下子跌到了冰点，频频发作的胃痛在突如其来的精神打击下越发剧烈，他不由得用拳头紧紧抵住心口。导弹飞行姿态失控，是系统设计上出了问题？黄纬禄感到压力巨大、痛心无比。

尽管聂荣臻元帅对科技人员说："既然是科学试验，总会有成功，有失败。成功了，我们就取得经验，失败了，我们就得到教训！成功了，功劳是你们的，失败了，责任由我来负！"但对黄纬禄而言，除了对聂帅的关怀由衷地感激外，这种巨大的压力是挥之不去的。

所有与型号相关的科研人员全部行动起来。在试验基地，林爽领导部分留在基地的参试人员用了一个月的时间对光测、遥测结果进行故障分析。分析结果表明：总体设计中未明确弹性振动的指标要求，姿态控制系统中亦未采取对应的技术措施，致使弹体失稳而坠毁。在二分院，黄纬禄紧张有序地组织设计部的技术人员，全力以赴地从控制系统查找失败原因……

仅用了不到两个月的时间，"东风二号"试验队就向国防部五院报送了试验工作的初步总结，提出了飞行失败的主要原因：一是在总体设计方案中没有将弹体作为弹性体来考虑，二是发动机强度不够。

从 1962 年 5 月至 1964 年 5 月，研制"东风二号"的各单位进行了大量的研究、设计、试验和试制工作。在二分院第一设计部，直到 1963 年 6 月，针对"东风二号"飞行失败原因的技术攻关工作仍在紧张地进行。设计部决定以陈德仁等 15 人组成控制系统分析研究小组（"杀血路"攻关小组），不断进行分析和试验，来寻找解决技术问题的方案，钱学森、林爽、蔡金涛等领导常来设计部亲自指挥"杀血路"，黄纬禄也坚持深入实际，和技术人员、工人一起现场解决问题。此时，已被国防部五院任命为第一设计部主任、“东风二号”副总设计师的黄纬禄，不但主持设计部的技术攻关，全面分析、正确处理稳定系统中的刚体与液体摆动之间的矛盾，也参与了对“东风二号”设计方案重新审查的工作，并为修改设计出主意、想办法。他提出的意见对“东风二号”的改进起到了有力的促进作用。在所有人员的共同努力下，他们从控制角度入手，经过故障分析、理论计算及大量的仿真和综合试验，最终通过改变仪器舱及陀螺在弹上的安装位置，避开了导弹弹性振动的影响，有效地解决了弹体的弹性振动问题。

夜以继日的超负荷工作与巨大的精神压力叠加在一起，使黄纬禄的十二指肠溃疡日趋严重。每一

1963年9月，黄纬禄被授予上校军衔

次疼痛发作，常常持续数小时不能缓解。人们一般只能通过他用拳头紧抵心口的姿势和脸上渗出的汗珠发现他因溃疡引起的疼痛，但他一直默默忍受着，坚持参加技术讨论。

从医学角度讲，慢性胃病尤其是消化性溃疡与人的心理状态有着极其密切的关系，人在极其紧张的情况下容易出现胃或十二指肠溃疡，即所谓的应激性溃疡。研究表明，精神因素对消化性溃疡的发生有明显的影响。

为了研制导弹，黄纬禄患病又顾不上治疗。在长达三年多的时间里，白天，他靠服用胃舒平来缓解胃酸加剧的溃疡疼痛。夜间，他常常需要持续按揉或用力顶住疼痛的部位才能勉强入睡。在经济困难的非常时期，他和表姐朱素云之间有过这样一次对话："姐姐，背心破了，你帮我补一下。""别的地方都还好，怎么会破在这里？""心口痛，揉得久了，就破了。""唉！"朱素云深深叹了口气，心疼地说："心口痛还要一直加班，真是活受罪哟！"终于有一天，疼痛超过了黄纬禄可以忍受的极限。医生检查后，口气很坚决："马上住院治疗！"但黄纬禄人在医院，心却在工作上，在病房里，他还召集相关人员来讨论技术方案。此次住院，对黄纬禄而言，并不意味着得到了彻底治疗的机会，在他的不断要求下，这次住院治疗变成了一次短暂的休息。只是在出院后，他遵照医嘱，坚决戒掉了几十年来养成的吸烟习惯。在以后的岁月里，他的消化道应激性溃疡又有过数次急性发作，而每一次都与型号研制周期紧张、任务繁重、工作劳累密切相关。

艰苦的付出，终于得到了丰厚的回报。"东风二号"失败的原因在国防部五院各相关部门的共同努力下，有了明确的结论。国防部五院总结归纳各系统出现的问题有 158 项，仅结论性的报告就有 67 页之多。

屠守锷从导弹总体的角度这样总结了失败的原因："我们虽然参加了仿制'东

风一号’[1]的过程，还进行了一些反设计，但毕竟苏联所提供的只是生产用的图纸资料而没有设计资料，苏联专家也未介绍任何设计方面的经验。我们还不清楚在研制一个新型号时应该做哪些工作。‘东风二号’是以‘东风一号’为基础，靠挖掘潜力加大射程的。为了多装推进剂，我们加长了弹体，但不懂得这样就改变了弹体的弹性自振频率，会引发飞行过程中弹体的姿态不稳定，导致飞行失败。因为增加了推进剂，起飞重量加大了，就要增大发动机的推力，当时我们只用调整发动机的一些参数来改变推力的大小，虽然通过了不长时间的地面试车，但削弱了焊缝强度的余量，以致飞行试验时发动机漏火而失败了。这两个重要故障使我们认识到‘东风二号’的设计方案有问题，总体协调工作事前做得很不够，飞行试验之前地面试验工作也做得不充分，飞行试验失败是必然的。”

黄纬禄从控制系统的角度分析了“东风二号”飞行失败的原因：“其中最主要的问题，就是因为它打的距离比‘东风一号’远，所以导弹用来装推进剂的贮箱要大一点，推进剂要多装一点。要想贮箱大一点，我们采取的办法是导弹的直径不变，长度变长。长度一长就有了‘扁担效应’，就像挑扁担，走起来就有点儿上下弹性振动。导弹在飞行中也会产生振动，我们叫弹体的弹性振动。发射‘东风一号’导弹时这个问题不明显，所以，设计‘东风二号’也没有考虑这个问题。弹性振动导致了两个恶果，一是弹体结构受到破坏，二是振动的频率与控制系统发生耦合，共振加剧了导弹解体。”

为了取得最后的成功，全体人员齐上阵。林爽、屠守锷领军修改了总体方案，钱学森对该方案拍了板；任新民组织改进了发动机；郝复俭主持了高精度陀螺和加速度表的改进；黄纬禄主持了控制系统方案的修改；姚桐斌主持了有

① “东风一号”即指原来的“1059”。

关工厂的材料工艺攻关；梁守槃、庄逢甘等专家也都在各个领域发挥了重要作用。研制人员们修改了发动机系统和控制系统，增加了弹体强度、防止火烧尾部和安全自毁装置，进行了发动机性能和可靠性试车、控制系统综合试验、全弹模拟试验和多次全弹试车等 17 项地面试验、105 次发动机试验……

1964 年 6 月 29 日，在首发导弹试射失败的两年多之后，“东风二号”飞行试验成功。这一次黄纬禄直接参加了试验队，在基地亲眼见证了中国第一枚国产中近程地地导弹的发射成功！

胜利的那一刻，黄纬禄和所有研制人员的心中除了激动，还有无限的感慨：没有人知道，“从零开始”的事业是何等艰难；没有人了解，“孤军奋战”的滋味是何等苦涩。只有黄纬禄他们自己清楚：曾度过了多少不分昼夜的日子，翻阅了多少残缺不全的资料，经历了多少一筹莫展的低谷……

多少次失败，才换来一点点进步；多少个进步，才换来这一次“东风二号”

东风二号导弹起竖

东风二号导弹发射

的圆满成功！它，翻开了我国导弹发展史上自主研制的新一页！

接下来的数月，连续发射了 7 枚东风二号导弹，全部获得圆满成功！

多年后提起这段经历，黄纬禄深有感触地说：“我们自行设计的导弹，由于弹性振动问题没考虑好，飞行试验失败了。我们非常难过，痛苦地掉下了眼泪。但是，这次失败，使我深深地体会到，失败是成功之母。自从这次失败以后，所有的型号设计和试验中，再也没有出现过弹性振动方面的问题。在科学试验的道路上，失败和成功是紧密相连的一对矛盾。一次失败的反面经验，往往比一次成功的正面经验要宝贵得多。”

3. 导弹控制系统方案的重大改进

东风二号导弹的飞行试验虽然成功了，但研制人员的面前并非一片坦途。要把它作为战略武器来装备部队，问题就凸现出来了。毕竟，“东风二号”是在仿制苏联 P-2 导弹的基础上进行的改型设计，要满足中国的使用需求，技术上还有不足之处。“东风二号”横向制导采用了由 P-2 导弹改进的无线电横偏校正系统，该系统需要在导弹后方数十千米处配置无线电地面制导站，用两台发射机同时向导弹飞行方向发射无线电信号，在空中形成等信号面。导弹飞行在这个等信号面上时，弹载无线电接收机接收到的是强度相等的信号，信号在控制系统内相互抵消，不会对导弹产生制导作用；当导弹飞行偏离了等信号面时，导弹就按照信号的极性，判断其飞行方向是偏离了射面的左边还是右边，然后进行校准性控制，使其返回等信号面，从而保证弹头的横向落点精度。这一整套设施，好似给导弹增加了一条长长的尾巴，使用中容易暴露目标并受到敌方的无线电干扰。当需要改变导弹射向时，“尾巴”也要跟着摆动。它对阵地地形的要求也非常苛刻，如果将导弹部署在山地，在山丘或森林的干扰下，等信号面会产生畸变，从而影响横向精度。

由于“东风二号”已经处在飞行试验成功、接近定型的阶段，此时再对控制系统进行大的方案改动无疑是很困难的。但为了满足部队需求，提高“东风二号”的作战性能，第一设计部还是果断决定对控制系统作重大改进。黄纬禄面对着方案修改变动大、任务重、时间紧的困难，沉着冷静、有条不紊地部署并指挥着对方案的修改。为了掌握并验证地形对等信号面影响的程度，设计部和军方共同派人，历时数月，利用飞机进行等信号面测量，得到了等信号面发生畸变、横偏校正系统不适合山地使用的第一手资料。

为了使“东风二号”早日装备部队，黄纬禄全力以赴，连晚上和星期天也经常在实验室或办公室度过；他有时从外地出差回来，中午到家，下午就到办公室上班。他深入到各研究室，一方面直接倾听大家的意见，一方面也提出一些切实可行的意见。他多次在设计部内集中主要技术骨干，并邀请弹上仪器研制单位的著名专家，进行深入的研究和讨论。在黄纬禄的精心组织、合理安排下，通过发挥集体的聪明才智，最后形成了新的横向坐标转换方案：在弹上增加一块横向加速度表，同时利用纵向加速度表和垂直陀螺仪的偏航角输出，经过计算得到导弹的横向速度，通过姿态控制系统的偏航波道控制导弹的横向速度和落点的横向偏差，从而废除了无线电横偏校正系统，省去了一整套无线电系统和相应的地面设备、弹上设备和通信联络设施，也就是“割掉了长尾巴”，形成了全惯性制导的控制系统。

就在全惯性制导方案提出后，技术人员希望通过试验来验证方案的原理以

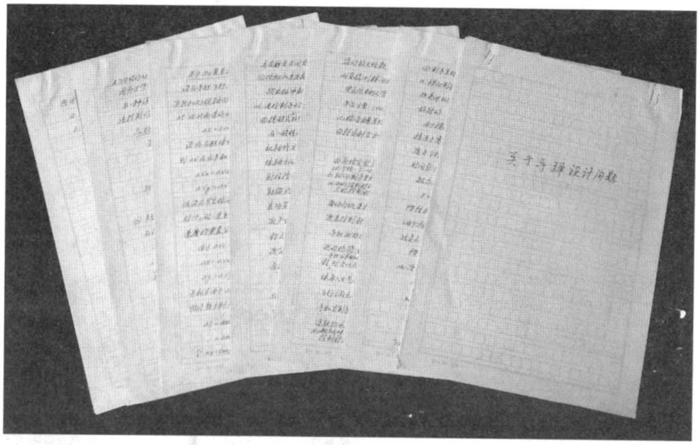

黄纬禄手稿《关于导弹设计问题》

及所能达到的精度。于是，同时提出了几种不同的试验方案：一种是“坐公共汽车”方案，即把“双补偿”和“横向坐标转换”两套装置作为“乘客”装在“东风二号”上，在飞行试验时，测得这两套装置的有关信息，以判断其工作质量。这种方案比较稳妥，但试验周期长。第二种方案是所谓“半搬”方案，即每次飞行试验只更换一套装置，或把“单补偿”改为“双补偿”，或把“无线电横偏校正”改为“横向坐标转换”，而另一套仍沿用“东风二号”的装置。这种方案有一定风险。第三种方案是“全搬”方案，即用“双补偿”和“横向坐标转换”装置，把“东风二号”原来的制导系统全部换下来。这种方案风险最大，可一旦试验成功，就能立即把新系统正式用到型号上，大大缩短试验周期。

就在控制系统方案改进期间，1965 年 1 月，经过数月筹划酝酿，在国防部五院的基础上组建了第七机械工业部（简称“七机部”），原国防部五院一分院、二分院分别改称七机部一院、二院，原二分院所属的第一设计部（改称“第 12 设计所”，简称“12 所”）等四个单位划归一院。1965 年 6 月，国防部五院现役军人集体转业，七机部的科研单位三线建设选点工作也陆续开始。之后，黄纬禄由原第一设计部主任，被任命为 12 所所长。但无论是行政隶属关系的变更、身份的转变，还是其他工作的相继展开，对黄纬禄和型号研制人员来说，都没有对正在紧张进行的技术工作产生影响。

针对选用“半搬”或“全搬”方案，在 12 所展开了非常激烈的技术大讨论。之前，在黄纬禄的主持下，被列入预先研究计划的“双补偿制导方案”和“横

1965年，黄纬禄转业前留影

1966年，所长黄纬禄（中）、政治部主任张向毅（右）、干部科干事万玄章（左）到四川省为三线选址

向坐标转换方案”，此时已经过各种地面试验，到达了应用程度，黄纬禄对整个研制过程了如指掌。对于“半搬”与“全搬”方案，作为所领导，与设计人员的观点并不完全一致，他们站在研究所的角度，对于国家已经投入的经费和生产设备因方案更改而弃之不用，以及新方案中的风险程度等要进行全盘考量，设计人员则对上“全搬”方案的态度比较坚决，通过上级部门对所有问题进行综合考虑之后，“全搬”方案最终上马。

“东风二号”改用全惯性制导系统，在我国导弹控制系统研制史上是一个很大的进步，开创了我国战略导弹全惯性控制的先河，提高了制导精度，可使导弹发射后自主飞行并精确命中目标，大大改善了导弹作战使用的机动性和生存能力，为后续型号的研制开辟了广阔的前景。这也是黄纬禄和整个研制团队为我国导弹事业作出的一大贡献。

科学无止境，战略导弹武器系统发展的道路上永远有攀登不完的高峰，而它的发展又与国际形势的风云变幻密切相关。1963 年 8 月 5 日，美国、英国、苏联联合签署了《禁止大气层、外层空间和水下进行核试验条约》，意在阻止其他国家（包括中国）研制核武器，从而继续受制于他们的核讹诈。美国总统肯尼迪曾指示其情报部门负责人“原则上不管用什么手段，必须阻止中国成为一个有核国家。”

面对这样的形势，中国很快就作出了反应。1964 年 6 月，“东风二号”导弹首次飞行试验成功后，同年 10 月 16 日，放置在地面塔架上的中国第一颗原子弹爆炸成功，其威力超过了美国投在日本的原子弹。当时，美国人根本不相信中国人的能力，其国防部长麦克纳马拉对这一事件发表评论说：“中国五年内不会有原子弹运载工具，没有足够射程的导弹，原子弹也无从发挥作用。”中国科学家很清楚这种说法不无道理：如果没有导弹作为运载工具，核弹将形同虚设。所以他们要在最短的时间内，为中国的核弹配上一把能把它打出去的“枪”！

1965 年 2 月，中央专委决定进一步提高“东风二号”导弹的射程，用增程后被命名为“东风二号甲”的中近程导弹作为运载工具，实现“两弹结合”的目标，形成一种具有实战价值的武器。

同一年，七机部制定从 1965 年到 1972 年的战略导弹长远发展规划，从研究院到设计所，都为制定规划开展了为期一个多月的技术大讨论。黄纬禄在组织 12 所科技人员进行讨论的过程中，同时发动群众对“东风二号甲”方案、进度以及关键问题进行讨论，他们得到了很好的收获：对于“东风二号甲”，他们确定控制系统方案不变，只对个别仪器参数作必要的修改，以满足需要。对于长远发展规划，七机部在综合所有研制部门讨论意见的基础上，确立了利用八年时间，研制包括中近程导弹、中程导弹、中远程导弹和洲际导弹的“八年四弹”规划。

黄纬禄又开始为“东风二号甲”仪器参数的修改而频繁地往返于办公室、实验室、生产车间。由于液体地地导弹控制系统研制都在同一部门完成，不论是研制还是创新，都可以在同一个基础上进行下去，互相借鉴，取长补短，具有很好的继承性，对控制系统研制进度和质量保障都起到了重要的作用。

在黄纬禄和陀螺仪表总设计师郝复俭的主持下，控制系统采用横向坐标转换装置和双补偿制导方案的全惯性制导方式的“东风二号甲”，于 1965 年 11 月 13 日进行了首次飞行试验并获得成功，“全搬”方案得到了验证。之后，又陆续进行了一系列飞行试验，为“两弹结合”作了充分准备。

周恩来总理对这次“两弹结合”试验极为重视，明确提出要“严肃认真，周到细致，稳妥可靠，万无一失”，这条指示从此便成为航天科技人员质量工作的座右铭。

1966 年 10 月 27 日，中国在本土成功地进行了导弹核武器试验。东风二号甲导弹成功发射，飞行正常，它运载的核弹头在预定地点精确地命中目标，实现了核爆炸。

中国“两弹结合”试验成功的消息震惊了全世界，距离美国国防部长麦克纳马拉断言“中国五年内不会有原子弹运载工具”的时间仅仅两年。从此，中国“有弹无枪”的日子一去不复返，中国成为世界核俱乐部的正式成员，超级

1966年10月27日，东风二号甲导弹运进试验基地，实施“两弹结合”试验

大国的核垄断和核讹诈被勤劳、勇敢、智慧的中国人民打破了。

在型号定型之后，“东风二号甲”正式装备部队，成为了为祖国“站岗放哨”的第一代战略核导弹。

黄纬禄以他的沉着、冷静和睿智迎来了一个个成功，但他却没有沉浸在成功的喜悦中。他知道，还有很多艰巨的研制任务需要他为之继续努力奋斗。

4.独立研制的“东风三号”

“东风三号”（原“东风一号”）是完全根据我国战略需要而自主设计的导弹武器系统，也是我国第一型完全独立研制的液体中程地地弹道导弹。早在1957年，国防部五院就拟定了“东风一号”的研制规划及生产任务。紧接着对其战斗指标和整体方案的论证紧锣密鼓地展开了，确立的预先研究项目也在按部就班地进行着，到1961年，“东风一号”被正式列入一分院的三大任务之一。1964年3月，总参谋部和国防科委颁发了各种导弹命名和代号编排方法。“1059”被命名为“东风一号”，原“东风一号”改称为“东风三号”[①]。

“东风三号”的研制与“1059”的仿制、“东风二号”的研制几乎在同步进行，黄纬禄对它倾注了大量心血。这不仅因为他是该型号的副总设计师兼控制系统总设计师，肩负着义不容辞的责任，还因为“首次完全独立研制”对于国家而言，有着极为重要的意义。

1960年年初，黄纬禄担任“东风三号”控制系统总设计师时，还没有经历过任何一个液体导弹控制系统方案设计或仿制全过程。但当国防部五院明确研制工作的重点由仿制转入自行设计时，黄纬禄带领着年轻的研制团队沉着应对挑战。

---

① 为了叙述方便，以下均称“东风三号”。

虽然处于中国导弹事业初创时期，但中央领导层对这项事业的发展已经考虑得非常深远。鉴于导弹是多学科、多领域的现代科学技术的综合产物，只有在专业及基础技术领域进行大量的预先研究，积累足够的技术储备，才有加速发展的可能，所以对于研制新型号来说，较长的研制周期不可避免。面对这种情况，若一个型号定型后再开始研制下一个型号，根本不能满足中国国防建设的迫切需求。于是，聂荣臻元帅根据导弹研制系统工程的特点，提出了按“三步棋”安排的原则，即在一定的计划期内，要有三个层次的型号，一种在探索研究，一种在设计和试制，一种在定型后小批量生产。1965年6月，聂荣臻在听取钱学森汇报时指出：“东风二号”技术问题不大了，“东风三号”是重点，“东风四号”做准备，“东风五号”是探索、搜集资料。基于这样的思路，当“东风三号”还处在研制过程中时，20世纪60年代中期，对“东风四号”“东风五号”的方案论证已经陆续开始了。对于同一型号而言，也必须按照“三步棋”原则，即经过预先研究，再转入型号研制，最后进行小批量生产。为了保证新研制型号的技术先进性，需要采用不少新技术，从而使得科学研究占了相当的比重，难度比仿制、改进设计要大很多。

1960年，黄纬禄开始主抓“东风三号”控制系统设计时，正处于该型号的预先研究阶段。具体来说，就是要确定射程系统、稳定系统、横校系统的方案。1961 年，黄纬禄牵头在设计部内组织方案讨论，建立“东风三号”的相关课题组，开展方案误差分析计算等，大家提出了多种可供选择的方案，如捷联补偿、模拟平台、坐标转换、无线电制导和惯性平台。经过反复计算比较，最后推荐纵向为双补偿和物理量方案，横向为坐标转换和“背表”两套制导方案。

黄纬禄不仅在大的技术方案上严格把关、敢于负责，在细节问题上也毫不放松。凡是他经手审查的课题、方案，都是认真负责，一丝不苟，从不放过任何疑点。对于重要的数据，他一直坚持亲自计算。就在工作紧张进行的过程中，由于“东风二号”首发飞行试验失利，国防部五院对研制计划及时做出调整：集中力量完成“东风二号”的研制任务，在“东风三号”控制系统预先研究的课题中，只开展以关键技术为重点的研究项目。黄纬禄除了不时过问“东风三号”预研课题的进展外，将大部分精力放在了对“东风二号”失利原因的技术攻关上。

“东风二号”发射成功后，对“东风三号”制导方案深入研究的工作再提上议事日程。在黄纬禄的主持和直接参与下，他之前提出的“双补偿”方案，在预研完成之后，不仅被用于东风三号导弹的控制系统，也用在了后续各型号液体导弹的控制系统中。

“东风三号”控制系统采用的“双补偿”制导方案，具体来说，就是纵向采用以陀螺积分仪为测速元件的补偿式捷联制导方案，横向采用垂直陀螺仪“背表”的制导方案。黄纬禄与设计人员们从理论上对捷联制导系统进行了深入研究，提出了一整套“变参数线性自动控制系统的外干扰完全补偿”理论，为我国的捷联制导方案闯出了新路子。该方案绕过了 20 世纪 60 年代中期我国电子计算机和精密机械工业薄弱的困难，在工程上实现了用比较简单的器件组成比较精确的制导系统。姿态控制系统采用速率陀螺，直接由它来提供姿态角速率。速

东风三号导弹起竖

起飞中的东风三号导弹

率陀螺体积小、重量轻，可以方便地安装在对弹性振动稳定有利的位置，不但避开了仪器舱，而且对姿态控制系统的综合，尤其对解决弹性和刚体稳定的矛盾，创造了有利条件。

“东风三号”比较集中地采用了我国20世纪60年代中期取得的最新技术成果，又是在总结“东风二号”研制经验和教训的基础上进行研制的，严格地按型号研制程序开展工作，指标论证深入，预研基础扎实，设计协调及时，地面试验充分，设计、生产、使用结合紧密，指挥调度得力。在整个型号研制队伍的共同努力下，1966年12月26日，东风三号导弹首发飞行试验取得基本成功！

这个胜利实属来之不易！因为“文化大革命”已经席卷全国。持不同观点的两派群众组织严重对立，领导干部被打成走资派，技术专家变成了反动资产阶级学术权威，所有规章制度被废黜，正常的科研生产秩序被打乱……

这期间，身为研究所所长的黄纬禄，虽然由于长期以来与工作人员保持着非常好的人际关系而没有遭到批斗，但还是靠边站了。无职无权的黄纬禄，改不了为导弹研制进度而日夜操心的职业习惯，因为神圣的责任感已经深深地溶入了他的血液中。黄纬禄以“资产阶级反动学术权威”的“卑微”身份，默默地干起了打杂的活儿。从不需要关心家中日常生活采买的黄纬禄，此时总在离家之前，确认一下自己带没带钱包。部分还愿意坚持工作的科研人员做试验时，黄纬禄会站到一旁，寻找时机给大家倒开水、送仪器、做记录。如果发现快到吃饭时间，正逢大家手中的试验不好中断或讨论兴致正浓，黄纬禄便悄悄地离去买面包、打开水。当科研人员们饿了，不经意地抬起头来，会发现面包已经摆放在了桌子上。面包虽不值什么钱，但它们却体现了黄纬禄关注事业的诚心，关怀科研人员的深情。尽管黄纬禄不能直接参与讨论，但他一直在注意听大家说些什么，把难点和疑点记下来，暗地里演算、思考，然后再把自己研究的结果说给年轻人，尽量使试验工作顺利完成。黄纬禄锲而不舍地通过这种“信息传递”，让导弹研制中遇到的许多问题迎刃而解，然而，他听到的却是“这个剥削阶级家庭出身的反动学术权威，这么假献殷勤，究竟居心何在？”黄纬禄无暇顾及那充满敌意和怀疑的目光，不顾被晾在一旁的尴尬，依旧默默地到各实验室转转、看看，通过这种“迂回”参加技术工作的方式，使型号的研制进度得以缓步向前推进。中国导弹核武器试验是在七机部正常工作秩序大乱数月后的 1966 年 10 月 27 日取得成功的，它被外电评论为“像神话一样不可思议”，这其中也饱含着黄纬禄所付出的巨大心血。

1967 年 6 月 14 日，一院军管会批准由黄纬禄等 5 人组成 12 所临时生产领导班子，黄纬禄可以名正言顺地天天扑在科研生产上了，但很快就招来要抓他

"阶级斗争新动向"和"唯生产力论"典型的呼声，黄纬禄举步维艰。两派群众严重对立的情绪渗透到本该是单纯技术的工作之中，明明讨论业务问题，也要带着派性吵得脸红脖子粗，而辩论的双方还理直气壮地认为自己在为真理而战。黄纬禄心平气和地说句公道话，也会立即招来唇枪舌剑的攻击。他常常被气得脸色发白，却无计可施，只能一遍又一遍地重复着同一句话："同志们，我们要同心同德，要同心同德啊！"

肩负着管理研制生产责任的黄纬禄对技术问题虽有话语权，却不再具有权威性。但他不发牢骚，不说怪话，也不对这些是是非非妄加评论。实在做不通工作，他就自己兼任绘图员、仪器调试员、采购员。他要眯着眼睛，趴在桌子上描绘设计图纸；又要低着头，一个又一个地挑选元器件；还要四处奔波搞协作。他斜背着一个黄帆布挎包，为了导弹研制工作东奔西跑。所里一位同志跟他开玩笑道："黄主任，你现在这模样，人家还以为你是采购员呢！当心小偷盯上你的包儿啊！"

黄纬禄默默地坚持在科研生产第一线，不停地穿梭于办公室、实验室、生产厂与试验基地之间。

1968 年"十一"假期还没过完，任新民、黄纬禄就带领着试验队到某基地进行"东风三号"的飞行试验，一待就是三个月。

试验队前往发射基地乘坐的是只有硬座的专列。一路上为了给客车让路，专列常被拉到货车场等候，一停就是几个小时，吃饭也没准点，只有停靠兵站时，吃饭问题才能解决。

基地设施简陋，就连司令部的各科室都是在类似于工棚或简易平房内办公。这里海拔高，进入 10 月，温度就和北京的冬天一样了。冬季最低气温在零下二三十摄氏度，整个试验队取暖都要靠自己从煤堆上扒煤抬进屋里生炉子，黄纬禄也不例外。

基地伙食很差，没有洗浴设施，黄纬禄和试验队员们三个月没洗过澡。

简陋的厕所建在离工棚 20 米开外，夜间起来如厕，要把皮大衣、棉衣裤全部穿上。因为外面太冷，去一趟厕所回来就冻透了，很难再入睡。

工作条件更加艰苦。发射阵地上除了一个指挥间，没有任何建筑。发射一枚导弹，要进行弹头与弹体的对接、起竖、安装、测试、加注，从早上进入阵地到全部完成需要一整天。大家穿着大头鞋、棉衣、棉裤、皮裤子、皮大衣，戴着皮帽子，全套服装加起来不低于 10 千克，一天下来，肩膀压得生疼。在这样严寒的露天，衣服穿得再多也无济于事，总有被冻僵的感觉。无论刮风下雪，工作时大家都得在露天站着。

黄纬禄从早上进场开始，就一直盯在现场，越是在关键时刻，越不能离开。整个加注过程需要两三个小时，如发生推进剂泄漏还会有危险，黄纬禄守在那里，直到加注完成。如果起竖后弹上设备需要更换，黄纬禄也一定盯在旁边，直到设备换好。

黄纬禄（前排左四）与试验队员在试验基地合影

试验过程中若出问题或故障，黄纬禄从来不以领导的身份只听汇报，然后拿个主意，而是把自己当成普通的技术人员和大家一起翻原始资料，从大卷的胶片上查阅遥测数据。试验队员们都不觉得黄纬禄是领导，他就是试验队中的普通一员。

……

"东风三号"经过整个研制团队的不懈努力，终于定型并装备了部队，它被认定是一种性能好、使用方便、可靠性高、有施展能力的导弹武器系统。它的研制成功，不但是我国地地导弹发展史上的一个重要里程碑，也为我国进一步研制中远程和洲际导弹奠定了基础。为"东风三号"控制系统研制作出重要贡献的 12 所，在黄纬禄言传身教的影响下，在所有领导和技术专家的共同带领下，在每一位科研人员的刻苦努力下，经过一次次艰苦卓绝的磨炼，专业技术水平大幅提升，逐步形成了一支能打硬仗，并具有非常严格、谨慎、细致、踏实工作作风的科研队伍。

5. 从单级、多级导弹到洲际导弹

早在 20 世纪 50 年代末期，苏联和美国的洲际导弹与大型运载火箭相继问世，火箭技术自那时起已经进入了从单级到多级的新阶段。而中国在 60 年代前期，自行研制的"东风二号""东风三号"都还是单级导弹。为了加速发展我国的火箭技术，1965 年，根据导弹发展规划，七机部一院在各有关部门的协同和支援下，开始研制中远程导弹和洲际导弹。

中远程导弹"东风四号"和洲际导弹"东风五号"的方案设计，是在"东风二号甲"研制定型和"东风三号"飞行试验的同时先后开始的。新型号控制系统的研制任务均由 12 所承担。此时，12 所的技术领导已经有了较为明确的分工：每一位副所长负责一项专业任务，黄纬禄则统管研究所内各个型号的技

术工作。尽管是多任务并举，但黄纬禄没有在办公室等着听汇报的习惯，他总是坚持在每个型号的试验设计过程中经常到实验室去走走看看，遇有技术问题就及时与主管该型号的副所长研究解决。由于黄纬禄解决实际问题的经验丰富，能力很强，许多问题到了他这里很快能得到解决；又由于他平易近人，尊重他人，善于听取并接受不同意见，与大家保持着非常融洽的关系，所以，无论基层工作人员，还是技术副所长，对黄纬禄来了解工作情况都非常欢迎。

“东风四号”是两级导弹，它的控制系统更复杂，需攻关的项目更多，研制难度相当大，需要解决两级导弹的级间分离、第二级导弹的高空点火、提高陀

黄纬禄（左）与12所张树培亲切交谈

12所老同事合影（左起：张向毅、黄纬禄、梁思礼、沈家楠）

螺仪和加速度表的精度等一系列难题。黄纬禄按照上级的明确部署狠抓两件事：控制系统方案的确定与设计、预先研究项目的立项与开展。经过技术人员三年的艰苦奋斗，“东风四号”控制系统研制成功，这个“一次振型相位稳定、二次振型幅值稳定”的捷联全补偿方案，经试验证明，制导精度很高。

12 所负责“东风四号”的科技人员同时承担了长征一号运载火箭控制系统的研制工作，两个型号是同时开始研制的。在“东风四号”飞行试验成功后，由它改型研制的长征一号运载火箭，于 1970 年 4 月 24 日，首次发射我国第一颗人造地球卫星“东方红一号”，并一举成功，中国从此进入了空间时代！在突破“长征一号”控制系统（含滑行段姿控系统）关键技术过程中，黄纬禄、郝复俭、沈家楠等专家作出了重要贡献。

“东风五号”是我国研制的第一型洲际导弹。黄纬禄作为控制专业研究所所长，参加和领导了洲际导弹和由其改型研制的“长征二号”运载火箭初期的研制工作；主持了控制系统是采用平台－计算机方案、还是采用速率捷联惯性制导方案的讨论。最后，黄纬禄同有关人员一起决定采用平台－计算机方案，为我国弹道导弹和运载火箭控制系统的研制开辟了一个新的技术途径。平台－计算机方案保证了控制系统较高的可靠性，使用效果比较理想，从“东风

1980年5月18日，中国首次向南太平洋预定海域发射洲际导弹获得成功

五号”获得成功之日起，中国有了自己的洲际导弹！

黄纬禄伴随着中国液体导弹的发展一路走来，对于他作出的贡献，组织上给出了如下评价：黄纬禄在我国自行设计的“东风三号”“东风四号”“东风五号”导弹研制中，使导弹控制、制导系统走向了完善和成熟。他提出的“双补偿制导方案”提高了导弹的精度。黄纬禄积极开展预先研究，注意采用新技术，在他的主持下，完善了“捷联补偿方案”和“平台－计算机方案”，解决了从固定式单发动机到摆动式四发动机以及液体晃动、多次振型弹性弹体的稳定、级间分离干扰等一系列关键技术问题。他还组织研究了导弹控制领域可能实现的各种制导方案，为以后各种型号导弹制导方案的选择和实施及进一步发展奠定了理论基础，将我国导弹控制系统提高到了一个新的水平。

黄纬禄在型号研制过程中针对关键技术问题，作过很多具体的分析和论证，对技术难题攻关起了重要作用。善于组织攻关、总结经验的黄纬禄，在型号研制过程中撰写了许多技术报告，如《利用离心机测量比例误差的分析》《补偿舵机磁滞回线的措施》《关于数控稳定系统一个方案的设想》《关于陀螺加速度表光栅偏移对各路信号相位差影响的分析和调整方法》《多个加速度表并联使用对提高精度的分析》……他的这些技术报告，既是当时技术论证的记录，也是中国航天技术不断创新发展的见证，更是中国航天事业蓬勃发展不可或缺的宝贵财富！

6. 善解难题的"导弹医生"

1970 年 3 月下旬，黄纬禄接到上级调令，任命他为"巨浪一号"技术总负责人兼四部（固体潜地导弹总体设计部）主任。就在他交接完工作到任后的第三天——1970 年 4 月 24 日，长征一号运载火箭首次发射中国第一颗人造地球卫星"东方红一号"大获成功！这一次，黄纬禄虽然没有机会亲临发射基地，但他相信："长征一号"一定是载着他的祝福和对胜利的期盼，将中国的第一颗人造卫星送上太空的。和以往的发射成功一样，这次成功让中国人民又一次扬眉吐气。

1971 年 6 月，一院为了排除"文革"干扰，便于"抓革命、促生产"，将原计划部、技术部、物资部合并，组成了院生产组。黄纬禄担任副组长。他除了全面负责我国第一代固体潜地战略导弹"巨浪一号"的研制工作外，还主管一院多个战略导弹和运载火箭型号控制系统的研制工作。"东风五号""长征三号""巨浪一号"等型号的技术讨论会、协调会他都参加，解决技术问题事必躬亲，工作非常认真。黄纬禄不停地奔波于相关的部、所、厂以及发射基地之间，频繁地参加各型号的飞行试验，解决各型号控制系统在生产、调试、试验过程中出现的各种技术问题。

在外行人眼中，导弹就是一个神秘的庞然大物。可在它内部，却包含着由数百个仪器部件组成的许多分系统，而这些分系统又是由成千上万个无线电元器件、导线、焊点、金属器件等组成。一个元器件的失效、一根导线的断裂、一个焊点的虚焊，都可以在一瞬间让付诸无数心血生产出来的导弹在飞行中毁于一旦。当这庞大、复杂的系统中出现一点点异常，尤其是出现时好时坏的问题，或出现不明原因的干扰时，要靠着一些蛛丝马迹来排除故障，犹如大海捞针，其困难程度不言而喻。

尽管最后被找到的故障原因，听起来并不复杂，如组件坏了、脉冲多了、导线断了、继电器接触不良，等等，似乎简单得如同戳破了一层窗户纸。但是，要能够准确分析、确定故障原因，找到问题产生的根源，需要深厚的技术功底、广博的知识结构、清楚的物理概念、严密的逻辑思维、敏锐的洞察能力、丰富的实践经验以及对型号熟悉到了如指掌的程度，才可能拨开层层迷雾，准确“击中要害”。前述种种才学、睿智要集于一身，才能成为为导弹“把脉诊病”的“医生”。而这一切优势，黄纬禄都具备了；以较快的速度准确地诊断出导弹的“病因”，黄纬禄做到了。因此，技术人员对黄纬禄有了“故障分析一个准”的评价。黄纬禄查找问题自有一套妙招：在脑海中先画出故障树，大胆怀疑，认真甄别，从树根到树梢逐步判断，甄别一个解放一片。甄别的方法是根据故障现象进行分析判断，可用试验证明，可用理论分析，对怀疑对象要逐一处理，对故障确定要有充分旁证，绝不轻易定案。原则当然是不冤枉一个好仪器，也不放过一个坏设备，更不能打击一大片。在这样的指导原则下，黄纬禄对液体导弹各型号的不同问题一一进行认真分析，并找出其中的共性与个性，采取有效措施，全面出击，各个击破。他以这种方法，与科研人员一起分析和排除各种故障，屡战屡胜。

有一次，“东风三号”导弹运至发射基地后，正在进行飞行试验前的单元测试。在测试过程中，发现横向放大器上一个继电器偶尔出现接触不可靠的现象。大家查遍了各个部位，经过几十次的测试，仍然找不出原因。几天过去了，黄纬禄看到一些同志有点松劲，就鼓励大家坚持查下去，最终发现继电器衔铁吸合处有一小铁屑，当它立起时就出现故障。隐患排除了，使问题得到了彻底解决。

还有一次，导弹在总装厂房进行水平测试，发现从变换放大器传到舵机的信号不正常，因变换放大器的输出信号控制着舵机的工作，而舵机又有一路信号反馈到变换放大器，从而构成一个小回路。若此回路中出问题，伺服机构与变换放大器均可被怀疑。负责这两台设备的同志各自坚持自己的设备没有问题。黄纬禄当即要求查看用笔录仪记下的仪器状态。他根据时间坐标来核对，确定伺服机构出问题在前。决定先查伺服机构，依靠他清楚的物理概念，很快将问题准确地判断出来。

在“东风三号”导弹定型工作中，出现了陀螺仪的电磁铁在低温下启动困难的现象。为了解决这个紧迫的技术问题，黄纬禄亲自参加试验、跟踪生产，保证了“东风三号”的按时定型。

黄纬禄事事处处为国家利益着想，他常说：我们国家经济困难，在保证质量和进度的前提下，要尽量节省费用，少花钱，多办事，把型号研制费用缩减到最低限度。因此，他在工作中自觉为国分忧，在注意勤俭节约方面花费了许多心血。

“东风四号”导弹发动机上的工艺环在一枚导弹上出现夹渣现象，严重影响已交付部队的很多枚导弹的使用。由于“文革”期间“打印炉号”的制度被废除，而该材料来源于哪一批炉号已无从查证。若将所有发动机的工艺环全部更换，不仅工作量很大，浪费人力与时间，也将带来较大的经济损失。一时间，它成为难以解决的质量问题。黄纬禄经过认真思考、细心分析，决定将已生产的每个工艺环钻取 5 克材料（钻取材料后的工艺环不影响使用），请有关单位对其组成元素进行定量分析，各元素含量与出现夹渣现象工艺环的含量相一致的，即为使用了同一炉号材料。通过这种方法，准确地找到了有质量问题的所有工艺环，使问题顺利地得到了解决。

类似情况，还发生在发动机喷嘴挡片材料混料的问题上。少数 $20^{\#}$ 钢的挡片混进了原本要求使用不锈钢材料的挡片中。此时，大批发动机燃烧室已装配完毕，又必须把 $20^{\#}$ 钢的挡片找出来。黄纬禄开动脑筋，最终想出了从设法辨别材料有无磁性入手，请有关部门设计一种检查磁性材料挡片的专用工具，伸入到发动机燃烧室部位，逐一检查已装配好的挡片，20# 钢的挡片都被准确地找到并更换，消除了贮存锈蚀的隐患。

在型号研制过程中，黄纬禄坚持厉行节约的原则，处处想到既能圆满完成任务，又要为国家节省经费。“东风五号”在进行速度关机试验时，为了既能得到试验数据，又能减少所发射导弹的数量，黄纬禄提出，在进行关机试验的同时，加遥测视位置来判断瞄准精度，这样少发射一发导弹，就可以为国家节省上千万元的经费。这项建议被采纳，试验取得了圆满成功。

1972 年至 1973 年，黄纬禄经常到系统综合实验室参加试验，手把手地教参试人员如何分析问题，带出了很多技术尖子和管理骨干。有一次，东风四号导弹在某试验基地进行测试，一个仪器出现故障。黄纬禄来到现场后，先是观察、听大家发言，紧接着，准确地指出故障部位并提出了有效的解决办法，使在场的技术人员为之折服。

1977 年 9 月 30 日，一发东风四号导弹在某试验基地发射起飞 85 秒后自毁。黄纬禄负责对这起事故原因进行调查。他与技术人员一起，参加各项检查试验，分析测试数据，最终找到故障是出在继电器上：因为簧片材质软了，弹体起飞后振动大，造成误接通，致使飞行失败。黄纬禄当即提出要加辅助簧片。采取这一措施后，试验取得成功。之后，东风四号导弹再也没有出现过此类问题。

“东风五号”有些困扰了技术人员很久的问题，最终是在黄纬禄的点拨下解决的。

1971年，“东风五号”调零装置做振动试验时，发现电位器颤动，无法满足技术要求，一时成了大难题。黄纬禄及时赶到现场，认真询问情况，同大家一起仔细分析，最后提出在仪器上增加结构阻尼和防松限位装置的改进意见。经过试验，效果良好，攻克了难关。

在“东风五号”首发试验准备情况向周恩来总理作过汇报之后，又有人提出了橡胶密封件有问题。面对这一关系重大又难以处理的严肃问题，黄纬禄亲自进行精确计算，并做出可以继续使用的结论。这一结论，对他个人而言，是承担着很大风险和责任的。但通过飞行试验证明，他的结论是正确的，从而保证了“东风五号”首发飞行试验的按时进行。

黄纬禄心思缜密，善于发现人们不经意间忽略的细节问题。一枚东风五号导弹在总检查时，一、二级分离频繁出现干扰，一连几天查不出原因。他赶到现场后，仔细观察，很快发现这是由于操作人员在拔插头时出现的干扰，问题当即顺利解决。在场的同志们说：“黄主任都神了，几天都没有解决的问题，他一来，几分钟就解决了。”

另一次，“东风五号”的放大器在总装调试时，示波器上的电信号无规律地出现干扰“毛刺”。大家查找了很久，发现车间内的吊车停止工作时，干扰也随即消失。一些同志以为问题已搞清楚，不必再查了。黄纬禄则强调，不能被表面现象所迷惑，他提出改变测试环境再查。最终找到干扰“毛刺”来自放大器内一个有潜在问题的组件，及时更换组件后，“毛刺”彻底消失。在场的同志不胜感慨：“要不是黄主任，我们差一点出大娄子。”

1975年，返回式卫星和“东风五号”在总装测试时，分别出现了脉冲干扰和俯仰、偏航、滚转三个波道参数同时下降的问题。这两个问题成了总装测试工作的拦路虎，非常棘手。为了不影响发射进度，正在消化道溃疡急性发作期的黄纬禄，带病来到现场，与技术人员一起攻关六天四夜，终于排除了设备中的隐患，彻底解决了脉冲干扰问题，保证了返回式卫星的发射成功。对“东风五号”三个波道参数同时下降的问题，他同技术人员一起，苦干了一个月，做了51次试验，终于查出了故障根源，保证了东风五号导弹的按时出厂。

“东风五号”在地下井发射过程中，导弹在井内和出井口时的漂移量大小，是判断导弹是否与发射井碰撞而影响发射成败的一项非常重要的数据。黄纬禄在试验现场，利用有限的时间，经细心分析，决定采用四台高速摄影机在井壁的四个象限同时拍摄导弹在井内四个方位的位移，由此即可推算出导弹在井内的漂移量。同时，又采用三台高速摄影机，两两相隔120°，分布在井口的周围，拍摄导弹出井时相对井中心轴的位移，由此算出导弹出井口时的位移量。他结合工作实际，利用很简单的原理，解决了一项很重要的疑难问题。

一次，“东风五号”平台抖动，内外环工作不同步，黄纬禄在相关厂、所工作了近两个月，和大家一起做试验、分析讨论，终于把问题解决了。

黄纬禄虽是控制系统的专家，在处理其他系统的问题上也非常精通。一次，在试验基地执行飞行试验任务期间，有人对推进剂的某项指标提出异议。黄纬禄就从物理概念说起，进而解释说明了该项指标没有问题，不会影响推进剂的质量，可以使用。飞行试验结果表明，黄纬禄的分析是正确的。

黄纬禄对机械产品也很在行。他经常拿来机械产品的图纸，通过分析计算，用充分的论据说服别人。

黄纬禄还曾为一个制造火箭发动机的工厂检查出了机械损坏的重大问题，使国家避免了重大的经济损失。

工作中，黄纬禄坚持原则不动摇。在一次测试中，控制系统出现了过去没有出现过的现象。为了验证该现象是否正常，试验队员在发射现场做了大量试验。最后，与黄纬禄一起分析后，得出了该现象不会影响系统质量的结论。试验队员在同基地同志讨论此结论时发生了分歧，基地同志坚持要再做试验来分析。黄纬禄说："该现象的原因已经很清楚，每个设备都有使用寿命，再做下去毫无意义，而且有损设备的使用寿命。"在黄纬禄的一再坚持下，基地同志接受了试验队的结论。最后，飞行试验的结果证明了此结论的正确。

在主持一院各型号控制系统技术工作的8年时间里，黄纬禄利用他扎实的技术理论功底和丰富的工程实践经验，应急解决技术难题的例子不胜枚举。渐渐地，人们感受到：在执行任务时，有黄纬禄在场，大家心里就踏实。就连导弹使用单位的同志也表示：黄纬禄定下的问题，他们放心。黄纬禄在航天战线颇负盛名，由于他善于解决不同型号的导弹在研制和试验过程中出现的各种难题和故障，人们亲切地称他为"导弹医生"，这是人们对他的高度赞誉和肯定。

在各种液体弹道导弹型号研制中，任新民负责发动机，屠守锷负责总体，

航天专家合影（左起：任新民、钱学森、屠守锷、黄纬禄）

20世纪80年代，黄纬禄（左一）在试验基地厂房内，向国防科工委土任陈彬（右一）、政委伍绍祖（右二）及航天工业部部长张钧（左二）介绍情况

黄纬禄负责控制系统，他们成为我国液体弹道导弹型号研制中的“三巨头”，为中国航天事业的发展作出了重要贡献。

1977 年 9 月，国防科委在张爱萍主持下，制定了《战略武器和航天技术的发展规划》，明确了 20 世纪 80 年代初期航天工程的三项重点任务：向太平洋发射东风五号洲际导弹、由潜艇水下发射巨浪一号固体潜地导弹和发射地球静止轨道通信卫星（后统称为“三抓”任务）。在这三项重点任务中，屠守锷任洲际导弹总设计师，黄纬禄任固体潜地导弹总设计师，任新民任卫星通信工程总设计师，他们又成为了“三抓”任务中的“三巨头”。

黄纬禄

黄纬禄院士传记

Academician Huang Weilu's Biography

第八章

研制固体潜地导弹 发展过程勇于创新

临危受命，肩负固体潜地导弹总设计师重任；从头学起，迅速完成“学生、同学、先生”角色的“三级跳”；带领团队，在“独创”道路上艰苦前行。

1. 担重任，开启新征程

20世纪50年代后期，正当我国液体导弹研制刚刚开始之时，一些发达国家已经针对液体导弹体积大、地面设施复杂、发射准备时间长、机动性和隐蔽性差、缺乏二次核打击能力等明显弱点，竞相发展具有结构简单、体积小、可靠性高、机动灵活、发射准备时间短、密度比冲高等一系列无可替代优点的固体导弹战略武器。

20世纪60年代中期，美、苏等强国已形成地地洲际导弹、潜地导弹、战略轰炸机组成的"三位一体"的战略防御体系，其中的潜地（潜舰）导弹是指从潜艇发射，用以攻击地面（海上）目标的导弹。它和导弹核潜艇构成了潜地（潜舰）弹道导弹武器系统。潜地导弹具有机动性大、隐蔽性好、生存能力强、随时可实施攻击等优点。每艘潜艇能携带多枚导弹，在水下可连续潜航三个月。这种导弹可以从隐蔽在水下的核潜艇发射，乘敌不备，后发制人。冷战时期，美苏两国积极开展军备竞赛，大力发展导弹核潜艇。法国、英国也先后拥有了导弹核潜艇。

针对风云变幻的国际形势，国防部五院早在集中主要力量仿制液体导弹的同时，就认识到今后导弹技术的发展方向是固体化。1958 年 1 月，国防部五院制订十年 (1958—1967 年) 规划时，就曾提出发展固体火箭发动机，并由部分同志负责研制射程数十千米的固体导弹，但那时尚处于探索阶段，还不具备研制条件。自 1961 年起，国防部五院组织部分科技人员选择了复合固体推进剂作为主攻方向，开始了固体导弹技术的探索研究。1962 年，国防部五院决定正式组建固体发动机研究所，1964 年，固体火箭发动机分院（国防部五院四分院）成立，第二年改为第七机械工业部第四研究院(简称七机部四院)。1965 年 8 月，中央专委第十三次会议提出“争取提前研制出固体导弹”的要求后，七机部立即着手制订我国固体战略导弹发展规划。与此同时，四院组建了固体导弹总体设计部，即七机部四院第四设计部（简称“四部”)，并且开始了第一个单级近程地地固体导弹的研制。但是，当科技人员们了解到国家曾经计划过、后因经济困难被推迟的核潜艇研制项目又被提上议事日程后，很快提出建议：暂停研制近程固体地地导弹，先研制与核潜艇配套的固体潜地导弹。不久，周恩来总理主持中央专委会议研究确定，为了与核潜艇研制同步，直接研制用于核潜艇的两级中程固体导弹，刚刚展开的单级近程地地固体导弹的研制工作随即叫停。1967 年 1 月 24 日，国防科委经与军方及七机部共同研究后，决定集中力量开展固体潜地导弹“巨龙七十一号”的研制工作。“巨龙七十一号”后改称“巨龙一号”，1972 年正式定名为“巨浪一号”。

此时，中国的固体导弹研制虽然处于起步阶段，但核潜艇的建造却在快速推进，形势的发展迫使与核潜艇配套的潜地导弹研制也要相应提速。为了不影响与核潜艇“弹艇合一”工作的进度，就需要越过单级固体导弹阶段，直接研制两级固体导弹；越过陆基，直接研制难度较大的水下发射潜地导弹。但是，承担潜地导弹研制任务的四院是在一个固体发动机研究所的基础上、作为固体发动机专业研究院规划建设的，与型号研制的需要不相适应。除发动机外，对于型号研制的其他系统，如导弹总体、弹头、控制系统、遥测系统、安全系统等，既没有技术力量和生产手段，也没有配套的试验设备，更缺乏预先研究基础。四院既面临着没有任何国内外资料、图纸以及仿制品可借鉴，技术力量严重不足的巨大困难，又备受“文化大革命”以及群众组织间派性的干扰，使导弹研制工作举步维艰。

面对研制进度一拖再拖的窘境，七机部副部长钱学森认为，四院研制固体潜地导弹既无经验，也缺乏研制条件，便将此情况报告了中央。为了给加速研制固体潜地导弹创造更多的条件，1970 年 1 月，周恩来签发中央军委电报，七机部四院四部有关固体潜地导弹的设计人员随任务由内蒙古迁到北京，正式划归一院建制。1970 年 2 月 26 日，一院向七机部报告，任命黄纬禄为固体潜地导弹技术总负责人兼四部主任；3 月 17 日，该报告得到了七机部的批准。同年 4 月，四部全体职工搬迁北京，完成了固体潜地导弹研制任务的第一次调整。

此时，虽然黄纬禄对固体潜地导弹的研制难度早有耳闻，但受命于危难之时的他，早就习惯于把国家利益放在至高无上的位置。对于是否上任，黄纬禄的态度很明确：对于上级的工作安排将无条件服从。不过，这一调令，也的确在他的心里掀起了不小的波澜。

从液体导弹控制系统的领军者变为固体潜地导弹技术总负责人，这意味着已经年过半百的黄纬禄从此时起，又要开始新的艰难历程。而这一次从“山底”到“山顶”的攀登是没有任何外来帮助、没有任何捷径可走，还要不断创出新路的“徒手攀岩”。这副担子格外沉重，但为了国家的需要，黄纬禄毅然从命。

与 12 所的同事们朝夕相处了十几年，尽管“文革”中产生的派性令人与人之间的关系趋于冷淡，但黄纬禄与大家的关系还是十分融洽的，乍要分手，不

20世纪70年代初的黄纬禄

少同事对他的即将离任感到惋惜，黄纬禄的不舍之情也一直萦绕心头。

为了挽留黄纬禄，12所的科技人员试探着向军管会提出了一些理由和建议："如果把黄纬禄同志提升调走，我们同意他走，如果把他平级调走，是不是换个人？"最后军管会还是做出决定，把黄纬禄调往四部。

"黄主任，你调到南苑上班那么远，家里也照顾不了，你可要考虑仔细呀！"人们善意地提醒着。这个提醒，倒是切中了黄纬禄心中的隐忧。1969年的四个月之内，黄纬禄的三个孩子相继"上山下乡"，都离开了家，朱素云受不了亲手带大的孩子们几个月内全部离开，哭倒在床，连续几天不吃不喝，终日以泪洗面。孩子们水土不服，常有反复生病的消息传来。"儿行千里母担忧"，刘汉菊被这些消息困扰得眉头紧锁，不言不语。黄纬禄只能将自己对孩子们的挂念深深埋在心底，因为他不仅要全力安抚已经75岁的年迈表姐，哄她进食，保重身体，还要不时挤出时间，硬让刘汉菊"陪他"出去走走，以转移注意力的方式为妻子排解一点心中的忧虑。此时被调往离家20多千米的一院四部工作，又如何能放心家里？尽管黄纬禄可以利用星期天将家中买粮、买煤等力气活一气儿干完，但要时时为妻子与表姐宽心，就心有余而力不足了。

家庭中的每一位成员在黄纬禄眼中都是那样至关重要，但是为了工作需要，他没有强调一句个人的困难。黄纬禄走马上任成为四部主任，从此开始了他从液体到固体、从陆上到水下、从固定发射到移动发射、从控制系统到总体技术的角色转变和开拓创业的新征程。

2. 总体部的新主任

1970 年春，四部全体职工从呼和浩特来到首都北京后，住进了一院专为他们准备的位于南苑的一栋筒子楼内。经过紧张的搬迁、整理，大家逐渐安顿下来。听说院里为四部派来一位新主任，这支由大多还不到 30 岁的年轻人组成的研制队伍，静静地等待着黄纬禄的到来。

在简单的欢迎仪式上，黄纬禄带着惯有的微笑走上讲台。他清了清嗓音，以他明显带着芜湖、扬州口音的普通话，开始了他在四部的就职演说："同志们，大家好！我来这里担任总体部主任，是做一个技术领导干部，但是，当主任是组织分配给我的工作，并不等于水平就高。我对这个型号的了解还很肤浅，甚至可以说基本不懂。所以很多东西需要向大家请教，请大家把我当成小学生，从 ABC 开始讲起。你们向我讲述问题时，如果我没有听懂，你们不要怕麻烦，请再给我讲一遍，我一定虚心地学！"

短短一席话，感动了在座的每位听众。人们之前就听说新来的主任是一位技术造诣很深的老专家，但没想到是如此的谦虚务实，黄纬禄给人留下了和蔼可亲的印象，他与新同事之间的距离一下子拉近了许多。很快，年轻人又从黄纬禄身上发现了更让他们感到惊奇和佩服的地方："文革"期间，院与院之间的班车一度不再正常行驶，上下班也没有了准时准点的概念。黄纬禄是从永定路骑自行车来南苑上班的，要知道，骑 20 多千米的路程，最少也要 75 分钟，而乘公共汽车则需要约两个半小时甚至更长的时间，这对于已年过半百的黄纬禄来说，可是个不小的挑战！但是，黄纬禄要求自己不迟到、不早退。

后来，黄纬禄在四部人员集中住宿的筒子楼内有了一间宿舍。宿舍的对门就是水房和厕所。人们来来往往，洗漱声、谈笑声、嬉闹声不绝于耳；更有这厕所飘出的阵阵异味，岂是一道薄薄的木门可以阻挡的？整个一座筒子楼，唯有这个位置的房间是最不受人待见的，而这个房间就给了新来的主任黄纬禄。他自始至终没有一句抱怨，看到厕所脏了，便默默地打扫。这件事很快传遍了四部，人们被黄纬禄的行为深深地感动了。

但是，平易近人、严以律己的好人并不能等同于好领导。作为领导，有能力才具有信服力，有威信才具有凝聚力。黄纬禄要想胜任固体导弹的技术总负责人，唯有先成为导弹总体设计的内行。

黄纬禄重新开始学习，这次的“老师”是他的下属。黄纬禄主动求教，非常刻苦。他说：“导弹是一门综合技术，任何一个技术权威都不可能样样精通。即便是领导者，也必须先当‘学生’，不懂就是不懂，不懂就问，问明白以后就懂了。”黄纬禄发自内心的真诚，换来的是“老师”们的倾囊而授。从“学生”、到“同学”、再到“先生”的身份，在黄纬禄的身上发生着快速的转变。而这一次的“三级跳”，比起过去研制液体导弹的控制系统来说，则含义更广，层次更高。

导弹武器系统的总体设计就是要综合各种技术成果，制订出武器系统的总体方案，选择武器系统的总体参数，分配和全面协调包括弹体结构、弹头、动力装置、控制、瞄准、安全、电源、气源、加注、发射、运输起竖、辅助设备、遥测、外测、发射工程设施和通信等各系统的性能指标和可靠性指标，进行综合分析，并提出各系统的任务书，反复协调各系统的设计。当一个新型号的战术技术指标下达后，作为负责总体技术的抓总单位要能够根据需要与可能，慎重选择技术途径，给各系统下达方案设计任务书。当工作进行一段时间后，按各系统的进展情况，加以综合协调，下达技术设计任务书。最后用地面试验验收各系统的研制成果，再进行协调，定出飞行试验导弹的技术状态，在规定的时间内用最小的代价研制出一个导弹型号。所有这些总体部要完成的职责，总体部的领军人更要了解得全面、深入、透彻，并在需要决策时，果断地拿出权威性意见。鉴于此，黄纬禄明白：只有先以宽泛、全面的专业知识来武装头脑，具备了一定的“资本”后，才能以“同学”的身份与同行们在同一层次上进行技术研讨，最后才可能升华至“先生”的角色，以技术总负责人的身份从全局出发，进行决策和提出指导性意见。这是黄纬禄从液体导弹控制专业内行转变为固体导弹总体设计内行的唯一“捷径”。因此，他对技术的学习与掌握必须是全方位的。

一天，黄纬禄主动来到一院一部六室第九工程组，找到朱忠惠：“我想学习一下伺服机构专业方面的科技报告和有关知识，你看能不能帮我找些资料？”朱忠惠拿出了他们的伺服机构设计报告递给黄纬禄，并说：“这个报告记载了从伺服机构系统原理、组成到伺服机构参数初步计算、静动态特性等内容，资料比较齐全，伺服机构的知识、技术问题在这份报告里都有充分的阐述。”黄纬禄很高兴，说：“好，你把报告给我，我自己来学习，不用你们耽误时间来陪我。”之后，他在工程组的办公室找了个座位，一个人静静地坐下来细心阅读。连续来了两三天，黄纬禄把报告读完了。临走前，他对朱忠惠说：“你们这个报告写得不错，我都看了。我从你们这里学到了不少伺服机构的专业知识，谢谢你们对我的支持。”伺服机构本身是一个集机、电、液、气于一体的非常精密而又复杂的设备。负责伺服机构的科研人员很快就发现，在和总体部进行技术协调时，用他们自己的专业术语与黄纬禄沟通起来已经非常顺畅了。

不久，院里要开展地球旋转对射程影响的计算，计算工作量很大。四部技术人员侯世明找到黄纬禄，请他在计算任务书上签字，然后送到计算站去计算。爱动脑筋的黄纬禄并没有立即签字，他看了半天，问道：“这个我也不太懂，但你看算一半行不行？”侯世明听黄纬禄这么一说，立刻就明白了：地球是对称的，计算南纬35度和北纬35度是相同的，这一下，计算的工作量就减少了一半儿。

……

渐渐地，善于动脑又虚心好学的黄纬禄，专业知识累积得越来越多。他把各学科的知识有机地结合起来，融会贯通，比较清楚地掌握了导弹型号各个系统、各个设备的情况，固体潜地导弹的总体设计异常清晰地呈现在他的脑海中。技术上，黄纬禄有了自己明确或独到的见解；协调中，黄纬禄变得游刃有余；抓总时，黄纬禄总能抓到点子上。同时，黄纬禄善于把比较深奥或复杂的技术问题，或采用浅显易懂的方式、或借用生活中的现象解释清楚，使得科研人员很容易理解他的思路与意图，为工作的顺利开展创造了有利条件。

黄纬禄在由外行到内行迅速转变的过程中所展现出来的巨大技术潜能，很快给大家留下了极为深刻的印象。这位新上任的总体部主任，在不长的时间内，便得到了人们的普遍认同。进而，人们对黄纬禄的肯定升华为敬佩与赞誉。

3. 理解继承，发展创新

黄纬禄非常注重对四部前期工作阶段所形成的技术方案和成果的了解与消化，在理解的基础上继承，在发展的过程中创新，是他在固体潜地导弹型号研制初期中途切入、快速上手、坚持下去所遵循的原则。

1970年5月中旬，七机部决定在北京召开固体潜地导弹研制工作会议。相关领导在会上除了听取研制情况、计划安排和存在问题的汇报外，还要组织对事先拟定的许多专题进行讨论，其中一项重要内容是关于撤销陆上用于潜地导弹试验的大型水池的建设问题。此前，该问题虽然几经沟通，大家已达成了初步共识，但在这次会议上，有对该议题作结论的打算。此次会议标志着固体潜地导弹方案论证阶段的结束，初样设计阶段的开始，意义非常重大。

关于水池建设的问题，还要从固体潜地导弹的研制初期说起。

1967 年，在我国大直径固体发动机试车成功的背景下，“固体化”已经成为导弹武器系统发展的大趋势。成立两年多的四部开始了我国第一个潜地导弹型号的研制工作。通过什么途径或者说经过哪些试验和考核，才能把一个实用的潜地导弹型号研制出来，成为首要问题。

当时，美国研制并装备了北极星 A 系列固体潜地战略导弹。四部科研人员在分析美国的试验过程和对照我国国情的基础上，提出了自己的研制程序，其中心思想是要建缩比水池和全尺寸水池。这个方案于 1967 年 6 月讨论通过并开始执行。

潜地导弹的研制，主要技术难点是水下发射。为此，美国在研制北极星固体潜地导弹时，在海边建了全尺寸水下发射试验装置，研制出了称为“天钩”的全弹回收起吊装置，在试验前先把模型弹钩住，钩后面连有绳索，当模型弹发射出去后，立即收绳索，把模型弹拉回来，从而实现模型弹的重复使用，这一套装置非常庞大。另外，他们还采用巡洋舰驶过等方式进行人工造波。为了取得水动力、水下弹道、弹上环境等有关潜地导弹设计的必需资料，美国先后进行了数百次整尺寸模型弹水下发射试验。美国为进行水下发射试验而在海底建造的巨大的可移动发射座，耗资就达数亿美元！

中国所面临的情况是：我国南方没有建设水下发射试验装置的条件，而北方海域没有如同美国那样良好的岸边深水区，同时也不具备像美国一样的强大国力和深水施工能力。国内潜艇研制部门为了确保潜艇官兵的生命安全，明确提出导弹没有经过其他方式的水下发射试验不能上艇！这种担心不无道理，美国潜艇就曾发生过一次严重事故，导弹射出水面没有点火，落下来后砸在了潜艇上，造成艇毁人亡的悲惨事件。因此，潜艇在几十米深的水下发射导弹，确保潜艇的绝对安全至关重要。

经过综合分析后，四部接受潜艇设计方的建议，建设缩比水池，进行缩比模型弹试验，并提出了在陆上建设能进行全尺寸模型弹和导弹发射的大型水池的方案。对水池的基本要求是能按设计条件，模拟在海上的水下发射环境进行导弹发射试验。经论证后，确定陆上水池建成后要承担三项任务：

一、模拟各种海情下的模型弹试验，为型号研制提供设计依据，主要是流体动力及水下弹的设计依据；

二、首先在陆上进行水下发射飞行试验，确保潜艇发射时的安全。

三、可以作为海上试验的备用手段。在海上发射设备有故障或受条件限制时，陆上仍能进行试验，确保研制工作的顺利进行。

综合上述几项任务，实际上就是要用陆上水池完成除潜艇水下发射外的其他全部发射试验任务。

1968 年水池方案确定后，立即成为型号研制的重点工程。在报请中央军委批准后，该工程于 1969 年在某基地破土动工。为赶进度，采取了边论证、边设计、边施工的方式加速推进大水池的建设。在建设过程中，人们逐渐发现这项工程如此庞大：水池的长、宽、深要达到一定的要求，使模拟发射艇能在水下运动；为了实现造波，所需的动能要多台航空发动机提供。水池建设的技术难度比导弹研制还大，并且难以满足导弹研制进度的要求。即便水池能够建成，在地处干旱少雨、风沙较大的西北地区，向水池引水与常年使用维护，也将需要国家不断地投入巨额资金。

此外，需要研制类似美国的“天钩”回收系统，且不说在一两年内是否能投入使用，当时在国内连可以承担该项目的研制单位都找不到。

在水池的建设过程中遇到如此难以克服的困难，是部分科研人员所始料不及的。随着研制工作的逐渐深入，以及对潜地导弹研制工作从一无所知到逐渐有所了解，科研人员开始不断探索其他方法，来满足研制中所需的试验与考核条件。在大家的不断努力下，导弹设计所需的液体动力系数、水下弹道等有关条件相继得到了满足。之后，导弹上艇发射前如何考核设计的正确性，以及导弹上艇后，如何保障潜艇的安全就成了主要课题。经过技术人员的充分讨论，终于想出了在设计上确保导弹不出筒不点火的措施：在一级点火线路上串接机械式和磁感应式两种出筒信号传感器，同时，安全系统还设计了一级发动机不点火自毁、确保导弹不碰艇的方案。此外，又确定了采用发射时潜艇倾斜一定角度、在最坏情况下导弹也不会把潜艇碰坏的方案。在水下弹道流体动力等研制条件得到满足、安全又有了基本保证的情况下，停建大型水池的意见被大胆地提了出来。

上任不久的黄纬禄也要对这项涉及国家上亿元资金的大项目表明自己的态度。对黄纬禄而言，这个表态既要建立在他对该项目技术问题理解与掌握的基础之上，同时也包含着一份不可推卸的责任与担当。为了使自己的表态能客观、符合实际、具有说服力，黄纬禄认真倾听了技术人员关于水池从提出修建到建议取消的全过程，以及取消水池建设项目后为型号继续研制所采取的一系列技术措施。当然，他依然要经过仔细思考，来分析每一技术环节的可行性。

如果中止水池建设，符合中国国情的固体潜地导弹研制程序该如何制定？科研人员们在有了取消水池的动议后，就一直在呕心沥血，群策群力，反复对照、研究美国最先研制的“北极星 A-1”的发射台发射、舰船运动模拟器发射、舰艇水面发射、水下固定发射和潜艇水下发射五个试验步骤，把固体潜地导弹研制试验程序按照先陆后海的原则，简化为陆上发射台发射、陆上发射筒发射、水池水下发射和潜艇水下发射四个步骤。鉴于水池施工过程中所发现的工作量、进度、经费、技术难题等因素，科研人员们及时调整思路，最终设计出陆台、陆筒与潜艇水下发射（简称为“台、筒、艇”）三步走的试验程序，从而避开水池试验程序，使取消水池建设的想法逐步趋于成熟。

在七机部组织的固体潜地导弹研制工作会议上，黄纬禄作为固体潜地导弹的技术总负责人，以四部科研人员提出的缜密合理的技术方案为依据，提出了停建水池的建议，并汇报了“台、筒、艇”的研制试验方案。会后，有关停建水池的建议和试验方案报请上级部门批准，得到了七机部和国防科委的肯定。

放弃水池建设，可以大大简化试验设施，缩短研制周期，并能节约上亿元的研制经费。

在论证水池停建的过程中，准备在南京长江大桥进行模型弹溅落试验的工作也在抓紧进行。该试验的目的是要解决参试模型弹从高空落海后会不会砸艇的问题。

黄纬禄面见国防科委副主任钱学森，详细汇报了在南京长江大桥上进行模拟试验的设想与步骤。钱学森表示积极支持，把总参谋部、七机部的领导和军代表找来会商，并通过正式下文，同意四部关于在南京长江大桥上完成导弹模型投放试验的意见。

4.全尺寸模型弹试验

1970年7月3日，中央军委电告南京军区并国防科委：为了保证固体潜地导弹水下发射时潜艇的安全，同意先在南京长江大桥附近进行全尺寸模型弹入水冲击试验。

黄纬禄亲自带领试验队前往南京。一行人刚刚到达，就受到了南京军区司令员许世友的热烈欢迎。黄纬禄向许世友简单介绍了试验的方法、目的和意义，令许世友赞叹不已："你们这些科学家，一个点子为国家节省了一个亿，了不起！"试验前，许世友设宴为科学家壮行，他端起酒杯豪爽地说："这是南京长江大桥的骄傲，干了这杯！"

黄纬禄说："我不会喝酒。"

许世友说："就为你们对国家作出的贡献，你也得喝了这杯酒。"

不善交际的黄纬禄直率地说："我现在喝下这杯酒，是苦的。等到庆功那一天，司令不言，我就是醉死，也要过一下李太白瘾……"

到了一切准备就绪、可以开始试验时，已是7月底、8月初了。市民们常为躲避难耐的酷暑闷热，而在室外待到很晚很晚。为了给试验提供良好的环境并落实保密措施，许世友下令对南京长江大桥实行三天宵禁。许世友还亲临现场巡视戒严部队并探望试验队员。

半夜到凌晨，正该是人们酣梦未醒的时候。街上空无一人，车辆往来也极少，模型弹入水冲击试验一般都在这个时段进行，没有对南京长江大桥的正常通行造成太大影响。

黄纬禄组织并参加了模型弹入水冲击试验的全过程。大家携带一枚模型弹的壳体，来到南京长江大桥边上。首先，需要在模型弹壳内粘贴胶囊。在无任何遮拦的露天作业现场，烈日的暴晒使模型弹壳内的温度很快升到了50℃左右，壳体内操作空间十分狭窄，胶粘剂挥发出的刺鼻气味令人作呕，加之壳体密不透风，工作环境异常艰苦！技术人员个个光着膀子，穿着短裤，弯腰蹲在壳体内进行操作，不到5分钟便汗流如注，短裤也被汗水浸透，每过10分钟必须换人，否则就会超过人们所能忍受的极限。经过10多次的轮换，胶囊虽然贴好，可几位壮小伙子却都筋疲力尽了。在这样的轮换操作中，年过半百的黄纬禄再三要求进入壳体作业。实在执拗不过，大家才同意他进去体验一次。不过几分钟的时间，黄纬禄已大汗淋漓。看着如同被水浇过一般的黄纬禄，大家深受感动，并一再说："黄主任，您这么大年纪了，又担着这么重的责任，可不能再这样干了！"黄纬禄却微笑着说："为了入水试验成功，我应当和大家一起接受"烤"验哪！"晚间，在浦口江边的工人宿舍内，黄纬禄和大家临时借了几张床位用以休息。宿舍内潮热异常，但为防蚊虫叮咬又必须挂蚊帐，这更使人闷热得难以入眠，勉强睡着一会儿，醒来时满身的汗水在床席上留下了一个人体的轮廓。白天短裤被汗水一次次浸透，积下的白色盐渍一层又一层，而空气湿度极大的南京，衣服洗后总晾不干，只能两天才换洗一次，但为了完成这次试验，无论有多辛苦，大家都咬紧牙关坚持着。

第二天，就要开始实施模型弹入水冲击试验了，大家晚上睡不着，都在反复想着试验中将要进行的操作细节。天刚亮，人们不约而同地早早起床。吊车开到桥中央，紧靠在桥边将一枚外表漆着白色的钢壳模型弹垂直吊挂在离水面一定距离的大桥外侧，吊点连接处放置一枚爆炸螺栓。此时，模型弹壳体内的胶囊充满了气体，以防舱内灌水而下沉。打捞船选定有利位置准备打捞模型，以备下次试验使用。摄影机、照相机也都各就各位，一切准备停当。黄纬禄向许世友司令员请示下达试验的命令，经许世友批准后，黄纬禄发出"通电"的

1970年，在南京长江大桥做试验时吊装潜地导弹模型

口令，电源接通，爆炸螺栓爆炸，模型弹一溜烟儿地溅落到江中。有线测量仪记录了全部数据，摄影机摄取了所需的影像，打捞船及时打捞起模型弹壳体。

这次试验中暴露出一个重要问题，即模型弹垂直溅落时，水击压力从底部将壳体内的胶囊击破，水开始灌入弹壳内，幸亏打捞及时，模型弹才未下沉。在后来改进的设计中，增加了一个排水堵盖，保护胶囊不致被击破。第二次试验，采取水平溅落，以严格地考核模型弹的结构强度。这次试验中连接模型弹两段的 36 个螺栓因撞击力过大而全部滑扣，使壳体分成两段。因此，在后来的设计中，又在模型弹顶部增设了降落伞，以保证模型弹降落时不会以水平状态入水。通过试验，暴露出了一系列问题，在不断采取针对性措施后，使模型弹的设计更趋完善了。

由于配置不当，有线测量电缆随模型弹下落时，一工作人员背部受到压伤，黄纬禄的手臂也轻微擦伤出血。当大家对黄纬禄的伤情关切询问时，黄纬禄却说："这点代价不算什么，你们赶快把那位背部压伤的同志送去治疗，可千万别耽搁呀！"当许世友司令员关切地询问黄纬禄的伤情时，黄纬禄说："这点血的代价还是值得的。"

黄纬禄与大家同甘共苦的作风，使参试人员深为感动，他们感慨地说："这样的老专家真是难得啊！"

1970年7月，黄纬禄（二排左三）和同事们在南京长江大桥试验期间合影

固体潜地导弹全尺寸模型弹共进行了3次入水冲击试验，测得了不同投放姿态下弹体载荷、入水深度等数十种参数，达到了试验的预期目的。试验证明，模型弹壳体入水最大深度没有达到潜艇的水下深度，由此得出了不会砸艇的结论。

模型弹入水冲击试验结束后，黄纬禄带着一身疲惫回到北京的家中，妻子与老表姐听到敲门声都在门口迎着他。细心的刘汉菊一眼就发现了他的异样：黄纬禄平时是最怕热的，怎么会在酷暑时节身着长衫长裤、捂得这么严实？“纬禄，你是生病了吗？”她关切地问道。“不是，是怕火车上有蚊子咬。”黄纬禄随口回答的同时，悄悄向刘汉菊使了个眼色。当他回到卧室，才向刘汉菊解释：“南京太热了，我长了一身痱子，怕姐姐看到心里不好过。”刘汉菊从未见过成年人长痱子能达到这种程度的，也觉得很不是滋味。“没关系，过几天就好了。”黄纬禄若无其事地安慰着她。但是，一连好几个晚上，黄纬禄夜不能寐，是靠着在半夜里不时起身，将自己反复在放满冷水的浴缸里泡一阵子再回去睡一会儿度过的。为了减轻痱毒引起的全身瘙痒，他只好通过物理方法降低体温，来减轻一点皮肤对瘙痒的敏感度。

就在黄纬禄一行人集中精力进行试验期间，1970年8月2日中央军委批复：“撤销陆上水池试验后，应切实过细地做工作，在陆上必须做好充分的科学试验，以保证潜艇试验安全可靠。”

黄纬禄通过在南京长江大桥全尺寸模型弹入水冲击试验中所获得的结论，感到将来模型弹从潜艇发射出来问题不是太大了。但是，使用部门的同志仍然有所顾虑：全尺寸的模型弹由潜艇水下发射，出水后上升到几十米高的弹道最高点，再自由下落，万一砸到潜艇，后果将不堪设想。为此，国防科委召开会议，再次进行讨论。黄纬禄代表四部的同志在会上发言，详细介绍了南京试验的全过程，并明确表示，可以在潜艇上直接做这个试验。

“我们打正式的弹，一旦出了问题，弹本身有安全自毁系统，可以在空中爆炸，炸后成为碎片，也不会有危险。”黄纬禄明确地说。

“如果弹在空中爆炸，炸后的碎片会不会砸到潜艇呢？”海军的同志极为关切地问。

“按照我们的分析，固体发动机一旦点火，在空中燃烧，内部的压力还比较大，我们在固体发动机上装一些引爆条，炸裂开再引爆，就会成为比较小的碎片，没有什么问题。”黄纬禄肯定地回答。

国防科委的领导听了汇报，认为试验做得比较充分。

黄纬禄清楚地意识到，虽然已经在南京长江大桥做了试验，但是降落伞能不能按时打开，弹体落入水中能不能被及时从水中拉出来，这些问题还都要进一步通过陆地试验来验证。

科研人员们在海军某基地的陆地上建成了一个发射筒设施。把模型弹装进去，里面充满了水，模拟潜艇发射的状态，把模型弹发射出去。第一次在陆地做试验，参试人员把堵盖顶死，将水从弹体后面的一个出水口注入，把胶囊顶上去。这时，问题出现了，还未等把水注满，模型弹壳体内的胶囊已经破裂，但原因又一时搞不清楚，试验无法进行下去。

一院领导接到报告后，将黄纬禄派往基地解决问题。黄纬禄认真分析故障现象：胶囊在注水前没有平坦地置于弹体内，注水后由于打折的胶囊无法被水平坦地顶上去，是导致胶囊破裂的原因。分析清楚后，黄纬禄要求注水前先给胶囊充一点气，同时把胶囊贴在弹体的上半部，上半部原来有空气存在，胶囊顶上去时，把空气从排气口中排出，然后把排气口赌住，胶囊就脱不下来了。这时弹体与胶囊之间近似真空，胶囊就被吸在里面。再注水时胶囊不再破裂，试验可以继续进行了。

紧接着，另一个问题又摆在了黄纬禄面前：注水后堵盖要用爆炸螺栓紧固，试验人员考虑到爆炸螺栓抗拉强度有一个上限，担心过于紧固时，弹体冲出发射筒的瞬间所产生的过载，加之水的压力会把爆炸螺栓拉断，所以没有把爆炸螺栓拧得很紧。结果弹体竖起来之后，水的压力使堵盖周围产生缝隙，导致漏水，试验又停了下来。爆炸螺栓紧固到何种程度才合适呢？

当晚，基地放电影，黄纬禄对大家说；“你们都去看电影吧！这些天辛苦了，好好放松一下。我就不去了，正好利用这个时间考虑考虑白天出现的问题。”黄纬禄独自留在房间中慢慢踱步，静静地思考着：当水过载产生的应力小于爆炸螺栓紧固后产生的预紧应力时，爆炸螺栓原来的应力不变。就好似一个弹簧秤，当我们把秤的外壳固定住，在没有称重物的情况下，将它的拉手人为拉到秤上指针指向10千克刻度的位置，此时，如果在秤钩上再加5千克的力，弹簧秤上的指针依然会指向 10 千克的刻度而非 15 千克。这个简单的例子说明，爆炸螺栓紧固后所产生的应力不会因水的过载产生的应力加在螺栓上，而使得螺栓上的两个应力相加。只有在水过载产生的应力大于螺栓紧固后产生的应力时，螺栓的应力才会改变。黄纬禄通过这个简单的物理概念，很快就把解决问题的思路理清了，根据他的分析，决定把爆炸螺栓全部拧紧。

第二天，按照黄纬禄的要求，试验人员将螺栓完全紧固，模型弹竖起来之后，水没有漏出来，漏水问题顺利得到了解决。

这次试验，从陆地上发射的模型弹，落点在海滩，弹体硬着陆后被摔扁了。科研人员开始把降落伞装入模型弹体内，在模型弹发射后，排水与打开降落伞几乎同步进行，弹体倾斜着落在了海滩上，没有明显损坏。

黄纬禄和参试人员得到的第一手资料逐渐增强了他们的自信：试验结果预示着，将来从潜艇上发射模型弹也会获得一样的结果。

陆地模型弹发射试验

于是，具有中国特色的固体潜地导弹“台、筒、艇”三步走的研制试验程序，水到渠成地走到了第三步：进行从潜艇上发射模型弹的试验。

5. 从潜艇上发射模型弹

从潜艇上发射模型弹在我国尚属首次。尽管通过陆地试验，固体潜地导弹研制团队认为有了一定的把握，但能否万无一失，谁也不敢打保票。中央领导非常重视这个问题，1972 年 6 月 4 日，中共中央副主席叶剑英在京西宾馆召集军委办公会议，听取有关潜艇试验的汇报，涉及潜艇和模型弹的相关单位均派人出席会议。潜艇方面有关人员率先汇报，不一会儿就被叶剑英当场打断：“你要是念稿子，不如让我们看看稿子算了。”因此，临时换人介绍潜艇的相关情况。第二个发言的就是黄纬禄，一看到叶剑英的严肃态度，在场的七机部领导不禁为黄纬禄捏了一把汗。黄纬禄并不紧张，他对于向行业外领导讲解技术问题，已经有了较为丰富的经验。他很清楚，在这种场合，是根本不能用念稿子的方式来汇报情况的。

其实，为了这次汇报，黄纬禄作了充分的准备。他是以听者对这个问题一点都不了解为出发点的，处处为听者着想，考虑如何从最基本的情况入手把问题讲清楚，使他们听完之后能够完全了解。比如，为了让中央领导理解静稳定、静不稳定的技术术语，黄纬禄以打羽毛球做比方：如果羽毛球被打出去时，羽毛在前面，就是静不稳定状态。因为当羽毛在前面，只要它稍微偏一下，球就会翻身，球头部分跑到前面去了。如果我们打出去的球是球头在前面，那么就是静稳定状态。黄纬禄将枯燥的技术问题，通过生动、通俗的比喻讲得清清楚楚。接下来，黄纬禄把在南京长江大桥做试验，以及增加堵盖和降落伞等情况一一作了汇报，将试验过程中出现过哪些问题、又是如何解决的娓娓道来，汇报效果很好，七机部领导也如同心里的石头落了地，非常满意。最后，黄纬禄

水下模型弹发射后在空中开伞
和排水的情景

作了一个简单明了的总结：根据上述试验和对试验中出现问题的解决，我们认为，进行从潜艇上发射模型弹的试验是有把握的。

这次汇报会之后，叶剑英以及听取汇报的领导们再次进行讨论，最后批准了从潜艇上发射模型弹的试验方案。具体试验过程是：从潜艇上发射模型弹，弹体出水面后排水，降落伞拉出，打捞船捞起弹体，模型弹可用于第二次试验。

自 1972 年 7 月末至 10 月，固体潜地导弹全尺寸模型弹首次进行水下发射试验。除了其中一枚因操作失误未能发射外，其余各发均获成功。这期间，海军试验基地组织进行了首次模型弹在真实海况下的常规导弹潜艇弹射试验。试验潜艇按照预定时间驶向试验海域。在水下测试完毕后，发射装置的动力系统点燃、经过冷却后的燃气和蒸汽的混合气体充入发射筒底部。在强大气压作用下，导弹被推出发射筒，穿过海水，飞上天空，然后按照预定程序开伞、排水，模型弹首次水下弹射试验达到了预期目的，对攻克水下发射技术具有重要意义。这项试验结构简单可靠，试验中无需地面支持，且不受时间、地点和海情的限制，在技术上有所创新。这次试验完全模拟了真弹在潜艇上发射的条件，并且，模型弹的弹道参数、环境参数都接近于真实的核导弹，经过改进后可用于部队的训练，从而节约了研制经费。

中央军委发电祝贺。试验的成功使海军方面也放心了：将来发射正式弹时，只要弹体出水、飞行正常，就不应该有问题了。

正当人们沉浸在这次试验成功的喜悦中时，一位部队操作手的心情却异常沉重，难以描述的悔恨、痛苦与压力无情地啃噬着他的心。由于他的操作失误，导致了一个较为严重问题的产生。黄纬禄在问题面前，勇于承担责任。他说："这虽然是一次误操作引发的事故，但也暴露出了设计上的不足。不怪部队的同志，责任首先在我们，作为设计者我们应该好好反思，为什么在设计时没有充分考虑防错的问题，如果当初在设计上采取了有效措施，即使操作失误也不应该出现问题。"后来，根据黄纬禄的要求，设计人员及时修改电路，消除了隐患。由于黄纬禄主动承担责任，部队没有过分责难那位操作手。而黄纬禄"在失败的时候多考虑自己的责任"，宽容他人的大度胸怀，使他在部队官兵面前的威望更高了。

6. 以身作则，培养队伍

潜艇发射全尺寸模型弹试验虽然成功了，但这只是万里长征走完了第一步。还有很多技术难关需要攻克、很多困难需要解决。

按正常的导弹研制程序，在确定了总体和各系统方案之后，应全面转入方案的具体实施阶段——开展初样研制。但是此时，不论是技术队伍、技术基础，还是生产、试验的基本条件，都还不适应研制工作的需要。因而，在整个初样研制阶段，仍要进行技术队伍、研制体制的调整和生产、试验条件的建设，并进行各项技术关键的攻关。由于型号的技术基础先天不足，又处于动乱年代，所以，潜地导弹初样的研制，比原定周期拖长了好几年。初样研制在整个固体潜地导弹研制过程中，成为最曲折、最艰难的阶段。

在这个研制阶段，黄纬禄面对的是没有前人的经验可供借鉴、没有国外的资料可资参考、完全靠这支年轻的研制队伍来自行解决一系列难题的困境，面临的是固体潜地导弹作为核潜艇的配套导弹武器装备系统，相对于地地导弹，在工作环境和作战方式方面的许多新要求。这一切都是陆基导弹飞行试验所没有而潜地导弹又必须解决的新问题。

这些问题所涉及的，首先是固体发动机。这个新型的动力系统从它的推进剂配方、壳体及喷管材料、浇注技术、点火方式及安全措施，乃至飞行中的推力矢量控制及推力终止等都是有待从头摸索的新课题。

其次是控制系统。由于潜地导弹弹体不能带尾翼，它形成了深静不稳定弹体，较难控制。在运动的潜艇上发射，使导弹出水时形成较大的初始姿态角和姿态角速度，更增加了控制的难度。

除此之外，以下问题也都亟待解决。

由于潜艇的相关指标严格限制了弹体外形尺寸，致使弹体内仪器舱空间极度紧张，仪器尺寸与空间容积之间的矛盾尤为突出。

为适应恶劣的使用和贮存环境，弹上仪器必须采取各种防护措施。

潜艇在行进中不断改变发射点的地理位置和射向，需要随时更新射击诸元。

为杜绝“毁艇伤人”的事故发生，必须确保一级发动机在发射筒内和导弹在出筒后的一定距离内不能点火，而导弹射出水面后又要及时可靠地点火；如果发生故障，又必须保证把导弹可靠地炸成碎片，确保潜艇安全。

潜地导弹的遥测信号由于受到水的影响，必须先记忆参数，待导弹弹出水面再发射出去，且地面遥测接收装置要克服严重的海面多径效应。

……

这些纷繁复杂的问题，使黄纬禄承受着巨大的压力。但透过黄纬禄沉着冷静、果敢坚毅的眼神，传递给整个研制团队的，只有坚定的信念和必胜的信心。在黄纬禄看来，兵来将挡，水来土掩，对于难关，只需各个击破，无须畏惧。导弹的研制过程，本身就是一个不断发现问题、解决问题的过程。而黄纬禄的整个技术生涯，不都是在持续地面对困难、接受挑战、攻克难关、摸索向前的过程中度过的吗？

面对如此严峻的局面和诸多的困难，从何抓起呢？黄纬禄心中有根万变不离其宗的主线：通过身先士卒、以身作则，培养出一支团结和谐、能打硬仗的科研队伍；通过强大的凝聚力使大家拧成一股绳，人心齐、泰山移，只要紧紧依靠集体的力量，再艰巨的型号研制任务也能完成！在这根主线的主导下，黄纬禄在这支年轻的研制队伍中，以他德高望重、敬业尽责、严己宽人的精神，优质高效地发挥着不可替代的领导作用。针对总体工作的特性，黄纬禄对四部提出了四个“主动”的要求，即：有问题主动商量，有困难主动克服，有余量主动相让，有风险主动承担。这四个“主动”的工作精神，在黄纬禄的言传身教下，也逐步形成了整个总体部的工作风格。

黄纬禄很清楚：集体的力量源于研制团队中每一个成员的工作积极性和创造性。一个充满民主和谐气氛的工作环境，对于充分调动和发挥每个人的积极性是至关重要的。所以，黄纬禄十分注重营造这种民主和谐的氛围。“遇到问题和大家商量，让大家畅所欲言、发表意见”就是黄纬禄惯用的方法。但人们发表意见时，出现公说公有理、婆说婆有理，各持己见、毫不相让的情况是很多的。作为型号技术总负责人，这种时候黄纬禄必须站在全局的高度，权衡不同技术方案的利弊，最终拍板采取哪一种方案。但是，出于对方案提出者的尊重与爱惜，黄纬禄总要耐心地听取各方“知无不言、言无不尽”的所有意见，从来都不全面否定别人的想法。比年轻技术人员年长约 30 岁的黄纬禄，向来都是用商量的口吻与大家交谈。黄纬禄在最终拍板定案前，必定先找到被否决方案的提出者，先肯定他的优点，再详细分析不同方案的利弊。这样，无论自己的方案是否被采纳，方案提出者都会感到自身的价值。下次讨论时还会争先恐后地发言。“文革”时期，没有什么物质奖励，黄纬禄对年轻技术人员工作成绩的肯定，成为他们心目中最高的褒奖。跟黄纬禄一起工作心情特别愉快，成为固体潜地导弹研制团队成员心中的共识。

工作气氛和谐，管理却不能放松。黄纬禄对人的要求、对研制队伍的管理，可以用“三严”来概括，即严肃的态度、严格的要求、严密的方法。这“三严”在黄纬禄自身就体现得非常突出，因而在他领导的队伍里也体现得很突出。

黄纬禄把对航天事业的忠诚看得很重要。他经常对型号研制人员说：“对设计人员来讲，忠诚、诚实很重要。我们怕什么呢，就怕出了问题以后当事人不把事情告诉你，这个时候处理起来、研究起来，要增加很多困难。”黄纬禄以身作则，要求别人做到的事，自己一定要先做到。无论是技术问题，还是经验、建议，他都毫无保留、明明白白地向大家交底，他忠心、忠诚、忠厚的品质，给大家留下了深刻的印象。他言传身教的影响，如同春雨润物细无声，他热情细致的作风，如同春风无痕抚人面，这些都潜移默化地影响着整个研制队伍。“这支队伍很和谐，很少发生扯皮的事情”是大家共同的感受。

黄纬禄的工作作风，使他在整个研制团队中享有很高的威望。当有人对某些决定有个人看法时，常会问：“这是谁定的？”只要听到的回答是：“这是黄总定的。”“行，没问题。”那就没二话，执行起来都很痛快。因为大家认定了：黄纬禄决定的事情一定是从大局出发的。

黄纬禄的敬业精神与处事品行，使一个有别于型号院管理体制的“巨浪”管理体制，即总体院抓总、全国大协作的分散管理体制，从协调起来困难重重，到型号后期以及其改型型号顺利畅通，黄纬禄的个人魅力起了很大作用。

组织部门对黄纬禄的贡献给予充分肯定，认为“黄纬禄在主持‘巨浪一号’和‘东风二十一号’的研制工作中，在确定重大技术方案方面起了重大作用，加速了型号的研制进度。”

在黄纬禄的带领下，“巨浪一号”研制团队的技术攻关步伐在不断向前迈进：

独立自主地研制出了固体推进剂。研制人员用了 20 年的时间，并献出了几位同志的宝贵生命，才研制出满足飞行试验要求的复合固体推进剂及其发动机。

弹上“三防（即防潮、防霉、防盐雾）”措施从元器件、原材料到整机、包装箱、库房条件、套弹衣等层层都有体现，并通过了在严酷条件下进行的考核。

为了保证潜地导弹弹体的气密性、水密性和结构强度，研制人员进行精心的计算、分析和设计，生产厂采用严格的生产工艺，从而保证了产品的可靠性。

为了解决整机设备小型化的问题，研制人员不仅把系统、部件、仪器、设备等小型化，还实现了高装填系数的要求。这绝不是单纯地改变结构设计，还涉及设备基本原理的改变和新一代电子元器件的应用。

水平机动发射的技术问题，贯穿了研制过程的始终。科研人员开展了水下流体动力研究、水下弹道研究、水下载荷环境研究，等等。从 1969 年到 1984 年，先后通过几种不同比例的缩比模型，进行了上千次的各种试验，才初步掌握了水下发射的规律。

……

在黄纬禄的带领下，这样一支团结和谐、能打硬仗的队伍，以坚韧不拔的毅力，披荆斩棘，勇往直前。

尽管科研人员们竭尽全力，然而，由于存在许多常人难以想象的困难，研制进度还是不尽如人意。加之“文革”中动荡不安的政治因素，“巨浪一号”的研制工作依然举步维艰。

7. 呕心沥血，忘我工作

技术创新难度之大是一个方面，政治因素对型号研制所造成的影响，也是未亲身经历“文化大革命”的人们所无法想象的。

1975年3月8日，张爱萍被中央军委任命为国防科委主任的当天，便率队赶到七机部。经过一番看、访、查、座谈和调研，他们一行人无不百感交集。七机部各院派系斗争不断，纪律涣散，局面混乱，行政管理基本瘫痪，处于严重的无政府状态。此番情景令张爱萍十分气愤，他说：“一个人才荟萃、设备齐全、庭院整洁、环境幽雅的科学殿堂竟被搞成了这个样子，怎能不让人痛心疾首啊！”为此，他极其严厉地指示七机部，要下大气力开展各方面的整顿工作，要尽早恢复科研生产秩序，并为此立下军令状。

在张爱萍主任到七机部调研前的相当长的一段时间里，黄纬禄就是在这种“严重无政府状态”的大环境中，在无人对他提出任何要求的情况下，自觉自愿、默默无闻地坚持骑自行车往返于南苑和永定路之间。他的目的很明确，也很简单：准时上班，认真工作。无论严冬酷暑，他始终如一。对于一个年过半百的人来说，这20多千米的单程距离，何尝不是一个体力与毅力的考验！面对来自家人的担心，他总是以“这样既锻炼身体，又方便工作”为由来安慰她们。

一个冬天的晚上，下了一整天的大雪将路面与田野盖得严严实实。尽管黄纬禄在骑车下班的途中加倍小心，可由于雪深路滑，在离家还有数千米的地方，他重重地摔在了路面上，除了腿上、身上的碰伤和擦伤外，他的右臂疼痛得非常剧烈。等他缓过劲儿来想继续骑车时，右手已无法握紧车把。天完全黑下来了，四周除了农田，附近连个人家也没有。在那个前不着村后不着店的地方，也无法与家人联系，他只得用左手扶着车把，将自行车大梁靠在身上，在凛冽的寒风中，踏着厚厚的积雪，深一脚、浅一脚地往家走。

与此同时，在家等候的妻子刘汉菊不安地把时钟看了又看，老表姐朱素云索性站在厨房，一直隔窗不安地向外张望……直到晚上 11 点多钟，黄纬禄才回到家中。

刘汉菊忙端上热了又热的饭菜，黄纬禄的右手已痛得拿不住筷子。“纬禄，你不能再这样了，万一出点事儿可怎么办呀！你知道素云大姐站在厨房向外看了几个钟头？怎么劝她都不管用……”刘汉菊眼中流露出的担心与焦虑，使善解人意的黄纬禄不得不作出让步，他忙说：“好，好，听你的，我明天乘公共汽车上班就是了！”

20 世纪 70 年代，从永定路到南苑，需要换乘三四趟公交车，顺利时途中需要约两个半小时。黄纬禄清晨五点多离家，当他换乘到去南苑的最后一路公交车时，因车次间隔时间长，等车的人已经很多了，黄纬禄经常挤不上去。公交车售票员在车内并没有固定的座位，他们除了在车内挤来挤去地卖票、查票，还兼着要把上不去车的最后一个人硬推进车内好让车门关闭，自己则从另一侧门上车，若实在挤不进去，就会把前面的人拉下来一个，否则，公交车就开不了。黄纬禄常常成为被售票员硬推进车门或拉下车的那个人。

周六晚上回家更艰难了。汽车刚一到站，急着回家的人们还没等车上的人下完，便蜂拥而上。黄纬禄偶尔会被挤得摔倒，有一次还差点出了大问题。那次，黄纬禄又成为紧贴车门的第一人。当到下一站车门打开时，涌下车的人群将他挤得从车上仰面摔下来，幸好被一双大手从腰背处一把托住："嘿，你这老头儿不要命啦，也不怕挤出个好歹来！"黄纬禄一个"谢"字还未出口，那大汉已随着人流挤进车内。黄纬禄定了定神，干脆等到人少些再坐车回家。当他到家后，家人都关切地问："怎么周末了，还这么晚才回家？""哦，是办公室有点事儿。"黄纬禄不想把途中的险状告诉家人，以免引起她们的担心。但在他转身的瞬间，刘汉菊发现了黄纬禄衣服后面有几块明显的黑色油污，依稀看得出那是手印，刘汉菊用关切和疑惑的眼光看着黄纬禄，黄纬禄知道瞒不过去了，便故作轻松地说："要不是这两个手印子，我回家恐怕就更晚喽！"刘汉菊自从知道了这件有惊无险的事儿后，就把常对黄纬禄说的"星期六早点回家"改成了"路上小心，星期六可以晚点回家！"

有一次，黄纬禄去 230 厂解决技术问题，在路上遇到了 12 所的老同事。"黄主任变化真大，他的脸色不好，显得憔悴、疲惫，穿一身旧涤卡的衣服，推着一辆旧自行车，这哪里是当年那个一身戎装、精神又英俊的黄主任，要是和我们大家站在一起，真找不出哪个是这位大专家了！"这席话准确地描述了黄纬禄的形象，体现了他为事业的辛劳付出，表达了同事们对这位平易近人、为了事业执着拼搏的老专家的尊重与关切，听后令人动容。

在"巨浪一号"的研制过程中，黄纬禄付出的不仅是心血，还有自己的健康：除了不时胃疼的老毛病，他长期咳嗽的顽疾也越发严重了，每个夜晚都得咳醒几次。因忙于工作而忽视治疗，使他的慢性支气管炎逐步发展为肺气肿，最终导致慢性阻塞性肺炎、肺部纤维化；因为过分劳累，黄纬禄的心、肾功能也日渐衰退；长期低烧查不出原因……最后医生发现他的低烧竟然与动脑筋的紧张程度密切相关。

一个深夜，因加班太晚而住在单位的一位同志起来上厕所，当他经过黄纬禄的办公室时，隐约听到房间内传出低低的呻吟，他轻轻推开门，只见满头大汗的黄纬禄用拳头使劲抵着下腹部，表情非常痛苦。这位同志赶紧叫来几个人，他们连忙把黄纬禄送到医院。经诊断，这种剧痛是输尿管结石引起的。医生说，幸亏你们来得及时，不然再这样疼下去会出大问题的。医生建议进行手术治疗，这样可以根治。黄纬禄却放不下正在紧张进行的技术攻关，他询问医生有无不用手术的其他治疗办法？医生告诉他也有保守疗法，但并不适合他这个年龄的患者。这种保守疗法就是试着服中药排石汤，同时需要比较剧烈的运动来促进结石的排出。就这样，黄纬禄带着大包中药离开了医院，又投入到紧张的研制工作中。刘汉菊为黄纬禄一次就熬上一周服用的中药，分别灌进好几个瓶子里，让黄纬禄带到办公室每日按时服用，黄纬禄还悄悄坚持每天进行单腿跳跃直到筋疲力尽，希望早日把结石震下来。但 54 副中药吃完了，依然无效，剧烈的疼痛越来越频繁地发作。

最后一次发作是在家中。深夜，黄纬禄疼得辗转反侧、坐卧不宁，为了不影响妻子休息，他尽量用平稳的语气对刘汉菊讲：“我肚子有点疼，到客厅走一会儿再睡。”刘汉菊觉得半天不见他回卧室，忙上前看个究竟。只见黄纬禄一只手紧紧捂着肚子，一只手正在擦因为剧痛顺着额头流进眼角的汗水，他脸色苍白，表情痛苦，衬衣也被汗水湿透了一大片。刘汉菊一边催促他赶快去医院，一边拿起电话想请单位派车。黄纬禄一把将电话听筒按住，说：“现在半夜三更的，人家正在休息，不好打搅。再有几个钟头天就亮了，等天亮再去吧！”遇事同样先替别人着想的刘汉菊只好焦虑地陪着黄纬禄。天刚放亮，两人就相互搀扶着走向医院。

医生为黄纬禄开刀取出结石后，把它拿给刘汉菊看，并说道：“这个结石呈三角状，表面很粗糙，它紧紧地卡在病人输尿管的狭窄部，我们想把它推离狭窄部再取出来，以免将来形成的疤痕使狭窄部更窄，可是结石纹丝不动。幸好动手术了，否则再吃多少排石汤也没有用！”刘汉菊看着这颗结石，心里泛起了阵阵的酸楚：“他是疼得实在忍不住了，但凡能稍微轻一点儿，他还会一直忙着工作不肯做手术呢！”

在那段特殊的岁月里，黄纬禄从来没有过任何怨言，从来没有过任何派性之争，从来没有过对自己在工作上的任何放松。他把对祖国的忠诚、对事业的热爱，化成了克服困难、认真工作的实际行动。黄纬禄呕心沥血、殚精竭虑，为了“巨浪一号”的早日成功，默默地奉献着自己的一切。

8. 在“三抓任务”中显身手

1976年10月6日，“四人帮”被打倒，持续了十年之久的“文革”也终于随之结束了！1977年3月7日，中央派出了由地方和军队干部组成的600多人的中央工作队，进驻七机部进行整顿。一个多月之后，张爱萍陆续安排二机部、七机部向中央军委领导汇报当前运动及科研生产情况。与此同时，也抓紧走访七机部，了解第一手资料，并召开国防科委规划座谈会，经过酝酿、讨论，对今后的发展规划形成了统一的意见。

1977年9月，中央批准了航天领域要重点完成的三项任务，即向太平洋发射洲际导弹、由潜艇水下发射固体导弹和发射地球静止轨道通信卫星（后统称为“三抓”任务），并明确指出，“巨浪一号”是第一型潜地固体核导弹，机动性、隐蔽性好，而且固体导弹型号是今后的发展方向，要争取尽早突破。

这三项重点任务，意在用洲际导弹的研制带动和提高其他导弹的研制水平，做到协调发展；用潜地导弹固体发动机和水下发射技术的攻关，带动固体导弹的发展，增强机动作战的能力；强调卫星通信工程以试验为主，试验与试用兼顾，军用与民用兼顾，达到综合利用的目的。实质上，就是要解决远射程、大当量、广机动、高轨道的问题，使战略武器形成配套体系，使航天技术再上一个新台阶。

这三项重点任务技术新、难度大、周期长、技术密集、知识密集、设备密集、组织协调复杂、安全要求严格，是现代化合成兵团的科学会战，是规模宏大的天上、地面、水下联合立体战。而“三抓”任务的前两项和发射通信卫星的运载火箭的研制任务都集中在了七机部一院，一院研制任务之繁重显而易见。

在张爱萍深入七机部抓整顿工作的那段时间里，他与黄纬禄的接触越来越多，对黄纬禄的了解也越来越深。这个埋头默默工作、脸上总是挂着谦和微笑的老知识分子，给张爱萍留下了很深刻的印象。在三座门（中央军委所在地），张爱萍与黄纬禄促膝谈心。

张爱萍拉住黄纬禄的手恳切地说：“老黄啊！我不懂科学，但我愿意为科学家服务。你要我做什么，只管讲。我能办的尽量替你办。”

黄纬禄直率地提出：“目前体制不合适，力量分散，管理混乱。”

颇有同感的张爱萍点点头。事后，张爱萍指示有关部门立即行动起来，按照黄纬禄的提议，认真做好体制调整工作。很快，体制调整了，制度严明了，力量也按照科研的需要集中起来了。

“过去，由于派性干扰，随便把一些人调走。是不是把可以急需的人尽快调回来？”黄纬禄建议。

“对头！”张爱萍表示赞同。

张爱萍亲自去做工作。有一位专家因过去伤了感情，不愿意回来。但是，最终还是被张爱萍恳切的言辞说动了。

一种精密零部件，微型轴承，只有上海一家工厂能生产，生产能力有限，用户挨号排队，厂家忙不过来。“这种东西我们要急用，而厂家又一时提供不了，真急人哪！”黄纬禄说。

“不要着急，我来试试看。”张爱萍说道。

当晚，他挥毫疾书。一封亲笔求援信放在了上海市委领导的桌子上。问题很快就解决了！

张爱萍的亲自出马，使得一些原本非常棘手的问题迎刃而解。但即便如此，在黄纬禄面前，形势依然严峻：“巨浪一号”的研制单位涉及全国 19 个省市、10 个工业部门；主要组成横跨 5 个研究院、3 个研制基地，承担任务的单位有 109 个。由于导弹武器系统研制的复杂性，加上大家都缺少固体潜地导弹的研制经验，从技术到人员，从产品到节点，如果没有精准的统筹兼顾和协调管理，根本无法完成。

“三抓”任务的另外两项，洲际导弹和卫星通信工程的研制也都面临着许多技术与管理方面的问题。要取得大规模团体攻坚战的胜利，必须有一个科学、严格的管理机制。于是，建立一个以科学家为主体的坚强指挥部，形成高度集中统一、严密精确的指挥体系迫在眉睫。

为了“三抓”任务的顺利完成，建立了由技术和行政两条指挥线组成的指挥体系。技术指挥线即设计师系统，是一个跨建制、跨部门的技术指挥系统，按任务总体、分系统、单项设备的序列，分别任命总设计师、主任设计师和主管设计师，负责型号技术工作；行政指挥系统则是由研制抓总单位、承制单位的行政领导及有关部门的管理干部组成，负责计划调度、组织指挥和财务、物资保障工作。两个指挥系统在国防科委和国防工业部门的领导下，分工负责，互相支持，有机地联结为集中统一、畅通灵敏的研制生产指挥体系。

鉴于一院型号研制任务过重，而二院承担的国家重大防御工程被调整为预研项目后，还没有一项支撑性的型号研制任务，一支很有经验的组织管理队伍正在寻找用武之地。1978 年，七机部从全局考虑，已有将“巨浪一号”转到二院研制的动议。1979 年 4 月，调整二院任务体制的建议得到国防科委的批准：一院四部整体划入二院，由二院全面负责固体潜地和陆基机动导弹（命名为“东风二十一号”）的技术抓总与协调工作。

1979 年 2 月，国防科委召开固体潜地导弹和陆基机动导弹战术技术指标论证会，在黄纬禄的主持下修订了固体潜地导弹战术技术指标，会议明确了固体潜地导弹和陆基机动导弹属于一弹两用，要求加速两个型号的研制工作。1979 年 4 月 25 日，七机部党组决定，黄纬禄任固体潜地导弹和陆基机动导弹总设计师。为了加强核潜艇工程的技术抓总和协调工作，国防科委、国防工办于 1979 年 9 月，又任命黄纬禄为核潜艇工程的副总设计师。

固体潜地导弹的总指挥是七机部副部长程连昌，二院院长柴志和其他各研制单位的行政领导担任本单位的行政指挥，技术总体协调工作由二院固体导弹总体设计部承担。总体设计部协助总设计师黄纬禄进行技术抓总，实行跨部门、跨地区的技术指挥；跨院之间的组织、协调工作，则由总指挥程连昌直接主持。

研制第一代核潜艇的四位老总聚集在导弹核潜艇前（左起：赵仁恺、彭士禄、黄纬禄、黄旭华）

二院在接手固体潜地导弹和陆基机动导弹研制任务后，立即进行了全面的分析：这次承担型号研制和试验的100多家单位中，真正属于二院建制的不超过5个，要想沿用过去型号院的管理方法显然是不可取的。于是，决定采取“统一指挥、型号抓总、专业协作”的管理体制和相对稳定的配套协作体系，首先从建立两条指挥线入手，加强并健全设计师系统。

设计师系统包括了超越行政建制和地区界限的总设计师室（简称“总师室”），以加强技术工作的指挥、决策和协调。总师室是在“巨浪一号”和“东风二十一号”总设计师主持下，由第一副总师、副总师和若干名总师助手组成的技术机构，成员包括：黄纬禄、宋健、陈德仁、戴诗正、崔国良、吴明昌、刘国梁、宋兆法、张建志。总师室的常设办事机关是总设计师办公室（简称“总师办”），总师办的人员由多年从事型号研制工作、具有一定组织能力、年富力强的技术干部组成，成员包括：刘国梁、宋兆法、张建志，主要任务是根据总师和副总师的意图，处理和协调与“巨浪一号”“东风二十一号”研究、设计、生产、试验和定型等有关的技术问题，以及完成总师室交办的各项工作。

有了设计师系统，凡重大研制阶段、重大技术方案和重大研制程序，都是在充分调研和论证的基础上，由设计师系统先召开总师扩大会，集中有关专家，在有关领导和机关人员参加的情况下集思广益，充分听取各方面的意见和建议，然后进行研究决策。在此基础上再召开研制工作会议，安排计划，落实经费，实施统一调度。这样就做到了技术可行、计划协调、经费落实、思想统一、步调一致。整个研制工作在统一调度下协调同步进行，从而有效避免了各部门之间的尖锐矛盾和工程上的返工，以及研制工作中的大起大落，保证了研制工作有条不紊地高速进行。两条指挥线对型号研制工作的顺利开展起到了重要的保证作用，使得“巨浪一号”的研制工作进入到了一个黄金时期。

9. 总是出现在问题最棘手的地方

张爱萍在固体潜地导弹和陆基机动导弹研制成功后，题词称赞道：“国防科技研究贵在独创，巨浪一号、东风二十一号堪称范例。”因为是创造，所以绝不是单纯的模仿，而是发明；绝不是量的增加，而是质的飞跃。“独创”一词，高度概括了研制“巨浪一号”过程中的艰辛。在这个艰辛的“独创”过程中，整个研制团队发挥集体智慧，披荆斩棘地开出了一条前所未有的研制道路；在这个艰辛的“独创”过程中，黄纬禄不惜以自己的健康为代价，为型号研制工作

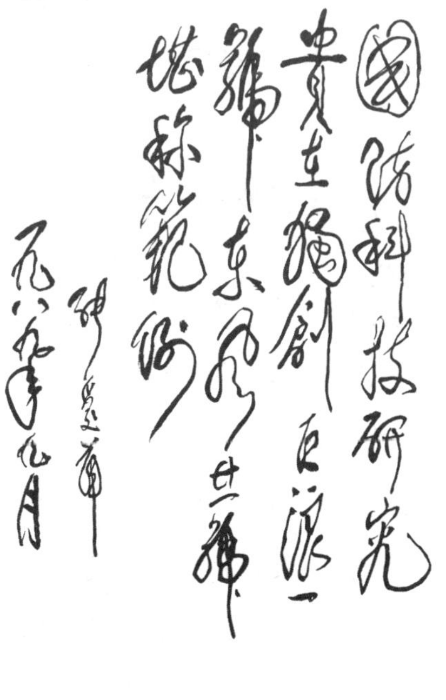

张爱萍题词

付出了艰苦的努力，作出了突出的贡献。

在固体潜地导弹生产过程中，元件筛选工作出现了短线。黄纬禄闻讯后，直接来到工厂的生产车间，和技术人员一起商讨改装设备的办法。第二天，他将亲自画的改装方案送到了车间。潜地导弹需要做铁路低温试验，黄纬禄亲自推导出温度传导公式。在某地做模型弹陆上弹射试验时，有同志提出，潜艇水下发射试验时，尾罩分离入水后是否会砸艇？于是，模型弹弹射试验队队长王文超，现场根据尾罩入水的受力情况，建立了一个微分方程。由于现场没有关于数学计算的工具书，只好采用近似的计算方法将结果算出，证明不会砸艇。此情况汇报给黄纬禄的第二天，黄纬禄就将微分方程的精确解交到王文超手中，后来该计算模型成为正式的尾罩入水深度的计算模型。

在众多的难题中，有这样一个问题：潜地导弹的发动机有个别参数一时无法提供，而此时控制系统的仪器中除与这些参数有关的部件外，图纸设计已经完成，要等待参数齐备，就意味着拖延研制进度。黄纬禄根据大家讨论的情况提出了明确的意见：只要控制系统设计参数留有余量，控制仪器可以先行投产。为了妥善安排与发动机参数有关的部件，黄纬禄骑着自行车频繁地往返于二院和位于木樨地的控制系统研究所之间，与科研人员反复讨论，最终实现了控制仪器的率先投产，这样不仅加快了型号的研制进度，也积累了交叉进行研制工作的经验。

有一次，在内蒙古试验现场，进行地面级间分离试验。该试验通常是结合上一级发动机试车来进行的，其目的是考核级间分离方案的正确性与协调性，并取得级间分离时级间段及仪器舱的环境参数。为此，试验方案最好能模拟真弹的级间分离程序，这样就改变了原发动机的试车程序，可能带来不安全因素。科研人员在现场产生了两种试验方案的争论。第一种方案是完全模拟真弹的级间分离程序，由放置于旁边的小固体火箭发动机的关机信号，给上一级试车发动机点火；第二种方案是只测量小固体火箭发动机的关机信号是否能正常发出，点火仍由试车台按正常试车程序进行。这时，黄纬禄已经处于不明原因的低烧状态很久了，每天一到下午，就开始周身乏力、微微发冷，而后体温渐渐上升至 37.8~38.2℃之间，直到第二天凌晨才慢慢地降至正常，周而复始，对他的体力消耗极大。但当黄纬禄得知上述情况后，二话没说，就急忙奔赴内蒙古试验现场。为了尽快解决问题，他不顾晚上体温升高，继续抓紧时间找有关人员谈话。黄纬禄在仔细了解两种方案后，果断决定采用第二种方案，这个方案既能达到试验的主要目的，也兼顾了试车的安全与可靠。原来持反对意见的同志表示："黄总讲的我想通了，就按黄总的意见办。"试验结果表明：黄纬禄所确定的方案是可行的。

1979 年，固体潜地导弹各分系统相继完成了试样设计。自 1980 年上半年开始，试样导弹各分系统的部件、仪器、设备齐套，分别进行系统验收性综合试验，全弹进行电气匹配试验，还进行了地面大型综合试验。如：伺服机构、弹体结构与一级发动机联合进行的摆动喷管点火试验，二级发动机和二次喷射系统联合进行的模拟高空状态点火试验；一、二级发动机，弹体结构进行的地面两级分离试验。这些试验，从不同角度进一步考核了设计的正确性和设备的可靠性。1980 年下半年，固体潜地导弹进入总装测试阶段。

为了保证导弹从生产到总装测试的质量，黄纬禄对总装厂的生产、工艺、装配、测试等所有环节的要求十分严格。他要求厂领导和主管生产、测试工作的部门负责人全面掌握生产情况。他对总装厂测试分厂的付大义说："我是总师，你是总装，我总师不一定什么都了解，但你搞总装的，什么都要过你的手，你对生产的全过程要很了解。"黄纬禄还常对工人们说："你们干活要有依据，干完活要有凭据。可不能随便干呦，不然要出问题的。凡是要做的事情，必须要有规定，凡是有规定的，必须要有检查，检查后，必须要有记录，还必须要有考核。”黄纬禄严、慎、细、实的工作作风，给总装厂的工作人员留下了深刻的印象。从那时起，对于产品质量进行严、慎、细、实的把控，逐步形成总装厂的企业文化，这些企业文化一直影响着总装厂的新人。

为了全方位了解导弹从生产到出厂的全部状态，并及时解决生产中遇到的各种问题，黄纬禄经常出现在生产第一线。人们也习惯了他的工作方式：静静地来车间，默默地观察，并且，总少不了向王毓楠等厂领导了解情况：“生产中有什么问题吗？对设计有什么意见吗？根据设计方的条件提出的工艺要求能达到吗……”黄纬禄这样做，不仅是出于对生产进度的关心，也是为了及时发现并解决厂里遇到的问题。通常，总装厂向黄纬禄反映的意见很快就会得到落实。

黄纬禄对生产过程中发生的问题和出现的困难很重视，但他总是以鼓励而不是以一味批评的方式来解决。为了保证产品质量，黄纬禄坚持工艺上必须达到要求，但对不是非常必要的就适当放宽。黄纬禄这种既严格又务实，还设身处地为总装厂考虑的做法，使大家易于接受。黄纬禄在处理问题的过程中，所表现出来的崇高思想境界，也使大家深深地敬佩。

许多点点滴滴的感人事例汇集在一起，使黄纬禄的形象在人们心中得到升华，他在总装厂领导和群众中留下了这样的口碑：“黄总对总装工作非常重视、非常关心、非常信任、非常支持，同时，也非常体谅我们的难处。”

黄纬禄在总装厂解决的实际问题涉及方方面面：协调矛盾、技术攻坚、质量把关、厂房改建，等等。总之，在问题最棘手的地方，总能见到他的身影。

有一次，有一台仪器因设计单位与生产单位之间存在严重分歧，双方对峙数月得不到解决。黄纬禄从北京专程赶到生产厂，分别听取双方意见。他一方面引导大家冷静对待，建议双方都从全局的高度来权衡利弊；一方面又主动把责任承担起来：“这个问题不怪你们，主要是设计师系统，又主要是我考虑不周造成的……”他没有任何的批评，只有动之以情、晓之以理的一片真诚。矛盾的双方有些坐不住了，研究所的同志抢着说："这是我们设计上的责任！"工厂的同志争着说："这是我们生产上的责任！"双方尖锐对立的情绪终于缓和了下来。于是，当场定案修改，当晚加班加点，到第二天下午，修改好的仪器便送到了试验现场。

还有一次，总装厂进行设备测试，伺服机构启动时，总出现干扰。这是一个非常大的问题，黄纬禄过问了多次。技术人员反复试验，但是没办法把干扰信号剔除，也找不到干扰究竟从何而来。一天，大家正在边试验边讨论，黄纬禄走进了实验室，厂里年轻的技术人员李卫见到他便想起身打个招呼。黄纬禄摆摆手示意李卫不要动，自己悄悄找个地方坐了下来。黄纬禄一边看试验，一边专心听大家讨论，等试验做完，黄纬禄说道："大家先说说看，是什么情况，你们认为问题出在哪里？"等人们一一讲完，黄纬禄语气平和地说："请你们考虑一下……是否存在交连问题呢？当问题解决不了的时候，或许可以换个思路想一想，你们再继续吧！"经过黄纬禄的指点，试验人员做出调整后，问题很快就解决了。这件事给李卫留下了深刻的印象。

"质量是航天产品的生命"，黄纬禄认定这是被多年的实践经验反复证明了的一条真理。他说："几十年来，尽管我们身经百战，但每次大型试验前，总是如履薄冰，提心吊胆，唯恐哪个环节出现质量问题。因为我们亲身经历过因一颗螺帽松动、一根导线断开、一个焊点虚焊、一个组件失灵而功亏一篑的失败。从这些失败中，我们悟出了这样一个道理，要保证产品质量，必须人人、事事、时时、处处抓好质量工作。"黄纬禄狠抓质量由来已久，早在 1964 年，他就亲自撰写了三万字的经验总结——《控制系统与控制仪器的可靠性问题》，并在二院全体会议上做过专题报告。在这份经验总结中，黄纬禄通过 30 个具体的小专题，如重复电路对提高可靠性的作用、简单结实就是可靠、选定适当的安全系数、注意仪器及系统的抗干扰性能、减少生产过程中人为的不一致性、电路中少用活动连接多用固定焊接等，来系统阐述在设计、生产、试验、检验、维护、保养等方面如何进行质量控制，如何保持和增强仪器的可靠性。这份经验总结汇集了黄纬禄从事技术工作几十年来，通过设计、生产实践所积累的宝贵经验，这些通过具体的科学设计思路和严格的质量控制措施提高产品可靠性的方法，具有很强的指导意义。

别看黄纬禄平时说话总是和颜悦色，可一旦遇到了质量问题，必定“吹毛求疵，一丝不苟”。有一次，总装厂在进行弹上电子设备装配时，发现已经测试筛选合格的三极管中，有一只引脚折断了。在现场的车间领导，设计、工艺、检验、质量管理人员和生产工人反复研究，还是拿不定主意该如何办。此时，黄纬禄又出现在生产车间。他听完汇报，便拿起放大镜，仔细观察引脚的折断处。早年在英国实习时，对金属镀层加工有过一些接触和研究的黄纬禄，从引脚折断的剖面判断，不像硬伤所致，便要求拿去化验。结果证明是微量的酸性物质长期对三极管引脚进行腐蚀，导致其根部强度下降，在受力情况下折断的。黄纬禄敏锐地感到这不是个案，便要求多化验几支同批次的三极管，得到了三极管引脚表面均有不同程度的腐蚀的结论。追根溯源，这是元器件厂家在生产过程中，将引脚进行酸洗除垢之后，对酸液清洗不彻底，致使残留的酸性物质长期腐蚀引脚造成的。黄纬禄明确表示：“这是批次性问题，同批三极管一律不能用于弹上设备，已使用的全部换下！”

黄纬禄处理过很多质量问题，专为解决质量问题签发的文件也很多，他绝不放过任何质量问题的态度，给人们留下了极为深刻的印象；以至于后来每当要召开全弹质量审定会时，大家会因黄纬禄严格的质量审核而感到心有余悸，甚至常常暗自捏一把汗，直到审定完全通过，才如释重负。

黄纬禄时刻挂心的不止是产品，也包括了生产产品的大环境。从他对“巨浪一号”总装厂改造所签署的意见之中，对于他考虑问题“很细、很到位”的做法，可见一斑。

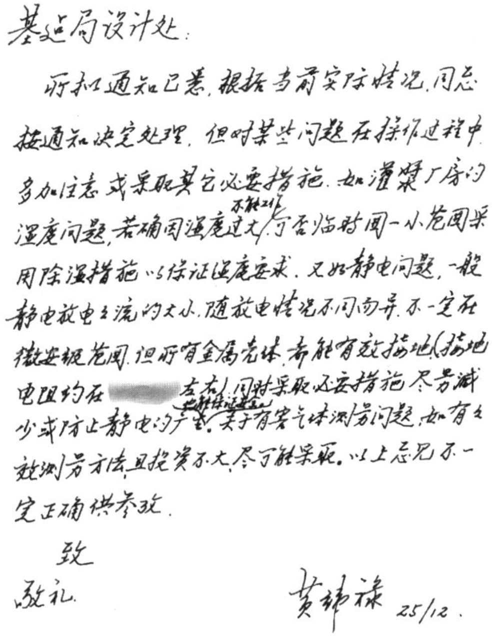
基建局设计处：

所拟通知已悉，根据当前实际情况，同意按通知决定处理。但对某些问题在操作过程中多加注意或采取其它必要措施。如灌浆厂房的湿度问题，若确因湿度过大不能工作，可否临时围一小范围采用除湿措施以保证湿度要求。又如静电问题，一般静电放电电流的大小，随放电情况不同而异，不一定在微安级范围。但所有金属壳体，都能有效接地（接地电阻约在[illegible]左右）同时采取必要措施尽量减少或防止静电的产生，也能保证安全。关于有害气体测量问题，如有有效测量方法且投资不大，尽可能采取。以上意见不一定正确供参考。

致

敬礼

黄纬禄 25/12.

黄纬禄就“巨浪一号”总装厂改造问题所签署的意见

基建局设计处：

所拟通知已悉。根据当前实际情况，同意按通知决定处理。但对某些问题在操作过程中多加注意或采取其他必要措施。如灌浆厂房的湿度问题，若确因湿度过大不能工作，可否临时围一小范围采用除湿措施以保证湿度要求。又如静电问题，一般静电放电电流的大小，随放电情况不同而异，不一定在微安级范围。但所有金属壳体，都能有效接地（接地电阻约在 ×× 左右），同时采取必要措施，尽量减少或防止静电的产生，也能保证安全。关于有害气体测量问题，如有有效测量方法，且投资不大，尽可能采取。以上意见不一定正确，供参考。

致

敬礼

黄纬禄 25 / 12

黄纬禄就像一位型号研制工作中的消防员，总是冲向出现问题的现场：有矛盾，解决矛盾；有“火气”，耐心疏导，“灭火降温”；有问题，就地解决；需要拍板定案，当机立断，勇于担当。只要能把工作推向前进，他把个人得失全部抛到脑后。在黄纬禄身体力行的带动下，整个研制团队齐心协力，通过共同努力，终于实现了共同目标：导弹可以出厂，进入飞行试验阶段了！

黄纬禄

黄纬禄院士传记

Academician Huang Weilu's Biography

第九章

固体潜地导弹惊世殊
陆基机动导弹扬国威

型号研制，永远在发现问题、解决问题的“轮回”中艰难前行。年轻的研制队伍，在黄纬禄的带领下，终于迎来了我国固体潜地导弹和陆基机动导弹的研制成功！

1. 固体潜地导弹陆上飞行试验

“巨浪一号”遥测弹的飞行试验是对导弹武器系统最重要的综合性检验。按照陆上发射台、陆上发射筒和试验潜艇三种不同状态依次实施。一般首发飞行试验属于方案性飞行试验，其目的是检验导弹的总体设计方案，考核各系统仪器设备工作的协调性、正确性和对发射飞行的适应性。对“巨浪一号”来说，这是极为重要而又意义重大的一次试验。为此，部、院两级领导都极为重视，七机部责成二院抽调精兵强将，组成了一支大型的试验队伍。

首发遥测弹于 1980 年 10 月 27 日出厂。试验队在队长王兆麒，政委刘英，副队长黄纬禄、陈德仁、张剑仲、戴诗正、胡溪涛、陆正布、张文奇的带领下，浩浩荡荡开进了发射试验基地。经过一段时间紧张的测试后，已经进入了严寒的冬季。基地的最低气温经常处于 -30℃以下，工作及生活条件十分艰苦。

固体潜地导弹遥测弹的首发试验，是发射台状态飞行试验，型号总体部门、管理部门、各系统、各相关单位以及基地本身的工作人员全部汇集于此，预料得到或预料不到的问题在试验基地全面暴露出来，一个个难题接踵而来。整个测试阶段就一直处在不停地发生问题、解决问题的紧张状态中。在试验队领导的直接指挥下，组织了数次质量复查和故障预想，排除了不少故障和隐患。整个测试期间所解决的技术问题数以百计。

人们怀揣信心与期盼，以艰苦的付出迎来了发射的那一刻。然而，就在导弹起飞数秒后，异常情况发生了！弹体似乎故意和人们过不去，它没有飞向预定的落区，而是在空中“画”了一个大大的“S”形。这个大“S”，给人们带来的是巨大的遗憾——试验失败了！

首战出师不利，使黄纬禄的心理压力很大。尽管发射前黄纬禄对试验的成功与失败都有一定的思想准备，但面对失败，他的心情依然十分沉重。但他很快冷静下来，黄纬禄知道，在这样关键的时刻，作为总设计师，必须要稳得住阵脚，当务之急不是徒劳地悲伤，而要争分夺秒地查找试验失败的原因。

黄纬禄微皱眉头，目光深邃，凝视着远方。此刻，试验过程中所有的工作细节，如同过电影般在脑海中迅速闪现。这次试验，首次进行考验的项目和技术太多了：大型固体发动机、液浮惯性平台、摆动喷管、二次喷射……真是千头万绪，分析工作究竟该从何入手呢？黄纬禄根据自己多年从事导弹控制系统研制的经验，很自然地将注意力集中到了弹体控制系统上：导弹飞行轨迹呈“S”形，说明还是有控制的，只是控制系统给出的指令信号已经失常。问题的最终确定需要全面检查遥测数据，黄纬禄与相关人员共同参与对遥测数据的分析、查找与确认。经过各方的认真讨论，初步判断这种现象是液浮惯性平台出问题引起的。当导弹起飞一定时间后，平台内的程序机构转动，给出飞行程序指令，控制导弹转弯飞行，带动平台基座（含帽盖）随弹体一起转动。在研制过程中，平台曾进行过多次包括装帽盖后模拟导弹按程序转弯的试验，一切正常。后来由于平台的帽盖比较单薄，又重新设计生产了加厚的帽盖，但平时地面试验是在开盖状态下做的。现在把加厚帽盖盖上之后，当导弹按程序飞行转弯到一定程度时，帽盖就碰上了平台台体，使其不能正常工作，给出的姿态角就乱了，最终导致弹体在空中飞成了“S”形。一般情况下，经分析得出的结论需要进行模拟试验、复现问题来最终证实分析的正确性。试验队很快在现场用备份平台加帽盖后进行试验，结果证明，黄纬禄从控制系统入手分析失败原因的思路是正确的。

自从进入试验基地以来，试验队的领导们在抓产品质量上花费了这么大的心血，可是首发失利的原因居然还是出在了质量问题上，这使得黄纬禄感到万分痛心。他立即要求各单位在研制过程中，任何设备在进行修改设计（包括局部修改）后，必须重新按照飞行时的真实情况做试验。后来，黄纬禄把参加飞行试验产品的真实状态，在做地面试验时，是否按照真实飞行情况进行过试验，作为总装厂验收装弹设备、仪器的一项准则。

1981 年 2 月，黄纬禄主持召开了“巨浪一号”第三次总师扩大会。会议分析了首发遥测弹试验失败的原因，对于各系统后续需要解决的技术问题进行了认真的梳理，并制定出确保第二发遥测弹飞行试验成功的具体技术措施。同时，还对所有弹上设备从设计到工艺逐项进行了仔细的审查。

第二发遥测弹通过严格的综合测试后离开总装厂，经长途运输被安全送达试验基地。新闻媒体对即将准备进行的固体潜地导弹陆台发射飞行试验作了预先报道，使得这次试验引起了举国上下的关注与期待，这更使黄纬禄感到责任重大、压力巨大。接受首发失利的教训，各个研制单位举一反三，再次全面开展质量复查和故障预想活动。

为了使质量工作落实到位，试验队采取了许多具体措施，要求在整个试验过程中必须做到三到位、三检查、三清楚。

三到位，即在进行每一项工作之前，指挥人员到位、基地的操作人员到位、研制单位的技术人员到位。

三检查，即通电前，要检查仪器设备的线路、插头、开关是否处于良好状态。

三清楚，即指挥、操作人员对工作程序内容清楚、协同动作清楚、技术要求清楚。

此外，还建立了双岗制或三岗制。

在解决技术问题的过程中，还夹杂着不少由于单位之间分工界面不清而引起的扯皮现象。比如：这枚导弹在试验基地进行再装配时，由于之前没有对发动机点火引爆器的电缆插头由谁负责操作做出明确规定，致使两个相关单位在具体执行时互相推诿。这是一项具有一定危险性的工作，存在着遇静电而引爆的可能性。责任重大，谁都怕担当不起。夜深了，任凭黄纬禄如何苦口婆心地做工作，双方还是僵持不下。怎么办？不能因为这个问题就这样一直僵持下去呀。黄纬禄心想，试验在即，还是自己上吧！于是，他平静而又诚恳地说："你们都不愿意接插的话，明天我来插吧！"黄纬禄不惧危险，一心为事业成功着想的精神，感动了在场的人们，当即就有一位同志感动地说："黄总，您这么大年纪了，……我来插！"僵持的局面终于被打破了。

……

第二发遥测弹经过严格的检查测试后，被运往发射阵地，导弹高高地矗立在发射台上。发射阵地上所有岗位的技术人员都在紧张地忙碌着，垂直测试、总检查……所有程序都在有条不紊地进行着。伴随着“……测试结果正常”的报告声不断传来，黄纬禄在深感安慰的同时，仍在认真地思索着……

地处戈壁深处的发射阵地，若没有试验队员的出出进进，四周都寂静得出奇。特别是冬季，融化的雪水从高耸的发射塔架上滴下来，“嘀嗒、嘀嗒”的声响，人站在很远处都能清晰地听到。寂静的环境，更益于人们集中精力。黄纬禄站在发射阵地的场坪上环顾四周，一会儿凝神思索，一会仰望着矗立在发射台上的巨浪一号导弹。在蔚蓝天空的映衬下，导弹像一名待命出发的勇士，更显得英姿勃发。黄纬禄禁不住送上他发自内心的祝愿：“你一定要飞行成功，一定要争口气啊！”

按照规定，全体试验队员已撤离发射阵地。来接黄纬禄的小车停在了他的身边：“黄总，回去吧！”“你们先回去，我想走一走。”黄纬禄一步一步缓缓地向招待所的方向走去，秘书跟随其后。黄纬禄仍然有着许许多多的担心：是否还有没考虑到的技术问题？是否还有被遗漏的质量隐患？明天天气怎么样……他走着、想着，若不是秘书提醒，他竟然不知自己已经来到了招待所的大门口。

每逢发射试验的前夜，黄纬禄都不会安然入睡，他不断地回忆着问题查找、全弹测试、导弹转场和发射试验大纲的每一个细节。1981年6月17日凌晨，黄纬禄依旧是精神抖擞地带领有关人员进入发射阵地总指挥所。阵地上，发射前的总检查按部就班地进行着，除了不时传来几句检查情况的报告声外，偌大的指挥所寂静得似乎能听见自己的心跳声。“总检查完毕，一切情况良好，请求转入发射程序”！发射阵地传来的报告声刚一落音，黄纬禄便镇静地命令道：“同意转入发射程序！”此刻，他语气沉着坚定，心中充满自信，指挥果断有方——那充满儒雅和坚毅的形象，令人对他肃然起敬！

飞行试验即将按照预定的发射程序进行下去。黄纬禄和基地司令员离开总指挥所，缓步走过长长的地下隧道，爬上了高高的山坡。这是现场观看导弹发射的最佳位置，此时，山坡上早已挤满了前来观看的人群，所有的人都在等待着那激动人心的时刻。

“请黄总马上到总指挥所！马上到总指挥所！！”忽然，扩音器中传来急切的呼叫声，黄纬禄心头一紧：“不好，一定是有异常情况发生！”他三步并作两步地急速奔下山坡，又以极快的速度穿过200米左右的隧道。当他进入总指挥所时，离发射时间只有两分钟了！他上气不接下气地听着发射阵地传来的简短汇报：

“一级伺服机构反馈电压表指针偶尔出现摆动！请黄总指示！”

总指挥所的同志们都有点慌了，难道首发飞行失利的场景又会重现？！这一发如果再出问题，如何向国家交代啊！巨大的压力让所有人不敢再往下想了！他们不由得瞪大了眼睛注视着黄纬禄。此时，黄纬禄的脑子如同高速计算机超速运转，整个导弹的系统框图清晰地展现在他的脑海中，所有可能引起一级伺服机构反馈电压表指针摆动的因素信息被迅速提取出来，面对异常，黄纬禄很快镇定下来，他拿起话筒冷静地询问发射阵地地下现场指挥所的同志：

“惯性器件平台怎么样？”“平台没问题！”……

随着对询问结果的快速分析，在两三秒的时间内，黄纬禄当机立断，沉着果敢地下达了“按时发射”的命令。

总指挥所里的每个人都为黄纬禄的决定捏了一把汗！

顷刻间，随着一阵地动山摇的轰鸣，导弹喷出一团金色的云烟，发出惊天动地的吼叫，腾空而起，拖着几十米长的尾焰，直插云天。当人们还在疑惑这命令的正确性时，末区已经传来捷报：弹头准确击中目标，命中精度达到设计要求。

我国自行研制的固体潜地导弹飞行试验获得了圆满成功！整个发射现场一

片欢腾，人们欢呼、跳跃、拥抱，一顶顶帽子飞上了天，一双双眼睛里涌出热泪……大家为试验成功忘情祝贺，由衷地叹服黄纬禄在关键时刻，竟有如此惊人的胆略和魄力，真不愧是一名身怀绝技的“老总”啊！基地司令员含着热泪紧紧地握着黄纬禄的手说：“黄总，你的决心下对啦！”

把巨大惊恐变成胜利欢呼，这不是侥幸。当人们事后问起黄纬禄如何能当机立断时，他说：“这发弹从总装测试开始，我是从头到尾一直跟下来的，对它的情况比较清楚。这个平台灵敏度非常高，弹体很轻微地摆动一下，就会发出信号，有信号，伺服机构的电压表就有摆动。这个摆动有可能是地面的风或其他小型干扰震动了弹体而产生的。因为平台没有问题，我就能断定导弹本身没有问题，所以才敢作出‘按时发射’的决定。”

俄国赫尔岑说过一句名言：“科学绝不能不劳而获，除了汗流满面而外，没有其他获得的方法。”黄纬禄虽为主管全局的型号总设计师，但是，正是他这种从导弹的总装测试开始就一直跟下来的脚踏实地的工作精神，才赋予了他在危急时刻准确判断、当机立断的能力。多年跟随黄纬禄一同工作的杨树诚，多次亲身感受过黄纬禄在关键时刻毫不迟疑的一锤定音。他说：“黄老总不仅是协调千军万马的优秀指挥家，还是一位坚定果断的决策者。他的决断，有时看上去十分大胆，但却绝不是‘碰运气’，一切都源于他在技术方面的一丝不苟。”

也有人问道：“黄总，“你有没有想到过，万一失败了要负责任？”黄纬禄笑笑说：“该负责时就要敢于负责。如果我怕负责任，决定不打，那问题当然很简单，但要把导弹拆下来拉回技术阵地重新测试，那样做损失会更大不说，发射周期也要延长，如果再有其他的事情发生，问题就复杂化了。当然，我决定继续发射，个人承担的风险是很大的。如果当时平台在地面是好的，上天以后坏了；或者电压表的摆动预示了平台要出问题，那么万一发射失败，全部责任就在我一个人身上。只是我当时根本没有考虑这些问题，关键时刻，要有敢于负责的精神！”

陆上发射台飞行试验的成功，完成了固体潜地导弹“台、筒、艇”飞行试验程序的第一步，在我国固体导弹技术发展史上揭开了新的一页。国务院、中央军委立即发来贺电：“固体导弹首次飞行试验成功，标志着我国导弹技术有了新的突破。”

这次发射成功后，黄纬禄在喜悦中，还始终保持着冷静的头脑。他提醒大家：成功了，并不表示就没有问题，艰巨的任务还在后面，新的问题还有待我们研究解决，一定要把故障排除在实验室里，不要带到靶场去。后面还有多次的发射飞行试验呢，千万不能掉以轻心。

弹上计算机在测试时存在着“多脉冲”问题，始终没有找到有效的解决办法。对此，黄纬禄一直放心不下，因为这种现象会直接影响到导弹的命中精度。黄纬禄向有关研究所的同志了解到第一手情况后，开始翻阅大量资料，亲自分析计算，提出了解决“多脉冲”问题的技术途径。在相关人员的积极配合下，经试验证实，“多脉冲”问题在他的组织领导下，被彻底解决了。

1981 年 10 月，黄纬禄来到某生产基地检查质量工作，发现弹上仪器状态有更改现象。他追根究底，不肯放过每个技术细节，直到把问题全部搞清楚，才对大家说："不能随便改变仪器的技术状态，一定要经过反复试验，过去我们有过这方面的教训。差之毫厘，谬以千里啊！"

……

固体潜地导弹陆上发射台发射试验成功近七个月，陆上发射筒的试验也紧张开始了。导弹运至试验基地后，试验队按照试验大纲的要求对导弹进行了分解、测试、总装和总检查。从陆上发射筒发射导弹，这又是第一次。

由于经验不足，导弹研制初期，在各种试验现场，特别是在飞行试验阵地，总会出现很多问题。在基地做陆筒试验的现场，成为矛盾暴露最集中的地方。此时，人们总能看到穿着白大褂的黄纬禄，一直盯在这里，和大家共同讨论、解决问题。

导弹在基地飞行试验转场后，又发现弹上应答机出现故障，黄纬禄针对应答机故障，提出了自己的看法和建议。他的建议随即被试验队所采纳，弹上应答机的故障很快被排除。

1982年1月7日，在华北导弹试验基地进行了第一发陆筒状态遥测弹的飞行试验。发射试验的口令下达后，燃气发生器点火，高温高压燃气经过水冷却器进入发射筒底部，以强大的推力将导弹高速弹出发射筒，随之尾罩自动脱落，一级发动机点火，导弹飞向空中，试验一举成功。1982年4月22日，在华北导弹试验基地实施的第二发带侧推的陆筒状态遥测弹飞行试验也获得成功。这次试验在导弹尾罩底部安装了一台小发动机。导弹从发射筒弹出后，小发动机立即点火，给导弹一个侧推力，使导弹产生一个偏斜的姿态，以考核导弹稳定系统的纠偏能力，试验证明导弹飞行稳定系统功能良好。这两发陆筒遥测弹的试验成功，不仅饱含着黄纬禄为之付出的巨大心血，也有力地证明了作为固体导弹总设计师的黄纬禄功不可没。

陆上两种发射状态飞行试验成功，证明导弹研制方案正确、系统工作协调、设备稳定可靠，为进行潜艇水下发射试验创造了条件。

2. 固体潜地导弹潜艇水下发射

1982 年，是黄纬禄主持研制的固体潜地导弹首次进行潜艇水下发射试验的关键一年。作为总设计师，他像跑百米的运动员进入了冲刺阶段一样——拼了。除了 1 月、4 月两次作为试验队的技术总指挥参加陆筒发射试验之外，黄纬禄主持、参加与试验相关的会议一个接着一个。

2 月初，黄纬禄在北京主持召开了第四次总师扩大会议。会议主要议题之一是讨论固体潜地导弹定型批的技术状态，飞行试验初步方案、批组数量等问题。

2 月中旬，黄纬禄又赶赴南京参加巨浪一号导弹的质量审定会。通过有关方面的参与、研究、讨论，解决的具体技术问题有 20 项之多。

2 月下旬，黄纬禄主持了关于发射方案的评审会议。潜艇设计方、军方、国防科委、各相关工业部门均派人参加。

5 月下旬，导弹陆筒发射试验归来后，还没来得及充分缓解一下疲劳的黄纬禄，又在北京召开了固体潜地导弹海上飞行试验总师扩大会，商定有关海上试验以及潜艇、导弹技术等方面的问题 10 余项。

7 月下旬，黄纬禄在北京主持召开艇、弹、筒协调会议。国家相关的局、部，以及各研究院的领导机关均派人参加，这次会议对十几个相关的技术问题达成了一致意见。

为了早日进入到潜地导弹的潜艇水下发射试验阶段，所有工作都在紧锣密鼓地进行着。

海基飞行试验比陆基飞行试验难度高了很多，技术协调的面更广、量更大。鉴于飞行试验工作的重要性和试验现场技术协调以及处理工作的复杂性，由型号总师办负责组成了现场试验技术组，协助总设计师统一组织、协调和处理试验进程中的技术和质量问题。在基地试验任务中，“巨浪一号”总设计师黄纬禄、核潜艇副总设计师黄旭华、国防科工委[①]测量通信总体研究所副所长沈荣骏和海军潜地导弹试验部队参谋长谢国琳任副总师，负责试验中的技术协调工作。为了保证这次试验程序有条不紊地顺利进行，需要同时统筹安排近3万名直接参试人员和近4万名三线工作人员，为此，专门成立了首区（发射区）和末区（弹着区）指挥部，由国防科工委和海军共同负责试验的组织领导。

首区指挥部由海军试验基地司令员田作成任指挥，海军旅顺基地、试验基地、试验基地第二试验区、北海舰队潜艇支队的领导以及黄纬禄、黄旭华任副指挥。首区指挥部设在海军试验基地第二试验区，执行导弹的检验和测试、潜艇发射前的检查和准备、通信系统的准备、海上一级落区海域的警戒和气象保障等任务。

末区指挥部由国防科工委测量船基地司令员田震环任指挥，东海舰队、舟山基地、测量船基地等领导任副指挥。末区指挥部设在远望一号测量船上，下辖测量群、护航警戒群、支持掩护群、空中支持群。

海军方面的准备工作按技术阵地、发射潜艇（即发射阵地）、测控通信系统和防救警戒兵力四个方面同时展开。

这无疑是一次民与军、军与军的陆海空天联合作战！而在发射潜地导弹的首区、末区出动的数十艘舰船，导弹飞行沿途设立的许多光测、雷测站，以及众多的通信、气象、航海等勤务保障部门协调一致的工作，都是为着一个目的——潜地导弹水下发射试验。黄纬禄马上就要迎来对他主持研制的导弹进行潜艇水下发射的实际考验，此刻，他肩负的担子是何等的沉重与神圣啊！

① “国防科工委”全称为“国防科学技术工业委员会，1982年5月由国防科委、国防工办和军委科装委合并而成。

潜地导弹发射前检测

用于潜艇水下发射的数枚导弹陆续出厂、分别运抵试验场区后，紧张的导弹试验现场重装、测试工作开始了。

技术阵地测试大厅灯火通明，墙上悬挂着的“严肃认真，周到细致，稳妥可靠，万无一失”巨型条幅格外引人注目。潜地导弹横卧在架车上，身穿白大褂的科研人员、技术工人和解放军战士围着它，有的在总装，有的在测试，紧张地忙碌着。在数月的准备工作中，导弹从分解到重新总装、再到测试达标的全过程中，装配人员要做到“三无”，即无漏检、无误操作、无多余物；技术人员要保证导弹的各项技术指标均符合要求。为确保试验的成功，质量复查和“双想”（即“回想”和“预想”）活动始终贯穿于试验的每个阶段。

首次协作单位的空前大汇集，同样带来了因界面、分工等原因引出的问题大汇集。比如，导弹和发射筒之间的关系，插座安装在发射筒内，插头插在弹上。导弹设计方强调：“这个插头该我们管。”潜艇设计方说：“发射筒是船舶的一部分，导弹上的水、风、气、电是由我们提供的，这个插头应该由我们管。”显然，各方都有一定的道理。表面上看是如何分工的事儿，一旦发生事故，就会牵扯出技术、责任等方面的问题，很复杂。这件事儿究竟该谁做？黄纬禄经常需要花费大量的精力来协调此类的事情。

除去上述问题，解决现场随时出现的技术问题更是黄纬禄的重头戏。发射前的几十个日日夜夜，他始终和大家一起工作在现场，就像马拉松运动员一样，没有停歇喘息的机会。在黄纬禄和整个试验队的共同努力下，发射前解决排除的质量问题和技术故障数以百计！

张爱萍副总理亲自前来检查指导试验工作，他们一行首先来到技术阵地。

张爱萍走到一枚导弹跟前，招呼着“黄总，请你来给大家介绍介绍。”黄纬禄走上前来，向大家介绍了导弹的研制情况以及这次试验弹的调试情况。之后，张爱萍一行又登上了发射阵地——长城200号潜艇。他们重点检查了导弹舱以及相关舱室，最后来到已经坐满艇上官兵的会议室。

张爱萍微笑着把黄纬禄、黄旭华、彭士禄介绍给官兵们：“今天，我请来了各路专家，目的是要考考你们，看看你们的发射准备工作做得如何？”

在艇长石崇礼的汇报过程中，专家们不时地提出一些问题。

黄纬禄问：“如果导弹卡了壳，你们将如何处理？”

石崇礼回答了他们的多种处理预案。

黄纬禄又问：“如果已经出水的导弹突然发生故障，你们将如何规避？”

石崇礼又介绍了导弹发射后潜艇马上规避的方案。

一个问得突然，一个对答如流，会议室里不时发出阵阵称赞声。

这时，有人轻声议论说：“这位总师真怪，怎么净问些不吉利的问题？”

张爱萍听见后说：“这就叫作从好处着想、从坏处着手嘛！只有每一个官兵都做好了这两种准备，我们的试验才能取得圆满成功。”

检查长城200号潜艇发射准备情况的当晚，张爱萍又在住所同专家们谈话，并决定再召开一次发射前的汇报分析会。

这天上午，汇报开始了。

黄纬禄展开汇报提纲，但他只是偶尔看一眼，大部分时间都是以充满热情、信任和自信的目光与前后左右的人进行着心有灵犀的交流。像往常一样，黄纬禄的汇报分析受到了热烈欢迎。他最后说："我们认为，潜艇水下发射导弹的条件基本具备。但是，科学技术上常常会出现意料不到的问题，我们不能掉以轻心，要进一步做好准备工作，使之真正做到周总理所说的'万无一失'"。

黄纬禄话音刚落，张爱萍带头鼓起掌来。

会后，张爱萍又分别找黄纬禄、黄旭华、彭士禄就试验工作进行了长谈。

……

潜地导弹首次水下发射的准备工作日趋完备，发射时刻即将到来。人们在期盼的同时，心中也免不了惴惴不安……

1982年10月1日，新华社受权发布公告："中华人民共和国将于1982年10月7日至10月26日，向以北纬28°13'、东经123°53'为中心，半径35海里的圆形海域范围内的公海上发射运载火箭……"新华社公告通过电波传遍了全世界。

首区和末区的舰船编队迅速来到了各自的指定海域待命。

固体潜地导弹"巨浪一号"被连夜装上了潜艇。

沿海观测站的指战员，也都把各种观测仪器对准了导弹飞行的方向，等待着发射日期的到来。

一些年轻的科技人员，随着发射时间的临近，心中不免忐忑起来。细心的黄纬禄看出了负责伺服机构的陈孟苹有些紧张，便用平和的语气对他说："你是不是能多做一些预想，进了发射场，可能会有什么问题，仪器、仪表都要监视到。对于预想到的可能出现的问题，做一些预案。如果发射时确实出现问题，处理一定要果断，当时就要表态。主管设计师的表态，对处理问题至关重要。”黄纬禄是在手把手地教授年轻人处理问题的方法，同时，也在增强他们沉着冷静应对突发事件的信心。

1982年10月7日凌晨，潜艇就要出海了。试验队员们在码头上列队，黄纬禄缓步走上前去，把自始至终参加导弹总体设计、不论合练还是发射试验都要随潜艇出海担任技术保障任务的侯世明单独叫了出来，他连连嘱咐道：“如果现场出现什么问题，你就大胆做主！该做什么就做什么，出了问题我来承担！”

首次潜艇水下发射潜地导弹即将开始，各战位做好了发射前的一切准备，人们目不转睛地盯着导

潜艇准备执行导弹发射任务

首枚固体潜地导弹出现“调头”的大姿态角

弹发射海域。突然，蓝缎般的海水突然被拱起、撕裂，“巨浪一号”犹如蛟龙出水直刺苍穹。导弹发射、出水、点火正常，但点火后不久，弹体突然失控翻转，在空中迅即出现“调头”的大姿态角，在超出安全范围后自毁了。

这一突如其来的变故，使得站在导弹驱逐舰两舷观看发射的人群顿时惊呆了。他们的目光在弹体的爆裂中凝固，人们静默了好久后才清醒过来。

当导弹发出巨响的那一瞬间，张爱萍看到了黄纬禄眼中的泪水，看到了现场指挥员及基地几位领导脸上的懊丧。他对在场的人安抚、鼓励之后，自己则拉着黄纬禄来到舱室单独交谈。

张爱萍镇定、亲切而真诚地说：“我们之间合作多次了，应该说我们早已是老朋友了，对你的为人和学识我是非常了解的。这一次没有获得完全成功，也是正常的，你不要有太大的压力。”

黄纬禄：“不管怎么说，都是我总设计师的责任。”

张爱萍：“不能这么讲，问题还没有找到嘛！要说责任，我是总指挥，首先要承担责任的是我。”

张爱萍的一席话使黄纬禄从首次水下发射试验失利的痛心和自责中逐渐冷静下来。

张爱萍接着说：“干什么都是要交学费的。我们找到了教训，不是为其他同志、为今后工作提供了捷径吗？你是总设计师，你的当务之急是休息几天，这一阵子你太辛苦了，身体本来就不好，休息一下，清静下来，再带领技术人员查找原因。”

黄纬禄点头答应了。但是，他没有休息，当天晚上就带领各系统的技术人员连夜查找失利的原因。

黄纬禄认真做了分析：潜艇的性能是稳定的，官兵们的操作是正确的，水下发射的固体导弹是安全的，导弹出水、升空后的飞行阶段也是正常的。很明显，问题出在导弹上。

黄纬禄将自己的看法与总师办主任刘国梁及时进行了交流，他们经过讨论，观点趋于一致——事故很可能出在一级固体发动机和二级固体发动机之间的分离插头上。

黄纬禄对刘国梁说：“我们暂时不要做结论，等把全部遥测数据取来再说。我先去找控制系统研究所的同志们谈谈。”

黄纬禄来到控制系统研究所参试人员的住处。这时，他们也正在查找原因，发言很热烈。有的说“可能是我们控制系统的原因”，有的则竭力加以否定。发言中，也不免流露出埋怨情绪。

黄纬禄平时最反对打断别人发言，此刻他却把别人的发言突然打断了。

黄纬禄说：“同志们，现在最急需的是集中精力把原因找出来，如果要埋怨，你们首先应该埋怨我：第一，我是总师；第二，在发射前，我对控制系统考虑得不够细致。”

有人激动地说：“黄总，您别说了，是我们的原因。”

黄纬禄说：“现在不要做结论，我们继续找吧！”

大家听了黄纬禄的话，一直紧绷的神经，稍微放松了一些。

人们的发言很快集中到控制系统上，有的回忆发射前的经过，有的推断着发生事故的具体部位。

就在大家讨论时，全部数据从遥测站取回来了。通过对遥测数据的判读，试验失败的原因果然是由于一级固体发动机和二级固体发动机之间的分离插头提前脱开了。

负责插头的有关人员很紧张。黄纬禄见状，强调说："现在最需要的，是集中精力做好发射第二枚导弹的准备，特别要做好插头的检测工作。我再说一遍，发生这次事故，主要是我的责任……对于你们来说，就是吸取教训，做好准备，力争第二枚导弹发射成功。"

在很短的时间内，通过黄纬禄与试验队员的共同努力，导致试验失败的原因很快有了定论。在国防科工委、海军、试验基地、航天工业部①有关领导参加的会议上，黄纬禄从技术的角度出发，把查找故障的过程、通过分析得到的结论以及自己的观点作了详细汇报。针对北京方面的领导要追查试验失利责任的要求，黄纬禄明确表示：如果现在坚持追查责任，大家顾虑重重，处处谨小慎微、缩手缩脚，反而对后续试验不利。所以，追查责任的问题最好暂时不要考虑。黄纬禄的建议，得到了领导的认同，追查责任的工作就此打住。

现场的试验队员感触良多，负责总体设计工作的杨德润说："型号研制过程困难重重，黄老总背负着多大的压力，我们都很清楚。但遇到挫折时，他总是自己揽起全部责任，千方百计地为其他人减压，真令人感动。"

任何事物都有它的两面性。首发参试导弹的自毁是一个严重的损失。但黄纬禄从另一个角度，看到了一次很完整的、有价值的导弹自毁试验，充分验证了弹体自毁后能把发动机炸成碎块并且不会对潜艇造成损伤的结论。这使得海军方面打消了长久以来一直担心潜艇安全的顾虑。

失利原因确定后，接下来就是采取措施，以防同类错误的再次发生。黄纬

① 1982 年 4 月，第七机械工业部改称航天工业部。

禄发现，为了提高插头、插座连接的可靠性，弹上的插头、插座都采用了双点双线连接。只是这双点双线的连接，都在同一个插座上。为了进一步提高可靠性，他们把双点双线的连接分别改放在两个插座上。这样，即使其中一个插头、插座发生误分离，另一条通路仍然有效。此外，又采取了一些综合治理的措施：给分离插头加一点连接力，让它连接得更牢靠；对于插头是否插到位，采取双岗制，第一个人插插头，第二个人检查；发射前到仪器舱检查时，也是一个人进仪器舱，另一个人在外边观察是否碰到其他设备。所有的防范措施均已到位，接下来的事情，就是进行第二枚导弹的发射试验了。

公海停航公告所宣布的时间是有期限的。黄纬禄此刻的意见非常明确："问题原因已经找到，并采取了相应的措施，建议按原计划打第二发。"问题解决之神速与建议之大胆，大大出乎张爱萍的意料。

张爱萍拿起了话筒："你是不是因为有压力而赶时间？推迟几天，休息一下再发射，是不是会更好一些？""不！"黄纬禄语气坚定地回答："我现在没有压力，也不会被压力所左右。这是我们经过反复检查、分析、试验、测试以及全弹模飞以后的结论，证实完全可行。我认为，就我们的知识与经验所及，该想到的都想到了。如果再推迟，也不会有新的进展。至于休息，现在想休息也休息不成啊！"

北京方面打来电话:“是不是再认真检查一下，推迟发射。”

怎么办？大家的目光一下子集中到黄纬禄身上。发射，还是不发射？黄纬禄经历着艰难的抉择。如果自己执意要打，万一再不成功，一是无颜面对江东父老，二是要承担更严重的责任追究！他又把试验的各个环节回顾了一遍，心中渐渐有了数。“我是总设计师，我必须负起责任！”导弹发射试验需要选择晴朗无云天气，便于无线电、光学设备和雷达跟踪测试，取得准确的数据，一旦错过了有利的气候，也许会给国家造成损失或不利影响。在个人名利和国家利益的天平上，黄纬禄知道砝码应加在哪一边。作为巨浪一号导弹的总设计师，他必须具备指挥员的胆略和科学家的严谨，同时更要具备对祖国高度负责的精神，在事关大局的紧要关头，不允许有一念之差。但是，黄纬禄此时不忘自己还肩负着另一个角色：他如同一名上了战场的士兵，即使有自己的主张，也要服从上级命令！黄纬禄拿起电话向上级汇报了自己的意见并表明态度:“需要考虑的问题都考虑了，应该准备的一切都准备好了。我认为发射条件已经具备，不宜推迟，建议按时发射，不再延期。如果上级决定推迟，我坚决服从命令。”

黄纬禄与张爱萍在试验基地亲切交谈

黄纬禄与张爱萍在会议上亲切交谈

片刻后，传来了北京方面的回答："我们尊重一线同志的意见。"

1982年10月12日15时01分，我国常规潜艇水下发射第二枚潜地导弹。当导弹部门长按下了发射按钮后，导弹迅即跃出碧海，拖着长长的烟龙直上蓝天，然后按照预先设定的轨道以一条优美的飞行曲线消失在天际，直奔预定海区。这是一个让人窒息的时刻，凝固的空气中充满了期待，黄纬禄的感觉简直是"度秒如年"。

指挥所里鸦雀无声，只有导弹飞行情况的报告：

"导弹发射正常！"

"一级发动机点火！"

"导弹两级分离！"

"头体分离正常！"

人们在焦急地等待最关键的消息。10分钟左右，喇叭里传出新的报告：

"末区发现目标！"

"弹头命中预定海域！"

导弹经过水中段、控制段、被动段飞行，最后落在我国温州以东约325千米的海域，落点精确，偏差极小。首区和末区的测量设备及时捕获并跟踪了导弹飞行的全过程，获得了大量的数据，试验告捷。"长剑"出鞘，震惊世界。大家欢呼雀跃，激动万分，喜悦之情溢于言表，不约而同地纷纷握住黄纬禄的手，

我国自行研制的固体潜地导弹发射成功

表示由衷的祝贺，张爱萍等领导在舰艇上向参加试验任务的英雄们致敬。

当天下午，长城200号潜艇胜利返航。

在军港码头上，四面八方的人汇集于此，来迎接凯旋的战士。国防科工委、海军和航天工业部的领导与步出潜艇的人们一一握手。黄纬禄望着这一张张熟悉的面孔，心情格外激动，当出海执行发射任务的四部技术负责人之一李光钧出现在面前时，黄纬禄紧紧握着他的手，很久没有说出话来。此时无声胜有声，一切尽在不言中！

1982年10月16日，中共中央、国务院、中央军委发来贺电，向参加固体潜地导弹研制和发射试验的全体人员表示祝贺和慰问。同日，中国发表了试验结束的新闻公报，试验海区恢复正常航行。

黄纬禄与试验队载誉而归。回京那天，张爱萍不顾腿脚不便，拄着拐杖赶到离市区很远的机场迎接。当黄纬禄缓步走下舷梯时，张爱萍激动地将手杖一丢，扑上去与黄纬禄紧紧地拥抱在一起。

欢庆胜利

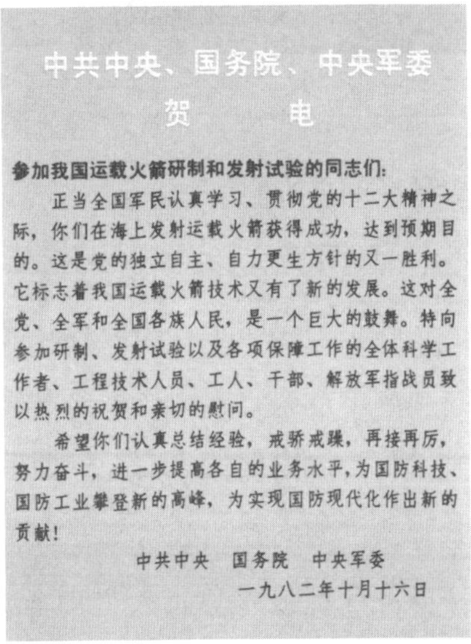

中共中央、国务院、中央军委
贺　　电

参加我国运载火箭研制和发射试验的同志们：

正当全国军民认真学习、贯彻党的十二大精神之际，你们在海上发射运载火箭获得成功，达到预期目的。这是党的独立自主、自力更生方针的又一胜利。它标志着我国运载火箭技术又有了新的发展。这对全党、全军和全国各族人民，是一个巨大的鼓舞。特向参加研制、发射试验以及各项保障工作的全体科学工作者、工程技术人员、工人、干部、解放军指战员致以热烈的祝贺和亲切的慰问。

希望你们认真总结经验，戒骄戒躁，再接再厉，努力奋斗，进一步提高各自的业务水平，为国防科技、国防工业攀登新的高峰，为实现国防现代化作出新的贡献！

中共中央　国务院　中央军委

一九八二年十月十六日

中共中央、国务院、中央军委贺电

人民日报
RENMIN RIBAO

我国运载火箭技术又有新发展
向预定海域发射运载火箭成功

潜艇水下发射火箭目击记

中国现代文学馆筹建处正式成立

解放军报
JIEFANGJUN BAO

新华社公告

正当全国军民认真学习、贯彻党的十二大精神之际
我国向预定海域发射运载火箭成功
中共中央、国务院、中央军委发电祝贺

碧波深处飞巨龙

热烈祝贺潜艇发射运载火箭成功

1982年10月17日，《人民日报》《解放军报》报道固体潜地导弹发射试验成功

张爱萍感到黄纬禄的身体已是瘦骨嶙峋，仿佛黄纬禄的血肉已随同导弹一起消融了。这位在十年浩劫中受尽磨难却从不掉一滴泪的硬骨头老将军，此时却忍不住簌簌地淌下了热泪。

“老黄啊，可把你累坏啦！”张爱萍说出了念叨了无数遍的话。

黄纬禄确实瘦了很多，他的体重从离开北京时的 64 千克下降到 53 千克。他把整整 11 千克的血肉——不，是生命的精髓，融入了为国争光的航天事业中，注入了伟大祖国母亲的躯体里！成就的是一个民族的希望和骄傲！黄纬禄和整个型号研制、试验团队的忘我付出，换来的是中国具有了第二次核打击的能力，使我国在世界上做出“无论在任何情况下，都不首先使用核武器”的庄严承诺时，有了足够的底气！

3. 在曲折的研制道路上迎难而上

固体潜地导弹首次潜艇水下发射试验的成功，是取得初次胜利的阶段性终点，而它又立即成为下一个奋斗目标的起点。黄纬禄与“巨浪一号”研制团队，仅仅在成功的喜悦中享受了片刻的休整，便又以新的临战姿态投入到为实现下一个目标的攻坚战中。

从潜艇发射的导弹如果出水时姿态角过大，就会导致飞行试验失败，这是科研人员长久以来一直非常关心的问题。解决在高海情下导弹对出水大姿态角的适应性问题的方法有多种，1983 年，在黄纬禄主持的总师扩大会议上，经过有关各方充分了解情况和讨论之后，有针对性地确定了要采用一项与首次水下发射试验有所不同的技术。

早在 20 世纪 70 年代，该项技术就被确立为预研课题。进行论证研究两年后，进入到试验研究阶段。根据科研人员进行的多次缩比模型试验，对该技术的认识有了一定的进展。

1983年至1985年，研制团队的辛苦不减当年，黄纬禄抓研制进度、抓生产质量、协调各类矛盾、解决技术问题的紧张程度一如既往，工作量更是有增无减。型号设计师系统和行政指挥系统对质量控制和研制进度提出了“图纸有问题不下厂，产品不带问题出厂、不带问题总装、不带问题参加飞行试验，保证达到设计技术指标”的“四不一保证”要求，使得后续生产出来的产品质量明显好于以往。

1984年，研制团队先后用了8个月的时间，进行第二批导弹的陆上发射筒发射试验。第二次试验单位汇集时，已经有了一定的大协作经验。领导在对试验队进场进行动员讲话时，明确强调:“要搞好团结协作，提倡顾全大局，服从需要，互相支持，互相尊重，严以律己，宽以待人，主动挑重担，主动担责任，把困难留给自己，把方便让给别人，反对各种推诿、扯皮、不顾大局的坏作风，在工作上、技术上、协调上出现问题，按黄总的四句话来处理，有问题共同商量，有困难共同克服，有余量共同掌握，有风险共同承担。特别是一些结合部位，出现问题，责任说不清时，要尽量协商，多讲风格，多讲贡献，经过充分协商后，领导叫谁干，谁就干，干完再分析研究，明确职责。实践证明，‘巨浪一号’01批试验任务的胜利完成，团结协作起了重要的保证作用。”从领导动员讲话的内容可以看出，黄纬禄所倡导的“四共同”原则，已经在科研队伍中愈来愈深入人心，并发挥着越来越大的作用。

在陆上发射筒发射试验阶段，取得了数发发射成功的好成绩。

1983年下半年，准备用于第二次潜艇水下发射的新技术试验方案完成了总体论证，1984年又用了近半年的时间，完成了试验方案验证，一切都在按计划顺利进展。

在一系列陆上试验和常规潜艇水下发射模型弹试验的基础上，为了考核弹道导弹核潜艇满足发射条件的操纵性以及核潜艇导弹发射系统实时工作的正确性、协调性和可靠性，海军方面进行了弹道导弹核潜艇的第一次水下模型弹弹射试验(代号“915”任务)。发射试验准备从1983年12月开始，参试单位有20多个，动用各类舰船49艘，直升机3架次。经过码头与海上合练后，发射试验于1984年4月6日至28日进行。在渤海海域发射了4枚模型弹，3枚成功。试验结果表明：弹道导弹核潜艇发射系统设计方案正确，操纵性能较好，满足发射条件；整个试验除了海洋水文气象不具备条件，未能考核高海情外，其余均按试验大纲要求，完成了规定的项目，获得了比较完整的测量数据，为海上发射遥测弹试验打下了技术基础。

1985年5月，国防科工委和海军遵照中共中央、国务院、中央军委的决定，向有关单位下达了弹道导弹核潜艇实施固体潜地导弹水下发射试验的要求。建立了试验组织，明确了分工。首区和末区分别成立了指挥部。首区设立总师组，负责组织和协调试验中的重大技术问题，由黄纬禄、黄旭华、赵仁恺和周淦林组成，黄纬禄任组长。首区直接参加试验的单位139个，重大测控设备42台(套)，事后处理设备24台(套)。时统系统的通信设备245台(件)，各型舰艇48艘，直升机3架。

这次试验的主要目的是考核全武器系统(即核潜艇发射控制系统和导弹本身)的综合性能，鉴定武器系统的战术技术指标。

9月中旬，在首区指挥部统一领导下，发射艇、测控系统和海空兵力，分别按计划进度完成了最后的准备。

1985年9月28日，弹道导弹核潜艇首次实施水下发射固体潜地导弹。导弹出水后飞行爬高，飞行了数十秒，即将胜利在望。然而，仅差几秒钟就要两级分离时，导弹在空中翻滚自毁了。

失败的阴影笼罩着整个试验队，黄纬禄的心情更加沉重。大家立即投入到失利原因的查找中。通过对打捞上来的导弹自毁残骸进行分析，初步认定了导

遥测弹试验失败自毁

致飞行失败的原因。

1985 年 10 月 7 日，第二发导弹发射试验失败！！

黄纬禄和整个试验队的成员们心如刀绞！人们再次分析失败原因，得出的结论与第一次失利原因相同！由于一些客观因素的存在，1985 年 10 月 15 日，第三发试验弹与前两发命运如出一辙。整个试验任务的失败，成为潜地导弹研制史上的一次重大挫折。原来想通过这次试验一举定型的打算未能按计划实现。

男儿有泪不轻弹，只是未到伤心处！试验队许许多多久经磨难不言败、百折不挠的坚强队员，纷纷洒下了痛心的泪水：这三发导弹，是他们几年来无数心血的结晶，这三发导弹连续发射失利的重创，让他们感受到的痛苦无异于失去了自己生命中最难割舍的一部分！

试验结束后，黄纬禄回到北京。离别日久的亲人们聚集在家里，等待着他的出现。

黄纬禄走进家中。与往常不同的是，他平静的脸上没有一丝笑容，深陷的眼窝中那布满血丝的双眼，偶尔会闪现出一个极度悲伤的眼神，但这眼神瞬间即逝。他没有一句因久别重逢而对家人的嘘寒问暖，直接轻声说道：“饭好了叫我，我先躺一下，一会儿要去办公室。”连鞋都没有脱，人就和衣歪在床上睡了。

亲人们感到了异样，但除了默默关注并无人问询，因为大家心中明白：问，也问不出名堂。

从办公室回到家中，黄纬禄没有任何倾诉与宣泄，依然只是一句“饭好了叫我”，然后倒头便睡。他饭量大减、食不知味，这种日子持续了许久。黄纬禄的这种异常表现，使亲人们看在眼里、疼在心上，给亲人们留下了挥之不去的深刻印象。这是黄纬禄在家中所采取的唯一一种静心思考下一步工作如何做的方式，也是他唯一一种缓解疲劳、抚平心底伤痛的办法。

分析、查找发射失利原因的工作在紧张地进行着。国防科工委、海军、航天工业部、中国船舶工业总公司、电子工业部等有关单位召开了一系列故障分析会和专题研讨会。航天工业部还安排了复现试验任务中出现故障现象的模拟试验、弹上仪器力学环境承受力摸底试验、仪器舱振动试验、尾罩水下分离缩比试验等一系列试验。

1985 年 11 月下旬，在航天工业部第二研究院召开了“固体潜地导弹第二批海态飞行试验故障分析会”。会议由在此次试验任务中担任二院试验队队长及试验任务首区指挥部副指挥长的王文超主持。会上，黄纬禄对整个试验作了全面的评价：“……把本次试验中的产品质量和工作质量与上次试验用产品相比较，从每发弹的平均发射周期、出现故障的次数、总检查一次通过率和仪器设备的更换件数上作全面的比较，可以得出的结论是第二批产品从设计、生产到管理等方面都比第一批要好。所以，第二批三发试验弹失败的主要原因不是产品质量问题，而是技术问题。但是，此次试验并非一无所获。试验证明了核潜艇总体和弹道发射动力系统工作正常，并获得了比较完整的数据和资料，对于进一步研究导弹的水下力学环境具有重要价值。”黄纬禄在会上以诚恳谦虚的态度，平缓朴实的语气对这次试验的利与弊做了客观实在的阐述。他的观点对于后来的工作颇具指导意义。

这次会议之后，针对如何解决具体技术问题并采取什么措施，从哪些方面入手最为行之有效，黄纬禄与科研人员们一直在苦苦思索着。利与弊的权衡犹如在盘棋上走棋：某些方面退一步是海阔天空，但看似局部的退，在全局上起到的作用却是进；在某些方面又必须实实在在地进，以立竿见影的效果，来实现退与进的完美结合，最终形成现行条件下综合治理的最有效方案。

为了实现这些方案，科研人员们又千辛万苦地为之奋斗了三年之久！

1987年年底，国防科工委和海军联合召开工作会议，详细部署试验事宜，发射试验的首区、末区指挥部再次成立；1988年2月，为了确保试验成功，航天工业部专门召开有关参试产品的质量工作会议。

在这1000多个日日夜夜中，进入古稀之年的黄纬禄所扮演的角色起了变化：1988年3月29日，黄纬禄不再担任型号总设计师；4月23日，航天工业部决定，黄纬禄任“巨浪一号”“东风二十一号”技术顾问。黄纬禄以技术顾问的身份继续指导着型号研制的技术攻关。

三年的艰苦努力，使得需要攻关的技术项目逐项得到了落实，再次进行发射试验的条件日趋成熟。1988年夏季，各路试验大军再度汇集到试验基地，又一场试验即将拉开战幕。

党中央、国务院、中央军委对此次试验更加关心与重视。1988年8月19日，国务院总理李鹏等党和国家领导人专程到试验现场视察发射任务准备工作，并对参试单位和人员进行鼓励。

经过4个多月紧张、艰苦、精心的准备，各项试验准备工作分别就绪。发射试验之前，首区召开了隆重的誓师大会。

1988年9月15日，一个振奋人心的日子来到了。这一天，晴空万里，海况良好。上午9时整，核潜艇离港。14时整，巨大的潜艇在强大发射反作用力的推动下猛地向下一沉，颤抖了几下，导弹脱离核潜艇，从发射筒里呼啸而起，穿过海水，冲破海面，带着橘红色的尾焰直刺云端，在湛蓝色的天空中渐渐远去，径直飞向太平洋预定海域。终于，在海上等候已久的远洋测量船“远望1号”

和“远望 2 号”的雷达操作手同时向船队指挥所报告“目标落水，落点准确！”当“发射成功”的消息从万里之外的海上测量船传到潜艇上时，海面上所有的舰艇拉响三分钟的报捷汽笛。观察舰的甲板上，水兵乐队奏响了庄严的国歌……

9 月 27 日，第二次发射试验也以骄人的成绩获得成功。至此，中国弹道导弹核潜艇发射固体潜地导弹试验圆满成功！

固体潜地导弹的研制成功，成为了我国固体战略导弹发展史上的里程碑：它开创了我国固体战略导弹的新局面，填补了我国固体战略导弹的空白；它标志着中国完全掌握了弹道导弹核潜艇水下发射技术；它使中国成为继美国、苏联、英国、法国之后，第五个拥有核潜艇水下发射战略导弹能力的国家。

黄纬禄的眼睛又一次湿润了！成功与喜悦的泪水顺着他消瘦的脸颊缓缓流下。此刻，他感受到为祖国建功立业的骄傲；感受到作为一名航天科技工作者的自豪；感受到巨大的付出能换来辉煌的成果；感受到新中国的导弹试验仍任重道远，尚需无数新老航天人为之努力！

导弹核潜艇执行发射任务后浮出水面

部队领导向黄纬禄祝贺试验成功

欢迎试验队归来（右一为黄纬禄）

“9188”任务首区祝捷大会（主席台一排左三为黄纬禄）

夕阳映衬着浮出海面的核潜艇，构成了一幅美丽恬静的画面！

黄纬禄满怀着火热的激情，随着领导们一起步入码头，去欢迎凯旋的英雄！

四个月的“巨浪”定型试验取得了决定性胜利。在二院总结大会结束之前，主持会议的试验队队长栾恩杰特意请年逾古稀的老专家黄纬禄讲几句话。黄纬禄的老部下非常愿意听听他的“训话”。黄纬禄盛情难却，作了即席发言。

“我以个人的身份，过去的总师，现在的顾问，未来的退休干部，向大家表示最最热烈的祝贺，最最衷心的感谢，最最诚挚的慰问，最最深切的敬意。”他那饱含深情又朴实无华的话音刚刚落下，台下即刻爆发出一阵长时间雷鸣般的掌声。

……

“我们的成功，价值比奥运金牌的价值大，应该奖励大家 100 千克 28K 金质奖章，不叫一吨重的，因为那是奖励赫鲁晓夫的。28K 是我发明的。”随着一

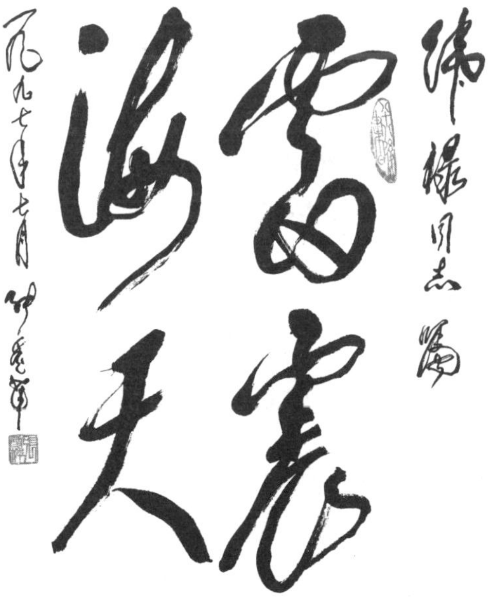

张爱萍为黄纬禄题词“雷震海天”

声“谢谢”，黄纬禄的讲话戛然而止。那简洁、幽默、隽永、深情的讲话，又一次博得全场长时间的热烈掌声。

尽管黄纬禄是以技术顾问的身份参加本次固体潜地导弹定型试验的，但是整个研制团队和海军方面对于他为型号研制所作出的贡献，始终给予高度的评价与认同。

4.潜地导弹“上岸”，实现“一弹两用”

1967年在潜地导弹进行方案论证时，四部就制定了关于潜地导弹“上岸”与“一弹两用”的设计原则。认为“一弹两用”周期短、投资少，可取得两种型号的效果，这是解决我国陆基机动发射固体战略导弹有无问题的“快与省”的方案。

1975年，七机部制定了固体导弹发展规划，“一弹两用”的设计方案得到了来七机部开展整顿工作的国防科委主任张爱萍的赞同和使用单位的支持。

1975年5月，国防科委上报中央军委：潜地导弹是很有发展前途的固体导弹型号，应争取定型装备部队；同时开展改进工作，改为地地型号，用汽车机动发射。毛泽东主席于当月25日圈阅“同意”。至此，潜地导弹“上岸”方案被正式确立。

1978年8月，国防科委召开尖端技术发展规划座谈会，提出对潜地型号和“上岸”型号要按两个武器系统安排工作。

1979年2月，国防科委召开固体潜地导弹和陆基机动导弹战术技术指标论证会。会议在黄纬禄的主持下，修订了固体潜地导弹战术技术指标，并确定了陆基机动导弹型号总体方案。这次会议要求在固体潜地导弹技术方案基本不变的前提下，开展陆基机动导弹的研制工作，并于1985年完成定型。这意味着陆基机动导弹从正式研制开始，在五年之内要完成定型。

按照惯例，新型号的研制要经过模样、初样、试样和定型等几个阶段。若要在五年之内定型，意味着该型号的研制不能出现反复，要一次成功。虽然，这符合黄纬禄“充分做好地面试验，争取一次成功”的一贯思想，但在蕴含着诸多未知因素与难题的尖端技术工程中，将一次成功作为计划定下来，其难度不言而喻。

1979 年 4 月，根据七机部党组的决定，黄纬禄出任固体潜地导弹和陆基机动导弹两个型号的总设计师，压力永远与职责相伴。但是，面对国家的重托，黄纬禄“明知山有虎，偏向虎山行”。

目标明确、信念坚定，步伐就会更坚定；毅力过人、胆识惊人，成功将会更惊人。陆基机动导弹的研制虽然由于决策时机较晚而导致起步晚，以至于为统一技术状态在设计上作了大面积的修改，增加了许多工作量和技术风险，但研制工作还是在艰难中前行。黄纬禄反复召集技术人员讨论，有关型号的方案论证会、计划调度会、总师扩大会，一个接一个地召开；在他的引领下，遇到的问题被一个个摆上桌面，解决问题的方案与待定的问题被一个个明确确定下来。1980 年年初，黄纬禄受七机部委托，召开了陆基机动导弹方案审定会。在

在总师扩大会议上，黄纬禄忍受着消化道出血引发的疼痛，耐心倾听技术人员的意见（左起：戴诗正、王文超、黄纬禄）

黄纬禄在总师扩大会议上倾听总师办副主任宋兆法的意见

他的主持下，按照“一弹两用”原则，结合陆基机动导弹的特点，审定了总体和各系统的技术方案，进行了技术协调，并确定了任务分工和研制进度。1982年2月初，黄纬禄在他主持召开的第四次总师扩大会议上，确定了有关加速陆基机动导弹定型的研制程序等重大问题。

在研究和论证潜地导弹“台、筒、艇”三步试验程序时，黄纬禄已经意识到潜地导弹的陆上筒发射状态，很接近陆上机动发射状态。要实现“一弹两用”，关键问题是要确定潜地导弹由海态转为陆态所要改进的具体项目。

潜地导弹在艇上是近距离平瞄，即瞄准光管与导弹的瞄准窗口在同一水平面上，而陆基机动导弹是远距离斜瞄，对导弹的修改必须适应这一变化。弹上计算机为适应“上岸”需要，基本上要重新设计。重大的改造还包括：变弹道程序脉冲、一级补充点火、关机点遥测记忆重发、时标精度、多批次多目标诸元装订方案，等等。这些有别于潜地导弹的新内容，在研制周期的限制下要求一次改进成功。

此外，潜地导弹“上岸”，还有一个问题引起黄纬禄极大的关注：那就是导弹的尾罩。潜地导弹尾罩分离后落入海中，在海水阻力的作用下不会伤及潜艇，而陆基机动导弹尾罩分离后，在发动机喷流的作用下会急速下落，很容易砸到地面的发射车辆。因此，在陆基机动导弹方案论证时，黄纬禄很关注尾罩的侧推方案，即尾罩分离后迅速将它沿安全方向推开。经过多次讨论，黄纬禄与研制人员决定采用侧推小火箭方案：用可调式安装支架把侧推小火箭从外向里沿径向安装在尾罩内壁，在尾罩分离后、主发动机点火前，侧推小火箭点火，将尾罩沿预定方向推离危险区，以保证地面车辆的安全。试验证明，这项措施是可行的，最后随陆基机动导弹一起定型。

陆基机动发射导弹的重头戏，是与导弹相匹配的地面测试发射车辆。其作战使用要求是：在我国的平原和山区，均能实施有依托的区域性公路机动，定点发射；并要求隐蔽性好，机动性强，提高导弹武器的生存能力。潜地导弹的相关测试、发射设备，也并非由艇上搬到车上就能用，发射阵地、待机阵地的测试、发射设备，以及用作运输、发射导弹的车辆需要重新研制。

原来潜地型号的研制队伍，承担了对导弹及其测试、发射设备在潜地导弹“定型批”的基础上进行修改或重新设计的任务。而研制地面车辆，需要组织专门的技术队伍。

除了率领研制人员对导弹进行相关的技术改造外，黄纬禄将主要精力放在了如何实现陆基机动和发射上。陆基机动型号研制的重点是以导弹运输、储存、保调温、起竖、测试、瞄准、发射为主要内容的一系列车辆。为便于机动和隐蔽，车辆要尽可能少。在充分调研和征求军方意见的基础上，一套采用多级阵地、多辆车完成隐蔽待机、公路机动、多点发射的方案出炉了。有了明确的思路后，黄纬禄责成总体部拟制了《固体陆基机动导弹地面设备设计技术要求》。他在亲自对技术要求进行逐条逐句的审查修改之后，签发执行。

在陆基机动导弹地面设备的研制中，不可避免地遇到了许多技术瓶颈。

研制任务书对陆基机动导弹所有配套车辆应能在哪级公路、桥梁和涵洞中顺利通过有明确规定，这意味着对车辆有限重、限高、限长的严格要求。而车辆的结构十分复杂，要把整车（含导弹）重量控制在允许范围之内，成为设计中的一大难题。为了达到设计指标，技术人员在结构形式、总体布局，乃至原材料、元器件等方面采取了一系列有效措施，千方百计地斤两计较，才使得总重量最终达标。

特种车辆的研制成功，为固体战略导弹突破陆基机动发射技术创造了先决条件，它是我国固体战略导弹武器系统地面设备的一项新成果，填补了我国在这一领域的空白。

如何将导弹水平地装入或退出发射筒，也是黄纬禄和研制团队在陆基机动导弹研制中遇到的难题。

对于潜地型号而言，它是用一个专用的装填筒向竖立在潜艇内的发射筒装弹和退弹的。简单地看，利用这套设备的原理也可以完成陆基型号的装弹和退弹任务。但是，就陆基机动导弹而言，无论从经济角度还是安全角度，水平装填均比垂直装填更为优越。黄纬禄引导研制人员对两个方案的利弊进行全面剖析后达成共识：必须突破水平装填技术。三年的时间，在历史的长河中，只是弹指一挥间；三年的时间，对设计人员而言，那是艰苦奋战的1000多个日日夜夜。大家挖空心思，在导弹结构基本不变的前提下，设计生产出了第一套水平装填装置。试验证明，水平装填装置一次设计、试制成功！

在多年的型号研制生涯中，黄纬禄的研制任务、技术职务在变，但万变不离其宗的，是他总会及时出现在有技术问题等待解决的地方。

比如，在技术阵地对导弹进行水平测试时，计算机在测加速度表输出脉冲时出现“多脉冲”现象，黄纬禄确认这是直接影响命中精度的大问题。他根据脉冲数增加与时间成正比的测试结果，亲自进行技术分析，断定这是由于计算机内时钟脉冲太窄，导致加速度表的正常输出脉冲有时被一分为二所致。技术人员进行试验后，证明了他的分析是正确的，问题得以解决。

又如，在陆态技术阵地水平测试中，制导系统加速度表脉冲当量出现“少脉冲”现象。黄纬禄以他清晰的物理概念及多年来解决技术问题所积累的丰富经验，提出了一种又一种产生问题的可能性，然后逐项加以排除，最终将问题原因锁定在电阻值的变化上。他断定，“少脉冲”现象与弹上电缆、技术阵地测试电缆长度不同密切相关。黄纬禄在现场和大家一起测量电缆长度，确认由于电缆长度不同引起电阻值各异，直接影响到加速度表温度控制电桥的正常平衡，从而改变了加速度表的温度，导致了“少脉冲”现象的产生。由于制导精度直接关系到能否定型，黄纬禄坚持在技术阵地测试现场组织技术攻关，经过大大小小 23 次试验，最后查清了问题产生的根源，与黄纬禄的分析完全吻合。研制人员当即采取措施，“少脉冲”现象不再复现。

在陆基机动导弹型号研制中，“多脉冲”和“少脉冲”是两个较为重要的问题，在黄纬禄的直接参与下，最后都得到了彻底解决。

……

通过相关的一系列修改设计后，终于实现了“一弹两用”的目标。同时，在整个研制团队的不懈努力下，实现了导弹射程增加，射击覆盖范围扩大，命中精度、产品质量和可靠性提高，满足了国家研制任务书的要求。

导弹的技术改造完成了，为陆基机动导弹配套的地面专用车辆也生产出来了。但是，接下来的试验工作依然艰巨。

为了使陆基机动导弹和专用车辆满足在全国范围内机动的实战要求，导弹和专用车辆及设备必须适应热带地区的最高温度和湿度、寒温带地区的最低温度以及高原的低气压及其变化。黄纬禄自型号研制以来，一直在告诫各级设计师：所设计的车辆和设备必须能承受各种环境的考验。他明确提出：除了由飞行试验和导弹贮存试验考核的战术技术指标外，陆基机动导弹的其他各项战术技术指标，如在实战应用中所遇到的机动运输、夜间操作、刮风下雨等，原则上都要安排定型鉴定试验进行考核，并注意充分利用我国液体型号的成熟研制经验和已有的试验结果。他责成总体设计部在认真调查研究，并与使用单位、试验部门充分协商、论证的基础上，提出定型鉴定试验的项目和方案。黄纬禄严格地审阅了各个项目与试验大纲，修改并批准执行。

一般情况下，为确保试验的有效性，要求参与试验的导弹产品，在规定的寿命期内，只能做一项与可靠性有关的定型试验。按照此要求，完成全部可靠性定型试验，需要生产数枚导弹，试验时间也很长。这样做有现成的条款规范，依“法”办事，个人不承担风险。但是，黄纬禄和研制人员以主人翁的姿态，首先考虑的是为国家节约研制经费，他们提出，只要在试验阶段加强中间检测，确保试验的有效性，就可以利用一发合练弹、一发遥测弹完成全部试验项目。

自 1984 年下半年开始，公路机动运输试验、待机试验、高温日照试验、雨天使用试验、夜间操作试验、大风操作试验、低温试验和弹上仪器工作寿命试验等相继进行，有些试验甚至不止进行一次。在整个试验过程中，黄纬禄与试验队员们一起，盛夏季节奔赴高湿酷热的南方，严寒冬日又出现在滴水成冰的北国，全然不顾自己已年近古稀的瘦削之躯。他的心与中国的导弹事业紧紧地连在一起。

为了考核发射装置的性能，并确保试验安全，在用多功能发射车进行导弹发射试验之前，先进行配重模型弹的试发射。模型弹的外形、质量、质心和转动惯量与实弹完全相同。试验结果证明，发射装置工作可靠，内弹道参数符合要求，模型弹出筒姿态稳定，为遥测弹飞行试验打下了基础。

在进行导弹的陆上发射筒发射试验时，紧紧包裹弹体的三组各八块适配器会随着导弹的出筒散落下来。潜地导弹的适配器散落在海面上，由于海水的阻力，不会伤及核潜艇。但多功能发射车发射装置沿用了潜地导弹的适配器，适配器随导弹弹出发射筒后，先后脱离弹体，升至约 70 米后，再向地面坠落，若砸到专用车辆上，会造成地面设备的损坏。为预防砸车，试验前要在车上加撑钢丝防护罩。试验结果表明，确有适配器落在防护罩上。由于一时找不到防止适配器砸车的稳妥办法，该问题在较长时间内一直困扰着黄纬禄和科研人员。

黄纬禄与总体部及地面设备所的有关同志进行了多次研究讨论，最后想到通过二院主办的报刊，公开征求改进适配器的方案。在全院技术人员中进行招标，还真是个新鲜事。招标启事刊登后，在二院引起了小小的轰动。一周之内，陆续收到 70 多个方案。经有关专家评审，四个方案初选入围；二次再选，确定采用“尾罩密封、轻质适配器”方案。

1984 年 3 月，离计划中型号定型的日期越来越近，人们不免有些焦躁。黄纬禄始终保持沉着冷静，他反复强调，无论从设计到选材，对待每一个环节，都不得马虎，地面试验一定要充分到位。在各研制单位的齐心协力下，历经三年，第一套新型轻质适配器和尾罩密封环终于试制成功。每块适配器的重量由原来的 20 千克减至不到 5 千克，当它随导弹发射出筒，从空中飘落时受到空气阻力影响，落速大为降低，又因质轻、面积大，即使砸到专用车辆上亦不会造成危害。功夫不负有心人，专门用于考核多功能发射车和轻质适配器的模型弹弹射获得圆满成功。这次弹射试验证明，发射车工作可靠，性能稳定，状态良好，轻质适配器及密封环方案可靠、操作方便、脱离正常、使用性能良好，其各项性能均达到技术指标要求，长时间悬在黄纬禄心上的一块石头终于落了地。

1985 年 5 月，黄纬禄亲自率领试验队奔赴试验基地，他们将利用新研制的多功能发射车和其他配套车辆，首次进行陆基机动导弹的发射试验。这一次，发射装置是全新的，而导弹本身又经历了若干项地面大型试验，诸多因素叠加在一起，使得这次试验的成功与否关系格外重大。

按照多年的惯例，在现场开展了“双想”活动：回想产品生产过程中有无问题，预想产品进入飞行状态可能发生什么问题，应当采取何种预防措施。通过在关键阶段抓住重点开展质量控制活动的方式，来确保产品质量。

遥测弹以良好的技术状态，待命转往发射阵地。但连日阴雨，使遥测弹滞留在技术阵地不能按计划转场。人们翘首以待，盼望着早日放晴，不成想迎来的却是一场暴风雨！山洪下来了，顷刻间，发射场坪一片汪洋。为了保护发射设备，人们顽强地与暴风雨、洪水搏斗着，终于经受住了这场意外而又严峻的考验。

雨势渐小，发射前的测试工作再次展开。根据气象预报，两三天内的天气是晴、雨交错，试验队不肯轻易错过发射时机。

水平状态的“东风二十一号”

起竖状态的“东风二十一号”

5月19日，在控制系统测试中，某通道出现一次参数超差现象，进行二次重测，参数又趋正常。是偶然还是必然？是弹上系统的问题还是地面设备的问题？需要及时准确地加以判断。由于受到试验场地的环境限制，试验队不可能模拟各种可能因素，来复现问题、确诊原因。

20日凌晨，有关人员将分析情况及看法向黄纬禄作了汇报。黄纬禄听完汇报后明确表示：第一，地面设备出现问题的可能性大。第二，设法再做几次试验，如果问题复现可及时查出原因，不复现也可多得几组数据作为旁证。第三，按陈德仁副总师的建议测试小回路，以便进一步验证弹上设备工作的可靠性。黄纬禄当场决定，上午10点前兵分两路：一路到技术阵地测试小回路；另一路判读总检查纸带，并将结果直接向试验领导小组汇报……

10点钟，基地会议室坐满了部队首长、试验领导小组成员及参试单位代表。决策会议紧张地进行着。首区、末区、航测、通信、气象、时统各系统汇报：准备工作良好，只待发射命令。发射阵地汇报：一切工作准备就绪，只待该通道检查的结论。真是万事俱备，只欠东风。急盼之中，做完补充试验的技术人员赶来了。他们汇报了试验结果，共同认为：弹上系统工作稳定，一切正常，建议发射。会议在严肃热烈的讨论中进行。黄纬禄倾听了各方面的意见后果断表示：权衡利弊，还是打！在座领导一致赞同他的意见。确定当日下午发射。

连日阴雨后的转晴，更显得气爽天蓝。峰峦叠翠的群山环抱着试验场地。发射场坪上，银白色的发射筒已经竖起，各种特装车辆在防砸设施掩护下静卧在场坪和掩体内，电缆网纵横交错地伸向四面八方。阵地上一片寂静，只有广播器在传送着各种口令。“各号注意，五分钟准备！”紧接着，“砰！砰！”两颗红色信号弹凌空升起，全试验场区的气氛异常严肃、紧张。“两分钟准备！”“转电、开栓、拔锁”……随着发射主令的下达，一阵巨响，大地随之颤抖，一枚新型陆基机动导弹车态遥测弹，腾空而起，发射成功！

外测系统结论：“落点命中靶心，精度十分理想。”阵地上沸腾了！人们欢呼、跳跃，眼里含着激动的泪花，相互拥抱、击掌，以各种方式尽情表达着成功的喜悦。

之后，又进行了两枚车态遥测弹的发射试验，全部成功。这不仅标志着我国第一代陆基机动导弹的研制成功，也体现了“一弹两用”研制原则的实践成果。这是我国战略导弹研制史上的又一壮举！更为重要的是，经过这漫长而又艰苦

黄纬禄（右）与导弹发射试验基地领导合影

的千锤百炼，一支研制固体导弹的人才队伍逐渐成长起来，为我国固体导弹的进一步发展奠定了坚实的基础。

作为陆基机动导弹总设计师的黄纬禄，为祖国的国防建设，再次交出了一份满意的答卷，他感受到了深深的宽慰！在进行研制工作总结时，黄纬禄说道："东风二十一号"起步较晚，同时又受到"巨浪一号"导弹技术状态的限制，是在时间紧、难度大的情况下进行研制的，在研制中遇到了很多困难，但也积累了不少宝贵经验。……在研制过程中除借鉴我国液体战略型号的技术外，没有任何国外的直接经验和资料可供参考。因此，它的研制成功完全是在党中央、国务院、中央军委、航天工业部的直接领导下，在全国各兄弟单位的大力支持和帮助下取得的，也是固体导弹战线全体同志艰苦奋斗、大胆创新的结果。"

5. 为提高导弹精度豁命干

1981 年 12 月 11 日，早已年过花甲的黄纬禄被七机部党组任命为地空型号武器系统系列总设计师。长期积劳成疾的黄纬禄虽然感到力不从心，但祖国的需要就是无声的召唤，他没有二话，立即走马上任，将多副重担一肩挑起，日复一日地忘我工作在科研第一线。

直到 1988 年，黄纬禄才卸下总师的重担而改任顾问。照理，退居二线的黄纬禄可以好好放松一下了。但是，黄纬禄强烈的事业心没有丝毫改变，他那高度的责任感与拼命的工作劲头一如既往。在漫长的职业生涯中，黄纬禄早就把自己融入了祖国的导弹、火箭事业之中。相伴一生的事业，对他而言，犹如空气、阳光和水，成为他生命中不可或缺的重要组成部分。

作为顾问的黄纬禄对待工作依然满怀热情、兢兢业业。多年来，黄纬禄在知识与经验方面的广泛积累，在技术方面的深厚造诣，以及处理实际问题的超凡能力，已经在航天系统的领导和科研人员心目中留下了深刻印象。当一些重

黄纬禄（右二）在防空导弹试验现场

要型号、技术方案或大型试验遇到难题时，人们自然而然会想到请黄纬禄参与解决。有求必应的黄纬禄也顺理成章地成为一个处理技术难题的“专家”，他经常参加其他型号的技术攻关，并在技术上给予指导，甚至在重大技术决策中起着“主心骨”作用。

1988年，当黄纬禄还在参加核潜艇水下发射固体潜地导弹的大型试验时，另一个型号的试验正在40℃高温的戈壁滩上紧张地进行着。

航天二院根据国家需要，承担了一项重要而又紧迫的任务——研制一种近程地地导弹。飞行试验、交付产品的时间，早在接受任务之初就作为先决条件被确定下来。研制进度一直在往前赶，随着工作节点的逐个完成，研制工作进入了飞行试验阶段，发射准备工作全面铺开。测试中，由于弹上计算机状态改变，令人挠头的问题出现了：计算机易受干扰，无法正常工作。干扰！这个看得见现象、判不明原因、又排除不掉的问题，极度困扰着大家，大家千方百计地出主意、想办法，尝试的结果均以无效而告终。干扰源就是找不到，整个试验停滞不前。时间在一天天溜走，技术人员们感到束手无策了。眼看着试验无法继续进行，整个研制进度要受到影响。怎么办？人们想到了黄纬禄。

参加完“9188”试验才回北京、尚未得到充分休息的黄纬禄，在得到通知后，很快奔赴大漠戈壁，出现在测试现场。“请搞这项具体工作的同志先讲讲。”黄纬禄一边听介绍，一边观察着计算机做试验时出现的干扰现象。他在与一线科研人员交流的过程中，敏锐地捕捉着自己认为非常重要的信息。思考、询问、再思考、再询问……很快，黄纬禄注意到计算机内有继电器，他警觉起来，马上问道：“在继电器上有没有采取消除电磁脉冲的措施？”“没有。”黄纬禄得到了一个否定的答复。“那么就试试看，在继电器的控制线包两端跨接一个消弧二极管。”根据他的经验，继电器接点在打开时，会产生较强的干扰脉冲，这对于数字电路的工作会造成很大的影响。技术人员按照黄纬禄的建议做了，困扰人们许久的干扰居然立即消失了！多少天来，计算机研制单位的领导看到整个试验进度在他们的设备上卡壳，急得寝食难安，当看到在黄纬禄的指导下问题迎刃而解时，感激得无以言表，以一个90度的鞠躬，来表达他们深深的敬佩与谢意！

黄纬禄准确地解决了这一技术难题的意义，不仅在于帮助找出干扰源并采取有效措施，使飞行试验得以顺利进行，而且使得已生产出的数十台计算机没有被推倒重来，节约了大量的时间和经费。

在基地的那些日子里，黄纬禄又陷入了发现问题、解决问题的一个个循环之中。

在现场参加导弹发射前综合测试的黄纬禄，发现遥测系统数字信号的十位数和个位数分别从两个通道输出，参数的安排和调整都由计算机实现，改动也相对方便。虽然黄纬禄没有系统地学过计算机，但触类旁通的他脑海中很快闪现出一项改进措施。就在导弹临近发射之际，黄纬禄果断地建议操作人员调整参数，调整后，使遥测精度提高了三分之一，对飞行后的故障判断和结果分析大有帮助。

黄纬禄在基地与大家共同奋战 15 天，终于使此次发射试验任务得以顺利完成。

回到北京的黄纬禄，依旧顾不上休息，“哪里需要就到哪里去”成了他工作安排的日程表。在不停地穿梭于北京和基地之间的奔忙中，庆祝建国 40 周年的日子悄然临近。

1989 年 8 月，航空航天工业部接到通知，立即通知黄纬禄到某地报到。在国庆 40 周年前夕，中央领导准备接见一批对共和国作出重大贡献的专家。

在被接见的专家名单上写着：

“航空航天工业部第二研究院黄纬禄，男，73 岁，研究员，著名导弹火箭专家，是多种型号火箭的总设计师。他主持核潜艇水下发射运载火箭试验取得成功，获国家科技进步奖特等奖。他 30 多年来把自己的全部心血倾注到了祖国的航天事业中，为我国导弹事业的发展作出了重大贡献。”

可是，8 月 28 日，党和国家领导人在中南海同来自科技和教育战线上有突出贡献的部分专家座谈时，在座的专家中却没有黄纬禄。

此时此刻，他正顶着 40 多摄氏度的高温，在地处大漠戈壁的试验基地，解决技术难题。

依旧是这个近程地地导弹，试验中发现了新问题：命中精度不理想，提高精度有困难。在研制之初，控制弹体飞向目标时，其纵向、横向均采用比例导引，相互之间有影响。虽然曾有技术人员设想横向采用位置导引的方法，但未被采纳。面对精度不达标的现状，前来解决技术问题的黄纬禄通过深入了解情况，认定横向采用位置导引是正确可行的：导弹飞行时，若横向采用比例导引，弹体需要飞行较长时间才能进入射面，如果改为位置导引，导弹发射后很快就能进入射面。在黄纬禄的提议下，横向采用位置导引法，从而使纵向的比例导引与横向的位置导引之间不互相影响，使命中精度有所提高，方案就此确定下来。

关于命中精度，同时还存在另一个问题：导弹的飞行距离有时略显不够。黄纬禄思考后提出建议：提高导弹的飞行高度，依据是弹体在高空遇到的阻力小，导弹的射程会有所增加。

试验人员按照黄纬禄的建议，当即采取综合治理措施：将导弹的横向由比例导引改为位置导引；将导弹飞行高度增加。采取措施后，发射试验得到了令人欣喜的结果：命中精度提高了一倍，改善的效果非常明显。使用方不肯轻易相信这个精度，要求亲自参与发射试验，并且到导弹落点现场察看。

有使用方在场的发射试验，经过一系列准备后开始了，这一发至关重要的导弹很争气，居然打出了超出命中精度指标五倍的好成绩！使用方非常满意。

然而，在发射试验准备过程中，所有进展的每一步中包含了多少艰难曲折，只有身在试验现场的技术人员才心知肚明。

这次试验过程中，计算机受到了来自外界电源的干扰。虽然在计算机研制阶段，对它专门做过外界电源的干扰试验，并且已经采取了有针对性的抗干扰措施。但在试验基地，外界电源的干扰，使得计算机工作状态时好时坏，当干扰严重时，输出的指令全部乱套！尝试解决问题的方法均未奏效，使用方等着观战，试验队员们心急如焚，焦急与期待的目光，又一次集中到了黄纬禄身上。

黄纬禄仔细观察计算机的测试环境，又通过一些相关试验来排除引起干扰的各种可能性，最后，他的目光落在突停台上不动了。在做系统试验时，有一个将速率陀螺固定在突停台上、以突停台的转动和突然停止来测速率陀螺动态特性的细节。黄纬禄发现干扰现象与突停台工作与否密切相关，他心中暗想，突停台是用电机带动的，在突然断电和实现突停的瞬间，会产生一个干扰脉冲。这个脉冲是随机的，若断电时电流接近于零，产生的脉冲比较小；若断电时电流较大，产生的脉冲也大。并且随着断电时电流的极性不同，产生的脉冲也有正有负。突停台的拖动电机是电感性的，所产生的干扰脉冲比起过去计算机做抗干扰试验采用的纯电阻作负载时要大得多，脉冲的极性也是随机的。如果计算机在某个瞬间产生的指令脉冲极性为正，干扰脉冲也恰好为正，计算机可能不受干扰；如果干扰脉冲极性为负，而指令脉冲极性为正，就有可能产生干扰。黄纬禄理顺了自己的思路，感到单从计算机指令方面入手分析问题意义不大，于是建议让突停台突然断电，结果引发了计算机异常，反复几次，故障现象固定，干扰源就这样被准确无误地捕捉到了。

使用方在现场的等待，使大家焦急异常。黄纬禄看着被找到的干扰源反而更加镇定了，他说：“突停台是地面测试设备，导弹飞行时它不会工作，飞行试验当然不受影响，发射可以照常进行。”

1992年8月14日，“长二捆”成功发射“澳星”后，黄纬禄（二排右四）与试验队员们在西昌卫星发射中心合影

杨守礼 摄

1996年，黄纬禄（左二）参加“长征”系列某火箭型号的故障分析

试验大获成功。于是，出现了前面所说“使用方非常满意”的可喜局面。人们对于素有“导弹医生”称谓的黄纬禄，更是发自内心地佩服。

经过45天的辛劳和5天的途中颠簸，9月上旬，黄纬禄回到了北京。一天之后，在二院为此次试验召开的庆功大会上，黄纬禄在主席台上坐了不到一小时，又长途跋涉奔向外地的某会场，去参与研究另一种新型火箭的设计方案。

黄纬禄尽职尽责，既“顾”又“问”，总是招之即来、来之能战、战之能胜。

1999年，在长征二号F运载火箭发射神舟一号试验飞船前夕，黄纬禄（前排左二）参加技术评审会

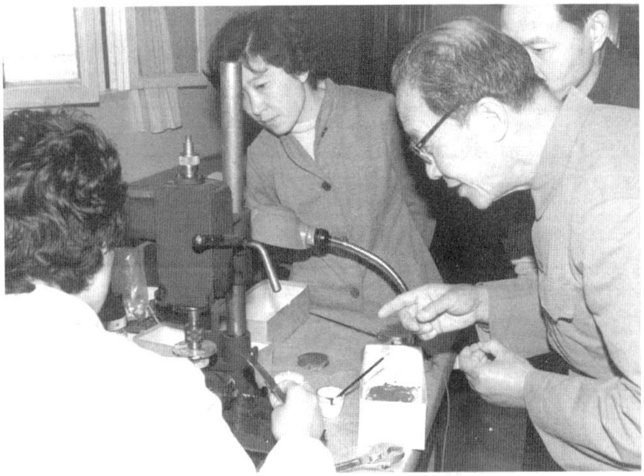

黄纬禄（前右一）在接插件厂检查工作

“澳星”发射时，黄纬禄出现在西昌卫星发射中心；“长征”系列某火箭型号发射试验出现问题后，黄纬禄出现在分析故障的综合实验室里；“神舟一号”发射前夕，黄纬禄出现在技术评审会上；为了监督产品质量，黄纬禄亲自到接插件厂检查工作……

“老骥伏枥，志在千里；烈士暮年，壮心不已。”这是进入晚年的黄纬禄时常在心里默念的诗句，他以此来激励自己不停歇地发挥余热。为了中国航天事业的发展，黄纬禄数十年如一日，呕心沥血，殚精竭虑，给大家留下了深刻印象。在航天系统工作多年，后任国家科委主任、国务委员、全国政协副主席的宋健谈到黄纬禄时，发出这样的感慨：“导弹是黄总的生命啊！为了导弹上天，他在豁着命干！”

国务委员宋健（右）与黄纬禄（左）亲切握手

黄纬禄

黄纬禄院士传记

Academician Huang Weilu's Biography

第十章

善于管理的总设计师 诚朴谦和的人格魅力

黄纬禄处理复杂技术问题的方法与过程，被总结升华为“四共同”原则；黄纬禄的人格魅力，被人们交口称颂；但面对接踵而来的荣誉，他却永怀愧疚感。

1．“四共同”原则是航天科研战线的金科玉律

我国独创的固体潜地导弹，除了它自身各分系统之间有着复杂的接口关系外，还与核潜艇之间存在着复杂的接口关系。加之“巨浪一号”这种特殊的总体院抓总、全国大协作的体制，又是初始研制，经验不多，把握不大，使得“巨浪一号”研制工作的组织实施和调度协调比我国以往任何导弹型号都要复杂、困难。虽然两条指挥线的建立健全，为型号研制工作创造了良好的大环境，也提供了必要的组织保障，但是，并不意味着型号研制中技术协调的难度因此有所降低。由于碰到的技术问题太多、太复杂，协调也变得异常艰难。各部门希望“把自己的余量留得多些、困难留得少点”的想法较为普遍，因此在进行技术讨论时，持不同意见的各方情绪激动、对峙尖锐，甚至嗓音很高、口不择言的情况时有发生。

黄纬禄面对的诸多技术难题中显得尤为突出的就是，一级固体发动机摆动喷管的摩擦力矩大大超过了任务书所提的要求，这一超差将使导弹出水的姿态难以控制。虽然具体的研制人员尝试过多项改进措施却无明显效果。这个问题成了导弹研制工作的瓶颈，若不及时解决，将会导致各方面工作的长时间停顿。

在此关键时刻，黄纬禄决定召开总师扩大会议，这也是该型号的第一次总师扩大会议。会议由总师办负责组织，被邀请者有总师系统的成员、领导机关的负责人和各研制单位的技术骨干。

为了使此次会议获得成功，黄纬禄做了充分的会前准备：深入基层了解情况、倾听诉求，要求部分研制单位先行做些必要的试验……1979 年 8 月 6 日，黄纬禄组织召开了在潜地导弹研制史上一次极为重要的会议（即“7986”会议）。

作为会议主持人，黄纬禄首先请各单位详细介绍自己的工作进展情况，然后又请大家将所接受的任务书指标和工作中已达到的水平，以及通过努力在近期能达到的水平毫无保留地互相交底；接下来，黄纬禄询问任务书提出单位，对所提指标究竟保留了多少余量。通过这个回合的讨论，黄纬禄心中有了底。他将自己几经深思熟虑所形成的方案抛了出来：根据目前情况，较快解决问题的途径只有一个，那就是大家都把各自口袋中的余量贡献出来，对指标重新进行分配。

真是一石激起千重浪！各个单位把工作做到当前这个地步，都已费尽九牛二虎之力。为了迁就其他系统，需要自己再投入精力，承担更多风险，这如何使得？！抵触情绪瞬间高涨起来。但是，到了这个节骨眼儿上，再难协调，黄纬禄也要硬着头皮上了。他以极大的耐心苦口婆心地说服动员，反复与大家沟通协商：目前只有这个办法能尽快解决问题——各单位对指标余量不再层层加码，只有一个统一的标准并由大家共同掌握。要把难点分散，比如把喷管的摩擦力矩在现有的基础上再减少一些，把姿态控制系统设计裕度再加大一些，把伺服机构的速度特性再改善一些……为了共渡难关，大家要各自多承担一点困难。但是，在进行难点分散的过程中，可能会有单位通过极大努力仍达不到新指标的要求，就将承担一定的风险。那么，这样的风险不由某个单位负责，而由所有参与单位来共同承担。黄纬禄明确表示：“作为总设计师，我首先要承担责任。”

黄纬禄缜密的筹划，已将分散难点中可能出现的问题与研制单位可能面临的潜在风险统统考虑进去了。

最后，会议达成一致共识，即根据总体和控制系统能够承受的程度，适当增加工作难度，以减小喷管摆角和放宽对摆动喷管摩擦力矩的要求，降低发动机攻关难点；同时，按总体部与发动机所共同协商但尚未达成最终协议的发动机参数，作为结束总体初步设计的依据，发动机所可按商定的参数进行试样交付。

由于总设计师黄纬禄表示首先承担责任，在他的带动下，对技术指标余量进行合理的重新分配的目的终于达到了！

黄纬禄此次处理棘手技术问题的方法，被总师室总结提炼成为“四共同”原则，即“有问题共同

黄纬禄（左一）在总师扩大会议上

黄纬禄在总师扩大会上聚精会神地倾听与会人员发言

商量，有困难共同克服，有余量共同掌握，有风险共同承担。”

在会议结束之际，黄纬禄以总设计师的身份首次公开提出并倡导了“四共同”原则。该原则一经提出，便引起很大反响。在黄纬禄的带动下，参与型号研制的 100 多个单位，逐渐形成了大协作精神：在研究院内，人们顾全大局，为了整个系统的综合性能，贡献出自己的优势和长处，弥补其他部分的不足；对外协单位，黄纬禄在进行指标分配时，坚持将难度较低的分配给院外单位。他这种将方便让给他人的高风亮节，使得在复杂的技术协调中凸现的尖锐矛盾，被浓浓的兄弟般的情谊所包容，并有所化解。不难想象，如果没有大力协同，根本无法实现“巨浪一号”的预定目标。因此，“巨浪一号”成为了举全国之力、协同攻关、良好践行“四共同”原则的典范。

“四共同”原则越来越广泛地被人们所接受、所运用，并在实践中成效显著。渐渐地，它成为了航天科研战线解决难题、协调问题的“金科玉律”，并对整个国防科研战线产生了很大的影响，最终成为先进军工文化的一种生动体现。

黄纬禄身体力行，同事们对他率先执行“四共同”原则的许多生动事例难以忘怀。

为使“巨浪一号”的射程达到研制任务书所提出的战术技术指标要求，必须减轻弹体重量。减轻重量可以有多种途径，但是，“由谁来减”这个问题协调

黄纬禄（中）与黄旭华（左）、栾恩杰（右）一起参加会议

起来非常困难，总体、弹体结构、发动机和控制系统的设计单位都有不能减轻重量的理由，这意味着“都减不了”。黄纬禄认为他们强调的原因都有一定的道理，不能强迫任何一家采取措施，但问题又必须得到解决。经过与技术人员反复讨论与协调，黄纬禄最终决定：将二次喷射用的推进剂减少三分之一左右，技术责任由身为总设计师的自己来负。之后的实践证明，这是使射程达到战术技术指标要求切实可行的技术措施。

潜地导弹与核潜艇在技术上交叉很多，双方有分工，却不能分家，因此，在研制过程中存在着很多十分尖锐的矛盾。潜地导弹要达到一定的射程，尺寸就不能太小，重量也不能太轻。但是，弹体尺寸（直径）太大，潜艇的开口就要增大，这就影响到潜艇的下潜深度。所以，弹体尺寸和潜艇深度就是一对矛盾。但是，潜艇和导弹的研制队伍，各自本着“四共同”原则，设身处地地为对方考虑，在改进自己的系统上狠下功夫。

为了在发射模型弹时，确保潜艇的安全，导弹研制方采取了许多措施并做了大量的试验，如在南京长江大桥上进行投放试验等。潜艇研制方也极力予以配合，在从潜艇上发射模型弹时，为了避免发射出去的弹体垂直下落砸伤潜艇，而将潜艇倾斜。这种倾斜对潜艇而言，是比较危险的，但是潜艇研制方作了很大的努力。

还有很多技术问题，解决难度都非常大。比如，发射出去的导弹要在一定的高度点火，潜艇要有足够大的动力，把弹体推到一定的高度，但是，潜艇推动弹体的加速度和振动又不能太大。为了满足这个要求，潜艇研制方要做的工作很多，反反复复地进行试验，逐步地改进和接近导弹研制方提出的要求……

后来接任核潜艇总设计师的黄旭华在谈到与“巨浪”型号总设计师黄纬禄的密切合作时说：“尽管我们两方面是一对儿矛盾，但是每当遇到困难，双方都从自己这方面想办法来克服，我们之间一直合作得很好。”后来担任潜艇研制单位党委书记的张彦也将“四共同”抄录在自己的工作手册上，并倡导本单位将这些原则运用到实际工作中去。尽管在执行“四共同”原则的过程中，充满了艰难曲折，甚至要面对阻力和反复，但最终，仍然是“有问题共同商量，有困难共同克服，有余量共同掌握，有风险共同承担”的崇高精神，支持着我国固体导弹事业不断发展，并走向成功。

2. 把知识与经验奉献给导弹事业

在黄纬禄数十载的职业生涯中，大部分时间都是在科研生产第一线如实验室、车间、基地、会议室度过的。很少有大块的时间，坐下来将自己的实践经验系统地总结出来。在他撰写的文章中，长篇大论的并不多见。但是，从他的内心来讲，很希望把自己主持型号工作的经验体会毫无保留地贡献给航天事业的后来人。

1988 年 12 月、1989 年 1 月在发射基地某型号试验队的工作小报上，黄纬禄从工作中总结出来的思想准则——《心字歌》、工作准则——《性字歌》被刊登出来。

心字歌

指挥操作要精心，分析故障要细心，胜利时不要掉以轻心，失败时不要丧气灰心，委屈时不要寒心，顺利时不要漫不经心，对事业要耿耿忠心，攻克关键技术要有壮志雄心，同志之间要互相关心，帮助别人要一片热心，接受批评要虚心，改正错误要诚心，完成任务要有信心，解决问题要有耐心，进入岗位时要树立责任心，服从分配工作要安心。说老实话，做老实事，无愧于心；以身作则、平易近人的作风要深入人心。

性字歌

语言和行动要有一致性，分析问题要有科学性，处理问题要有严肃性，生活上切忌散漫性，报告情况不可有欺骗性，有些不正常现象带有随机性，通过深入研究找出它的规律性，比贡献要有竞争性，操作失误不能强调偶然性，不认真对待就会变成必然性，知错不改必有危险性，为大家服务要有连贯性，考虑事情的效果时应有全局性，调查研究要注意实质性，切忌表面性，对问题下结论时要保证正确性，切忌片面性，社会上的不正之风有很大的诱惑性，拒绝被拉下水应树立一丝不苟、一尘不染的坚定性，对错误言行的批评要有尖锐性，个人考虑问题难免有局限性，要充分发挥群众的积极性，提意见和建议要有建设性，对分歧意见的处理要讲原则性。

两首“歌”的语言朴实无华，并没有包含任何华丽的词藻，但却是黄纬禄从多年的工作实践中提炼出来的，也是他在工作中严格要求自己，妥善处理、协调各种矛盾的真实写照。黄纬禄自信，如果大家都能以这样的思想准则、工作准则指导自己的言行，我们的事业将大受裨益。

黄纬禄认为，个人的思路总是带有很大的局限性，要想当好总设计师，绝不能只在办公室里通过听汇报来进行技术决策。要做到决策科学、正确，就必须坚持深入实际、深入群众，对于技术情况要掌握第一手资料。而要掌握第一手资料，单单深入现场是不够的，了解情况最多、最有发言权的，是一线具体负责该项工作的技术人员。因此，充分发扬技术民主，倾听他们的意见，对于做出正确的决断至关重要。在解决技术问题时，常常存在着针锋相对的分歧意见。当技术难关不易攻克、问题难以协调时，大家为了工作进展下去，常常发生激烈的争论。作为总设计师，越是在这样的场合，越要冷静，不能以总设计师的身份自居，或计较个人的颜面得失，或以势压人，而要以平等的态度真诚地对待每一个人，鼓励他们把自己的想法都说出来，即使言辞尖锐，也要让人把话说完。通过彻底交流思想，统一认识，统一行动，为共同的目标而奋斗。在技术意见的分歧中，往往是思想问题多于技术问题。这时，作为总设计师，要着重考虑怎样从解决思想问题入手。有时把思想工作做到了家，技术问题也就迎刃而解了。总设计师从工作的角度出发，要协调好总体与分系统的关系。总体要充分考虑分系统的难点，尽可能将难点分散；同时，也要责成分系统尽量完成总体的指标要求。对于设计与工艺的矛盾，要采取设计人员、工艺人员和技术工人三结合的方式，使设计既能满足技术指标要求，又不致使生产起来过于困难。一切工作都应留有余地（如指标、进度），但又不能过分保守，要把握好度。型号从论证、设计、生产到飞行试验，所有的环节都必须把质量放在第一位。因此，要抓好岗位责任制，要人到岗心也到岗，不能放过任何一个细小的问题，即使是一次偶然的不正常现象，也定要追根寻底，搞得水落石出。

只有这样，才能消除隐患，避免导弹带着问题上天。

……

在黄纬禄的笔下，他的经验是以高度精练的方式总结出来的：1000 多字、共 31 条体会，把黄纬禄如何当好总设计师的经验与方法，以及作为一个型号总设计师所应具有的思想境界，提纲挈领地概括、反映出来。这些宝贵的经验，对于航天事业的后来人如何做好工作，具有一定的指导意义。

黄纬禄非常注重对科研工作进行总结。他撰写的《三十年科研工作的点滴体会》，通过许多鲜活的事例，详细阐述了民主与集中、设计与工艺、继承与创新、预研与型号、质量与进度、自力更生与力争外援、留有余量与层层加码的辩证关系。在中国航天事业创建 30 周年前夕，黄纬禄撰写了《建议编写 < 导弹设计守则 >》。他语重心长地说："广泛发动航天战线上的所有同志认真总结经验是非常必要的，也是非常及时的。30 年来，有很多同志在从事导弹事业中，作出了不少贡献，使我国的导弹和航天技术在国际上到达了较高的水平，同时在工作中也取得了不少的经验和教训。这些经验和教训来之不易，是多少人用艰苦的劳动换来的，是多少人用汗水、甚至用血的代价换来的，有时是用价值几百万、上千万元的导弹飞行失败换来的。目前这些经验分散掌握在各个人的手中，它只能指导一个人或少数人的工作。若大家都来总结经验，把个人的、分散的

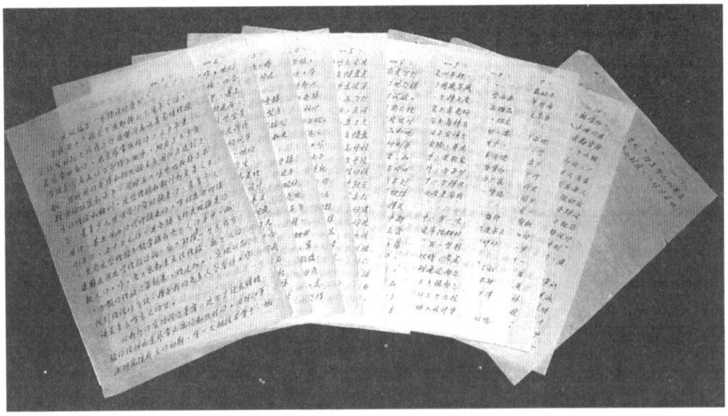

黄纬禄《建议编写 < 导弹设计守则 >》手稿

经验汇集起来，经过加工，实现从感性到理性的飞跃，指导更多人今后的工作，该是多么有意义的事啊！”

此后，黄纬禄担任了《导弹与航天丛书》编辑委员会委员和《固体弹道导弹系列》编辑委员会主任，组织丛书的编写工作，总结导弹与航天研制工作的经验。

编写《固体弹道导弹系列》，最初有字数上的限制。在组织编写过程中，发现对于有的分册，预定的二三十万字的字数太少。黄纬禄作为系列主编，认定搞具体工作的同志认为应当怎样把它写好，就把它写出来，最后这个分册成稿时达到了60多万字。这部书后来成为新员工的教科书。

在航天系统诸多技术专家的共同努力下，一套包括液体弹道导弹与运载火箭、固体弹道导弹、防空导弹、飞航导弹、卫星工程五个系列和固体推进技术、空气动力学两套专著的《导弹与航天丛书》出版发行。它成为千千万万航天人的技术工具书、参考书，对于设计、管理、使用人员和大专院校师生有着极为重要的指导意义与参考价值，被广大航天人亲切地称为“红宝书”（丛书封面是红色的）。

进入晚年的黄纬禄，体力日渐衰弱，视力大幅下降，眼底黄斑变性导致他的一只眼睛仅存光感，而另一只眼睛因老年性白内障也只有不到0.2的视力。但是，当他得知某少年儿童出版社希望他撰写导弹方面的科普图书时，没有任何推托，便热情地应承下来。能够在青少年中普及导弹方面的知识，黄纬禄乐此不疲。

担任导弹型号技术顾问的黄纬禄，工作之余时常在家中挑灯夜战，将导弹方面的科普知识，以问答的方式，列出了近50个问题。一个一个地加以解答。在黄纬禄的一笔一画之中，不但包含着他的心血，也饱含了他对年轻人的期望。常常在写得手酸、眼花、看不清的时候，黄纬禄用一条热毛巾在眼睛上敷一会儿，又继续写下去。对于一位进入耄耋之年的老人，这是一件多么不易的事情啊！200多页的稿纸，就是在黄纬禄颤颤巍巍的笔下，被一字字、一页页地写满了，《导弹科普》终于完稿了！

由于科普内容较深，不适合少年儿童出版社出版，在秘书吕慧英的组织与协调下，请12所、四部的同志们对书稿进行补充、修改和完善，后改名为《弹道导弹总体与控制入门》。在何鸿燊基金会的大力支持下，这本书最终由中国宇航出版社出版。该书成为刚步入航天领域的大中专毕业生、导弹部队或发射基地的指挥人员或相关院校的师生们的参考书，使黄纬禄感到十分欣慰。晚年的黄纬禄，真诚地希望这本书能使读者对弹道导弹总体与控制技术产生兴趣，从而进一步钻研专业理论知识，为加强国防建设和发展航天事业作出新的贡献。

《弹道导弹总体与控制入门》的首发式选在了一个特定的日子——黄纬禄的90寿诞。黄纬禄曾经

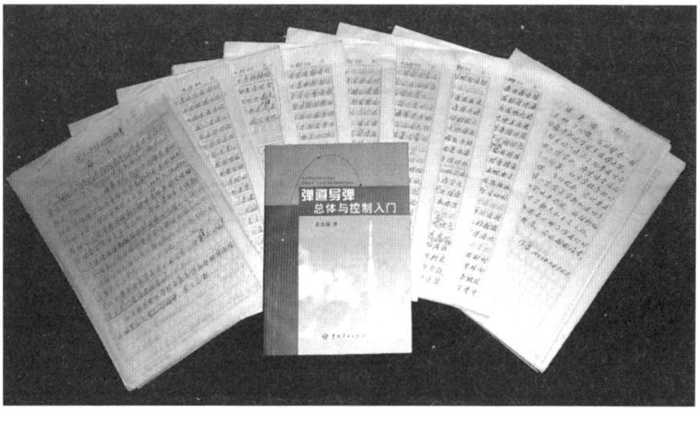

《弹道导弹总体与控制入门》图书及手稿

2006年12月15日，黄纬禄90寿诞庆典

工作过的12所、四部，竞相提出为黄纬禄举办寿诞庆典。最终，由黄纬禄所在单位二院出面组织了这次活动。庆典由主持二院党委工作的孙庚臣副书记主持，原国家科委主任、全国政协副主席宋健，中国航天科工集团公司、中国航天科技集团公司的领导，二院、一院、12所、四部等单位的领导和老同事出席。黄纬禄度过了一个快乐而难忘的生日庆典，他发自内心地感激各级组织和单位对他的关心。

3.诚朴谦和的人格魅力

定格在许许多多镜头中的黄纬禄，总是面带微笑。凡接触过黄纬禄的人，都对他有一个突出的印象：和蔼可亲，平易近人。谈到黄纬禄的处事风格，人们提到最多的是他的技术民主和人格魅力；而黄纬禄的人格魅力所体现的则是他高尚的品德、良好的修养、深厚的造诣、天生的睿智与幽默的性格完美结合的一种精神境界。

黄纬禄的人格魅力，体现在他始终以工作为重，体现在他时时处处严以律己，把自己放在普通一兵的位置上。

“文革”期间，正常的科研生产秩序遭到破坏。一次，为了“东风三号”能按时出厂，黄纬禄到车间去做工人的思想工作。但任凭黄纬禄如何心平气和地反复劝说，由于派性，有的工人根本不把他这个“臭老九”放在眼里，说话很刺耳，非常不礼貌，在场的人看了都觉得心里很不是滋味。黄纬禄气得手有些发抖，但为了解决生产问题，他始终忍住不发火，到最后连那位工人自己都感到对黄纬禄的态度太过分了。黄纬禄为工作这样忍辱负重，使在场的人十分感动。

1982 年 2 月，黄纬禄在主持总师扩大会议的第一天就开始发烧、便血。为了不影响会议的正常进行，他忍受着消化道出血引发的病痛，让秘书悄悄为他到医院拿些止血药，坚持了五天，直到把会议开完。

一次，正在住院的黄纬禄听说一枚运载火箭试验遇到问题，就软磨硬泡地出了院，匆匆赶往基地，一到基地便发起高烧来。大家极力劝他休息，他表面上答应，但试验队的班车开走后，黄纬禄竟然冒着低于 -20℃的严寒，摸黑步行赶到发射阵地，坚持和大家一起干到天明。

1965 年，身为 12 所所长的黄纬禄带领部分科室干部和技术骨干去大同炮团，了解使用部队对导弹的意见。为赶火车，大家提前一个多小时到达北京站。有人提议“北京站建好后还没来看过，今天正好有时间去转转”。黄纬禄自告奋勇留下看行李，让大家去一饱眼福。在部队官兵眼中，黄纬禄是导弹专家，是国宝，炮团团长亲自到车站迎接，还特意在招待所黄纬禄的房间门口安排了警卫。黄纬禄推辞不过，只得客随主便。第二天一早，警卫告诉大家，黄纬禄趁着年轻人熟睡，自己清早起来把招待所的院子、厕所打扫得干干净净。这一举动让大家感到震惊，从此以后，在黄纬禄到炮团出差的日子里，人们都争先恐后地打扫卫生，再也不让黄纬禄动手了。

黄纬禄先后担任研究所所长、总体部主任、研究院副院长，尽管职位变了，但出差时和大家一起坐硬座、吃面包、啃咸菜是常有的事儿，甚至为了方便工作，去搭乘吃住条件差、随货运列车走走停停、经常不准时的去基地执行任务的生活车。

对于外出工作，黄纬禄有一个“三行”原则：对于吃，只要不饿肚子就行；

对于住，只要能躺下就行；对于行，只要走得成就行。其他条件一概不讲。

在基地，他拒绝为照顾他而单开小灶，和大家一样排长队买饭，一样扛着凳子排队看电影，一样打扫卫生并积极参加力所能及的劳动。

20 世纪 70 年代，东北试验基地条件较差，遇到雪天坡陡路滑，汽车在山路上行驶很危险。为了执行发射任务，黄纬禄拄着拐杖，每天一步一滑地翻山越岭，往返于技术阵地和驻地之间。

黄纬禄拒绝特殊照顾的事例屡见不鲜。去陕西参加大型试验时，地处偏远山沟的接待单位特意为黄纬禄在西安市的宾馆安排食宿并专车接送，但他坚持住在接待单位的办公室里。1987 年，过了古稀之年的黄纬禄到杭州某接插件厂检查工作，厂方特意安排他下榻在景点“花港观鱼”附近的宾馆中。第二天一早，当黄纬禄发现几百元一天的高房价时，立即要求秘书办理退房手续，直接住进工厂招待所。

有关部门为方便黄纬禄的工作给他配了车，黄纬禄能不用就不用，坚持骑自行车往返于永定路和木樨地之间协调工作，直到航天工业部部长郑天翔担心他脑供血不足的老毛病复发导致突然晕倒，对他提出批评时，才逐步以车代步，但还是严格控制，不因私事乘公车。有一次，黄纬禄的哥哥从东北来京，离京返回时，老哥俩拎着提包，乘公交车去了北京站。

黄纬禄的一生，对物质生活的要求十分淡然：衣服旧了，只要能穿，他不嫌弃；几十年住在单位老楼里，领导和组织出于关心，多次动员他搬到条件更好的将军楼、部长楼、院士楼，他均以“房子够住就行了”而婉言谢绝。但对工作，讲贡献，他要求自己竭尽全力地付出。

黄纬禄的人格魅力，体现在他对别人发自内心地尊重、体谅、关心和耐心的细节上。

黄纬禄珍惜他人的时间。他常说：“轻易不开会，特别是没有充分准备就更不能开会，否则就是在浪费他人的时间，等于谋财害命。”黄纬禄也非常守时，不仅体现在每逢开会，他都坚持提早来到会场，绝不让大家等他。而且，由他主持的会议，到中午准时结束，绝不拖延，以免耽误大家去食堂就餐。此外，身为技术领导的黄纬禄，为了避免会议中去洗手间而耽误倾听技术人员的发言，会前很早就不再喝水。尤其参加高级职称评审会议时，作为二院职称评委会主任的黄纬禄，不到休会时间更是不离会场。他说：“每个参加职称评定的同志都只有 15 分钟的述职机会，作为评委，在别人发言时离开会场，会让述职的同志心里不踏实。”一次因参评人数过多，连续三天加班加点，使年过七旬的黄纬禄病倒了。

外出用车时，黄纬禄总是比预定时间提前 5 ~ 10 分钟，等待司机的到来，而不愿让司机等他。遇到节假日期间生病，黄纬禄对去医院就诊也是能拖就拖，不想在放假期间打扰司机休息，这种习惯一直持续到一次因拖延就诊将感冒转为肺炎、得到医生的严重警告之后才有所改变。在黄纬禄晚年病重住院期间，每当有领导探望，他都尽可能要家人和护工帮他穿戴整洁，并扶到沙发上坐好，以示对探望者的尊重。

黄纬禄除了在行动上处处体现出对他人的尊重，言谈话语中更能令人感受到他平等待人的良苦用心。在与技术人员探讨问题时，他常说“不知道我讲清楚了没有”而从不问“你听明白了吗？”黄纬禄从不为工作上的事，对持有不同意见者的过激言辞耿耿于怀；他也很少打断别人的讲话，即便是对同一问题多次重复的话，总是很耐心地听别人把话说完。

有一次在试验基地，一位女工程师见黄纬禄白天忙个不停，就专门在吃饭时找他谈事情，直到饭菜都凉了，还滔滔不绝。有人向领导建议，在黄纬禄的饭桌上放一块“吃饭时不准谈工作”的牌子，黄纬禄极力反对。这位工程师又一次在饭桌上与黄纬禄谈工作，谈到食堂里只剩了他们两个人才结束。一出食堂门口，黄纬禄就歉意地对她说：“你慢慢走，我有事，先走了。”于是，匆匆离去。原来，他急着要去向张爱萍汇报工作。这位女工程师得知后，既内疚，又感动。

1979 年，由于“东风五号”平台设备迟迟不能出厂，黄纬禄从一院来到位于二院的相关厂、所解决问题。起因是负责回路放大器的同志认为放大器的放大倍数线性度不够理想，希望通过在平台上加电容、电阻来改善。而研制平台的同志认为，平台上元器件已经安装得很拥挤，没有更多空间，双方一直僵持不下。黄纬禄经过与大家一起分析讨论后认为，回路放大器的线性度已经满足要求。但他没有以技术领导的身份直接拍板定案，他说：“我们还是通过做试验来看看是否要加电容、电阻吧！这是对研制回路放大器同志的尊重。”之后，试验得到的结论，使研制回路放大器的同志认可了黄纬禄的建议，僵持已久的问题得到了解决。

有的科研人员对某技术问题有看法，思想一时转不过弯来。黄纬禄总是耐心地说服诱导，有时为了改变一个人的想法而等待较长的时间，终于使对方受到感动，放弃成见。遇到个别人固执己见，在场的其他同志都急了，黄纬禄还是耐心地继续做说服工作。不论是技术人员、工人、司机，还是基地战士、公务员，黄纬禄对他们都很尊重、爱护有加，因而也获得了“黄总待人那是没的说！”的好口碑。

黄纬禄的人格魅力，体现在他热心助人、一事当前先设身处地替别人作打算的为人准则上。

20 世纪 60 年代初，设计部有个年轻的大学毕业生，因一个情节并不十分严重的错误，而受到开除公职送往某地改造的严厉处罚。“文革”后期，在国家落实政策的过程中，这位已是中年的同志多次来京希望原单位对他的处罚有所减轻，这对改善他艰难的处境至关重要。他每次到来，黄纬禄都会接济他一些钱和全国粮票，也在减轻处罚的事情上为他作过努力，但都未奏效。这位同志最后一次来北京时，依旧衣衫褴褛、蓬头垢面，但与往日有所不同的是，他的眼神中少了一分期待，多了一分绝望。他向黄纬禄恳求道：“黄主任，我到北京来也只有找你了。你就再帮我一次吧！这次如果还不行，我也不会再麻烦你了，我，我就不打算再活下去了！”黄纬禄感到了事态的严重性，除安慰、接济他以外，又开始为他在有关部门之间奔走，这是一条人命啊！几十年的改造，这位犯了错误的人已经为他自己的行为付出了极为惨痛的代价，难道眼看着他走上死路吗？！一向和颜悦色的黄纬禄这一次发火了……努力终于奏效了，经过有关部门的认真讨论，落实政策的阳光，终于照到了这位欲走上绝路的中年人的头上。

“文革”期间，一些职工因住房紧张强行搬入干部家中居住，也有单身职工陆续住进了黄纬禄家里。这时，正逢 12 所有一位女技术员，因夫妻分居两地，身怀六甲还住在单身宿舍里。直到孩子就要出生了，房子问题依然无法解决，她急得常找黄纬禄哭诉。黄纬禄已经靠边站，无职无权，说话也没人听，但他无法坐视不管：“实在没办法，你生孩子时就搬到我们家里来住吧！”于是女技术员和她的父母一起住进了黄纬禄的家里……直到几年后，为了解决两地分居，她迁往丈夫的工作所在地，一家人才离开了黄纬禄家。

一次，黄纬禄搭试验队的生活车去太原某地执行任务。列车行进的第二天早上，开饭时间快到了，但厨房里没有一点动静。试验队的技术人员于艇过去一看，炊事员没做饭，只是坐在那里一声不响地吸烟。于艇将情况报告给黄纬禄，他立即去了厨房。等黄纬禄离开时，炊事员开始生火做饭了。原来，上一次出车时，伙食费超支了，单位没给报销，炊事员在为此闹情绪。黄纬禄做了炊事员的思想工作，并自己掏钱补上了超支的伙食费，才解决了大家的吃饭问题。

2011 年年初，黄纬禄病情危重，住进医院。海军一位作者所写的关于固体潜地导弹研制历史的文章即将发表，他迫切希望请黄纬禄审阅。黄纬禄并没有因病重而拒绝，他自己无法阅读，就让看护他的儿女一小段一小段地读给他听，然后口述修改意见。用了好几天的时间才勉强改完。

这一年，即将走到生命尽头的黄纬禄反复进出医院。时至 7 月，病情严重的黄纬禄已经完全卧床。这时，南华大学组织的一个“两弹一星”红色夏令营到北京，要访问“两弹一星”功勋奖章获得者。不巧的是，之前约定的几位获奖者均因各种原因无法如期接受学生们的采访，这让组织活动的有关部门十分为难。若见不到一位“两弹一星”功勋奖章获得者，此次夏令营的意义就成为空谈。不得已，他们联系到了黄纬禄。黄纬禄在推辞的过程中了解到组织者的难处，不顾自身病重，毅然同意接受采访。在家人的帮助下，黄纬禄硬挺着坐在客厅沙发上等待学生们的到来。采访时间被严格控制在 10 分钟之内，当学生们刚一出门，黄纬禄已疲惫地歪倒在沙发上。极度虚弱的黄纬禄因视力极差和手臂不可控制地突然抖动，基本无法写字了，但为了满足师生们迫切盼望得到他题词的愿望，黄纬禄拿起了笔，他所写的每一个字，都是由女儿握住他的手，把笔尖移动到可以写字的位置上很艰难地完成的。这幅题字，也成了黄纬禄离世前留下的绝笔。

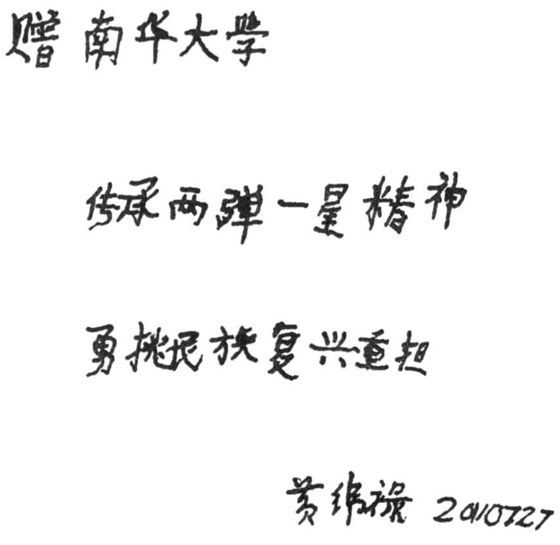

2011年7月27日，黄纬禄为南华大学题词

黄纬禄的人格魅力，体现在他非常重视对年轻人的培养上。

“文革”结束后，国家实行改革开放政策，中年知识分子想出国进修、年轻学子想出国深造，很多人都来请黄纬禄为他们写推荐函。黄纬禄总是尽最大努力来帮助他们完成心愿。黄纬禄深知到国外进修的名额十分珍贵，甚至亲自委托在国外的亲戚，费尽周折，为二院某所的中年技术人员成功地联系到美国一所大学。当国外各大学打电话来验证他推荐函的真实性时，黄纬禄常常在给出肯定答复的同时，又提出请学校考虑接受中国学子的建议。经黄纬禄推荐出去的学子，都学有所成。

黄纬禄对年轻人寄予无限的厚望，对于帮助年轻人成长，他始终满怀热情并有他自己的一套方法。首先是给年轻人在工作上压担子，放手让他们干；其次是从爱护年轻人的积极性出发，坚持用表扬来激励他们把工作做得更好。黄纬禄很注意去发现每个年轻人的技术专长，并有意识地为这些年轻人创造公开露面的机会。黄纬禄尽可能找机会安排他们在不同的场合给大家作报告，一方面是知识与经验的交流，一方面是让同行或领导对他们的专长留有印象，以利于在以后的工作中有更多的机会来重用他们。

黄纬禄对每一位向他求教的人都是满腔热情地接待，无论认识与否，均一视同仁。特别是对青年同志，他更是舍得花时间和精力。有一位素不相识的青年，写了一篇数论方面的文章向他请教，他不懂，便去找另一位老专家帮忙，那位专家也不懂，他就又去求教别人，使这位青年深受感动。

随着改革开放步伐的加快，许多人离开了自己过去的工作岗位“经商下海”，有的很快取得成功。那时，航天系统中盛传着一句话：“干导弹的不如卖茶叶蛋的。”相对较低的收入，使一部分从事航天的年轻人心思活泛起来，不再安心坚守在这个既工作艰苦又收入不高的科研岗位上，航天人才流失的问题凸现出来。

黄纬禄手稿《同青年同志谈谈学习、工作和为人问题》

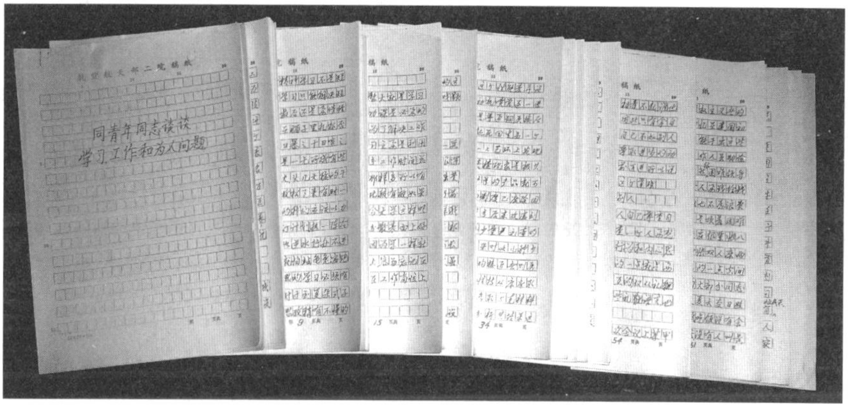

黄纬禄应邀给航天系统的青年同志作报告

1995年6月，17所团委要举办一场以“立志航天，献身航天”为主题的座谈会，邀请黄纬禄来作报告，黄纬禄欣然应允，并认真准备，写了题为《同青年同志谈谈学习工作和为人问题》的近万字的发言稿。从旧中国没有强大国防，国家主权屡遭侵犯，中华民族受尽凌辱，连在外华人也备受别人歧视，一直谈到经过30多年的艰苦奋斗才取得了今天的成绩。黄纬禄用许多鲜活的事例告知年轻人，这些成绩来之不易，那是多少同志“献了幸福献青春，献了青春献终身，献了终身献子孙”才取得的。黄纬禄语重心长地对参加座谈的青年同志说：“现在世界上很多国家都在发展航天技术，如果我们不发展就会落后。为了继续发展我们的航天事业，我们这些老同志寄希望于你们，希望你们能献身这一事业，使这一事业蓬勃地发展并进入世界先进行列！”参加座谈的青年同志深受教育，被黄纬禄对事业的执着追求、对青年的满腔热忱所感动。

黄纬禄的人格魅力，体现在他爱国胜过爱家的高尚情操上。

在型号研制过程中，为国家节约每一分钱，从大处着眼，小处着手，成为他的一贯作风和自觉行动。人们常常可以听到黄纬禄的“我们要尽量以最少的钱，做最多的事，做最大的事，为国家节约经济成本”的“老生常谈”。

黄纬禄在一些“小事”上也考虑得很细。20世纪50年代末，家住在部队大院的所有人，都不需要自己交纳水电费。从那时起，黄纬禄就不允许家人使用当时家中耗电量最大的电器——电熨斗，直到80年代开始实行个人交纳水电费后，这道“禁令”才被解除。

对于耗费国家巨资的大型试验，动辄几百万元、上千万元，黄纬禄更加“斤斤计较”。他向有关同志说了多次：国家目前并不富裕，经济有困难，在不降低指标性能、不延长研制周期的情况下，如能少打一发弹，就节省一发。我们考虑问题、制订计划要定在这个基点上。针对固体潜地导弹出水时遥测信号的多径效应是否要做大型出水试验的问题，黄纬禄亲自计算，又通过反复研究，采取措施，终于决定可以不做出水试验，得到的是既节省试验费用、又缩短研制周期的双重收效。

黄纬禄的人格魅力，体现在他天生睿智与风趣幽默完美结合所产生的亲和力上。

黄纬禄的兴趣很广泛，包括搜集中、英文的小笑话与幽默故事，求解各种数学智力题、趣味题和数学竞赛中的难题，练习和表演各种小魔术，钻研桥牌、围棋、象棋、国际象棋等。所有这些经过漫长的积累和演练，已经达到了炉火纯青的地步。当需要“露一手”来缓解气氛、驱除疲劳、转移人们注意力时，黄纬禄除了变魔术需要必备的小道具外，其他拿手好戏都可以“信手拈来”，不需要任何准备。说上十个八个小笑话，出上五六道智力题、数学题，都不费吹灰之力。黄纬禄的睿智、随和、风趣、幽默，也为他的团队形成亲和力和凝聚力，立下了汗马功劳。

需要召开技术讨论会时，黄纬禄通常没有冗长的官话、套话和开场白，三句两句的小幽默，妙语连珠，一下子就抓住了与会人员的注意力。于是，单刀直入，直奔主题。会议中，黄纬禄不失时机地用幽默的语言来表达自己的观点，使大家感受到气氛的轻松与缓和。有时这种幽默甚至可以让浓浓的火药味，在一笑之中被稍稍冲淡。

一次，型号研制方与使用方对某项具体的技术指标存在严重分歧，互不相让，讨论了多次也解决不了。黄纬禄了解到使用方提出的高要求，在型号生产与总装中是不可能做到的，就亲自出面做工作。在会上，黄纬禄不急不火，微笑着对四部的同志说:“你呢！从口袋里再拿出一点……”然后又对使用方说:“你也体谅一下四部的难处……”这不像是在讨论严肃的技术问题，而是像在调解亲人之间的家庭关系。在平和的气氛中，顶牛的双方都不再多说什么了。参与讨论的技术人员感慨地说:“我们这么难协调的问题，黄总这么快就给解决了！”

一次，一位记者抱着崇敬的心情来采访黄纬禄。在他以往的印象中，科学家应当是很严肃的人，因而采访时有些紧张。

黄纬禄微笑地望着记者说:“我在中学时只对数、理、化感兴趣，文科成绩比较差。如果当时认识了你，通过你的帮助，或许文科就会学得好些。”

在双方尽情的笑声中，记者的紧张情绪一扫而光。

正在与记者交谈的黄纬禄

这位记者后来在他的报道中写道："我见到的黄总却是那样瘦弱干巴的一位老人，他身穿一件洗旧了的白衬衣，脚踏青布鞋，坐在一张20世纪50年代的办公桌前，和我亲切交谈。黄总的平易和风趣，使我们之间很快贴近了。我早就听说黄总和科技人员、技术工人之间经常平等地讨论技术问题，心贴心地谈话，这下，我亲身感受到了。"

在中国导弹事业开创之初，基地的环境十分艰苦、物质极度匮乏、生活枯燥单调。黄纬禄身为试验队的技术领导，没有权利、财力来改变任何物质条件，唯有以他的智慧和幽默，给试验队员们带来一些苦中作乐的抚慰。

黄纬禄曾拿着一枚硬币，在翻面时巧妙地一次翻上360度，惹得围观者个个跃跃欲试；黄纬禄曾将10元纸币当着众人放入信封之后烧毁，又从一个苹果中削了出来，紧紧地吸引了观众们好奇的目光。

在业余生活枯燥乏味的试验基地，黄纬禄的趣味数学题尤其吸引人，大家在争先恐后的抄题、演算中，给单调的业余生活增添了一些乐趣。

黄纬禄出差时总不忘带上象棋，一有机会，就偷闲下几盘，而且专找强手

2008年6月27日，黄纬禄（中）为《雷振海天》一书的作者们表演小魔术

对弈

对弈。面对着年轻的强手，年长的黄纬禄强调下棋如用兵，不许对方为自己让棋；每走一步，他就笑望对方。输了，也是这般神态。一次参加飞行试验，地面各项测试都合格之后，导弹立在发射筒中等待点火。这时，参试人员有些紧张，黄纬禄却在休息室找个棋友下起象棋来。他临阵不慌的情绪，也悄悄地感染了大家。

通常，试验队组织的一切活动黄纬禄都会积极参加。哪怕是食堂为改善生活，组织试验队员们一起包饺子，只要有可能，黄纬禄也会赶来，一边包饺子，一边给大家讲笑话，气氛极为融洽。

在试验队举行的晚会上，他讲的故事发人深省，说的笑话令人开怀。每年春节，单位举办联欢晚会，大家点到黄纬禄出节目时，他从不拒绝，并且会像年轻人一样任罚作乐，使周围的同志无不感到黄纬禄就是这个群体之中的普通一员。

黄纬禄的风趣、幽默不光让同事们佩服，他的睿智也曾经使西方的专家钦佩不已。

1973年，黄纬禄带领一个技术代表团赴欧洲考察。他们来到一家自然博物馆参观，顺序步入“数学园地”时，被大厅中间的一台电子计算机吸引住了：

“您能赢我吗？”它向参观者提出挑战。只见5个电光字幕下面的一块浅棕色塑料板上，按塔形排列着15个小灯泡。计算机和参观者交叉按动下面的电钮，按一下，熄灭一个灯泡，谁把最后一个灯泡留给对方，谁就是胜利者。

中国和外国陪同的专家们兴致勃勃地争相前去应战，结果，一个个红着脸败下阵来。

“黄团长，您试试？”

静静地微笑着站在一旁观战的黄纬禄，听到外国专家的招呼，点了点头：“试试，试试。”他从容地走到计算机跟前，略思片刻，就抬起右手轻轻按动起电钮……很快，一排淡黄的电光字幕变戏法似地跳了出来：

“你胜了！”

“哈哈哈……”鸦雀无声的大厅里顿时飞扬起欢乐的笑声。高个子主任使劲跷起大拇指，向黄纬禄表示敬佩。

参观完毕，外国专家拿着一张抄有算题的纸来到黄纬禄面前，礼貌地说：“这道题，我和我的朋友算了几个月没算出来，您能帮助我吗？在您回国之前，能把答案告诉我吗？”

“试试，试试。”黄纬禄礼貌地点着头接下算题。

走出绿树掩映的博物馆，他们驱车到郊区参观一个古堡。同伴们目不暇接地欣赏着车窗外美丽如画的景致，黄纬禄却埋头在车上算起题来。20分钟后，目的地到了。等到外国专家走下车时，黄纬禄笑眯眯地把答案递过去，外国专家看着答案，睁着大大的眼睛，由怀疑转为惊讶。猛地，他抬起头望着黄纬禄，连声说：“我对您佩服到了极点！佩服到了极点！”

“我也有个小题目，请各位做做看。”黄纬禄眯着眼，微笑着对外国专家说。他心里想：来而不往非礼也，为什么都让外国人考我们，我们也可以考考外国人嘛！

外国专家接过算题认真看着，一拍后脑勺叫了起来：“哎呀，我八个月也做

1973年，黄纬禄（左）访问丹麦时与外国专家合影

不出来！”中国代表团要回国了，他们中还没有一个人做出来。他们恳求黄纬禄把答案告诉他们，黄纬禄幽默地说：“各位以后有机会到中华人民共和国访问，我们见面时当面奉告。”

黄纬禄的人格魅力，还体现在他的处世原则和理念上：把道德品质看得比聪明才智更重要；希望别人尊重自己，就必须首先尊重别人；在成功面前多突出别人的成绩，在失败的时候多考虑自己的责任；把帮助别人看作是自己应尽的责任，受别人帮助时应牢记在心……

一个人，具备上述一两种品质不足为奇，当这些品质都集中于黄纬禄一身时，大家感受到的则是他人格魅力的难能可贵。这种人格魅力，彰显了黄纬禄平凡中的伟大。他的那些被人们交口称颂的点点滴滴的小事例，不只是一个个瞬间迸发的灿烂，更多的是经年累积的持久光华。黄纬禄用他一生的故事告诉世人，是精神境界，而不是物质追求，决定了一个人所能达到的人生高度。而黄纬禄的人生高度，正是通过他这些被大家交口称赞的人格魅力而得以充分展现的。

4. 在荣誉面前永怀愧疚感

黄纬禄为航天事业忘我工作、无怨无悔的爱国情怀，感动了许多人。上至各级领导，下至科研人员、技术工人，无不对黄纬禄的高尚品德交口称赞。黄纬禄的模范带头作用和无私奉献精神，引起了组织部门的重视。

1981 年 1 月，二院党委作出向黄纬禄、宋健、王祖林同志学习的决定。

1982 年 3 月，七机部党组作出《关于开展向黄纬禄同志学习活动的决定》。决定指出：部总工程师、二院副院长、北京市优秀共产党员、部劳动模范黄纬禄，是先进模范人物的突出代表。20 多年来，他为发展我国导弹事业尽责尽力。他学术造诣较高，但仍然孜孜不倦地追求新知识；他谦虚、平易，总是以平等态度待人；他充分发扬民主，善于发挥群众的集体才智；他耐心协调不同意见和工作中的矛盾，总是把思想工作做到家；他热心提携、帮助青年同志；他坚持深入实际、深入研制生产第一线；他本着高度负责的精神，从不放过任何技术疑点；他以共产党员的标准严格要求自己，对于多次工作调动，总是以大局为重；他尊重党组织，与同级领导干部和睦共事；他在生活上严于责己、以身作则，从不计较个人利益。黄纬禄不仅是一位受人尊敬的老专家、优秀的技术指挥员，而且也是一位模范的共产党员……

七机部政治部组织有关人员，在黄纬禄工作过的相关单位进行了较为广泛的采访，并根据采访内容编写印发了有关黄纬禄模范事迹的材料。与此同时，还组织进行了黄纬禄事迹的宣讲。部政治部和部下属的3个研究院，共抽调了9名同志组成宣讲组，利用3个多月的时间，在部属京内外各单位巡回宣讲了80多场，直接听众超过5万人。

同年10月，随着核潜艇首次水下发射固体潜地导弹的成功，黄纬禄的名字也一起通过媒体的宣传，走进了公众的视野。这是有关部门首次批准将科技工作者的名字与所研制的导弹型号一起对外报道。黄纬禄几十年如一日在工作中的默默奉献与突出贡献，得到了有关部门的充分肯定。

1985年，黄纬禄荣获“全国五一劳动奖章”。

1986年5月15日，在全国科学技术成果奖励大会上，黄纬禄参与的“巨浪一号固体潜地战略武器及潜艇水下发射”项目获国家科技进步奖特等奖。

1989年，黄纬禄被国务院授予“全国先进工作者”称号，并作为全国先进工作者代表，在国务院举行的表彰大会上发言。

1991年，黄纬禄当选为中国科学院学部委员（1993年10月，改称中国科学院院士）。

1994年8月，黄纬禄获香港求是科技基金会授予的“求是杰出科学家奖”。

1986年7月15日，黄纬禄（右一）在航天工业部科技奖励大会上

1989年9月29日，黄纬禄在国务院举行的全国劳动模范、全国先进工作者大会上发言

任新民（右二）、屠守锷（左一）、黄纬禄（右一）、梁守槃（左二）接受“求是杰出科学家奖”时合影

1983 年和 1988 年，黄纬禄先后当选为第六届、第七届全国人民代表大会代表，1987 年当选为中国共产党第十三次全国代表大会代表。

……

1999 年 9 月 18 日，在新中国成立 50 周年前夕，中共中央、国务院、中央军委举行大会，隆重表彰为研制“两弹一星”作出突出贡献的科技专家。

在表彰大会上，国务院总理朱镕基宣读了《中共中央、国务院、中央军委关于表彰为研制“两弹一星”作出突出贡献的科技专家并授予“两弹一星功勋奖章”的决定》：

“……在新中国 50 年的光辉历程中，‘两弹一星’的研制成功，是中华民族为之自豪的伟大成就。50年代中期，以毛泽东同志为核心的第一代党中央领导集体，根据当时的国际形势，为了保卫国家安全、维护世界和平，高瞻远瞩，果断地作出了独立自主研制‘两弹一星’的战略决策。大批优秀的科技工作者，包括许多在国外已经有杰出成就的科学家，怀着对新中国的满腔热爱，响应党和国家的召唤，义无反顾地投身到这一神圣而伟大的事业中来。他们和参与‘两弹一星’研制工作的广大干部、工人、解放军指战员一起，在当时国家经济、技术基础薄弱和工作条件十分艰苦的情况下，自力更生，发愤图强，大力协同，无私奉献，勇于攀登，完全依靠自己的力量，用较少的投入和较短的时间，突破了原子弹、导弹和人造地球卫星等尖端技术，取得了举世瞩目的辉煌成就……

“在庆祝中华人民共和国成立50周年之际，党中央、国务院、中央军委决定，对当年为研制‘两弹一星’作出突出贡献的23位科技专家予以表彰，并授予于敏、王大珩、王希季、朱光亚、孙家栋、任新民、吴自良、陈芳允、陈能宽、杨嘉墀、周光召、钱学森、屠守锷、黄纬禄、程开甲、彭桓武‘两弹一星功勋奖章’，追授王淦昌、邓稼先、赵九章、姚桐斌、钱骥、钱三强、郭永怀‘两弹一星功勋奖章’。这23位科技专家是人民共和国的功臣，是老一辈科技工作者的杰出代表，是新一代科技工作者的光辉榜样……”

黄纬禄受到航天工业部内外广大技术人员、工人、干部及部队指战员的尊敬和爱戴，大家称赞他是“国防科研战线上的英雄”“老专家中的活雷锋”。荣誉、奖项、媒体宣传接踵而来，面对荣誉，黄纬禄从容淡定。他从不炫耀，只是把获奖证书、奖章默默收好，从此不再提及。黄纬禄仍然保持着谦虚谨慎的态度，在自己的岗位上继续奋斗不止。自始至终，他将自己牢牢地定位在了一个普通科技工作者的位置上。

2009年，描写黄纬禄生平故事的图书《雷震海天》问世了。在图书首发式上，93岁高龄的黄纬禄作了一个简短的发言。其中，有一段发自肺腑的话语，给与会者留下了深刻的印象："在这本小册子里，作者们将我的生平编写成了一个一个的小故事，其中某些内容把我个人的作用夸得过大。大家都知道，导弹研制是一项复杂的系统工程，完成一项任务需要很多技术人员，许多各类工种的技术工人，有领导干部，有勤务人员，靶场试验时还要有部队同志参加。有时还需要飞机、军舰，所以绝不是少数人所能完成的任务。进一步说，这项任务也不是航天系统一个部门能够完成的。例如，以航天部门为主，还需要各院校、各研究院所提供理论支持，各工业部门大力协同，如冶金部门提供各种金属材料，化工部门提供各种化学材料，等等。作为一个型号总设计师，其重点任务是进行一个型号内部的技术协调工作。但是，每当一个型号任务完成后，享受奖励的往往都是总设计师领先。工作是大家做的，但作为型号总设计师，我个人得到这么多的奖励与荣誉，对此我感到非常地过意不去。"

在现实生活中，一种"我为国家做的太少太少，国家给予我的太多太多"的愧疚感，伴随了黄纬禄的一生。

黄纬禄

黄纬禄院士传记

Academician Huang Weilu's Biography

第十一章

事业爱情两相知 珍贵亲情似海深

黄纬禄为了与女友的“十字”相约，不为异国真情所动；为了幼年时的一句承诺，将老表姐接到身边生活；以发自内心的真情，为亲人们奉献出了无私的爱。

1．“十字”相约，一生牵手

黄纬禄与刘宗汉在中央大学同窗四年，友谊深厚。就要分手各自走向不同的工作岗位了，刘宗汉约黄纬禄出去走走。一来话别，二来想把自己的妹妹刘汉菊介绍给他的好朋友。

刘宗汉的父亲刘祖楫，祖籍在浙江奉化，为了工作，很早就离开家乡，来到北方，曾任北宁、津浦铁路的站长、段长等职。1920 年，刘汉菊出生在河北省，长大后，就读于天津南开中学，是个成绩很好的学生。抗日战争爆发后，刘祖楫不肯在日寇铁蹄下求生，毅然放弃工作，返回家乡。刘汉菊则辗转来到重庆，1941 年，考取了位于重庆北碚的复旦大学。当时只有制茶专业招生，她考取后不久，便转入银行系，转系后的刘汉菊，学习成绩依然优秀。

刘宗汉与黄纬禄彼此非常信任，对刘宗汉的提议，黄纬禄欣然接受。只是当时北碚到沙坪坝交通不便，刘汉菊的大学课程亦很紧张，要想尽快见面实属不易。有道是好事多磨，就在他们俩人话别不久，刘宗汉居然被查出得了肺病。肺结核在医疗条件十分落后的 20 世纪 40 年代，几乎被认定为不治之症。刘宗汉只得匆匆离去求医问药，不久便与黄纬禄失去了联系。

黄纬禄是个守信的人，既然接受了刘宗汉的提议，就默默坚持着在见到刘汉菊之前，不再接受其他热心人为之介绍的女孩子，这一等就时近三年。

一天，正是上班时间，听到门外有人喊：“黄纬禄你出来一下，有位女士找你！”黄纬禄心里纳闷，难道是刘汉菊来了？事先一点消息也没有啊！当他走出办公室，愣住了！竟然是自己数年不见的大姐黄纬兰，还带着两儿两女出现在他面前。黄纬兰风尘仆仆，一失往日的雍容，疲惫的眼神中夹杂着焦虑与不安，她原本是带着孩子们来投奔丈夫的，却不料阴差阳错投亲不遇，眼看着五口人没有住处，还断了经济来源，人生地不熟，唯一可以求助的就只有弟弟黄纬禄了。

一向不爱求人的黄纬禄心中焦急，四处托人想办法，最后只得硬着头皮找到了厂长王端瓖。厂长对黄纬禄的印象向来不错，碰巧厂里为了方便职工打算开个小卖部，正在物色管理人选，他决定与黄纬兰谈一谈。黄纬兰虽然只有中学文化，但看得出是个知书达理又精明能干的人。厂长最终同意把黄纬兰留下来，并设法为他们母子腾出一间宿舍……

小卖部开张不久就红火起来，一切被黄纬兰打理得井井有条。一天，黄纬兰正忙着，看到一位女学生夹着两本书来到小卖部：“请问，你是黄纬禄的大姐吗？我叫刘汉菊。我哥哥刘宗汉借过黄纬禄两本书，让我替他归还。但是黄纬禄不在，有人指点我到这里来找你。”黄纬兰听弟弟提起过此事，还时常为他和刘宗汉失去联系而担心呢。现在刘宗汉的妹妹就在眼前，怎不让她喜上心头。

黄纬兰和刘汉菊聊得很好，刘汉菊的落落大方、文雅端庄给黄纬兰留下了良好印象。她发自内心地希望弟弟可以成就这段姻缘。黄纬禄虽然还没见到刘汉菊，但大姐的话在他潜意识里发挥了作用。考取庚款留英实习生的黄纬禄，在前往伦敦之前，终于找机会到北碚与刘汉菊见了一面。

青年时代的刘汉菊

两个年轻人见到对方的瞬间，都有些怦然心动。黄纬禄身材修长匀称，气质文静儒雅，眉宇间透着英俊与智慧，举止得体，谈吐不俗，稍加接触，不难让人感受到他是一位忠厚真诚的博学才子。刘汉菊刚刚下课，手里还拿着课本，并没有丝毫刻意的打扮。她穿着一身合体的布旗袍，虽朴素无华，也难掩青年女性特有的曲线美。刘汉菊一双晶莹明亮的大眼睛好似会说话，初见黄纬禄时还有些羞涩，脸颊上泛起的两朵红晕在白皙皮肤的映衬下，使其更显得面若桃花。举手投足的细微之处，很容易让人感受到她的良好教养与稳重端庄。一见钟情这个词用在黄纬禄和刘汉菊身上，或许有点浪漫，但两人一场暂短的谈话，使彼此都暗叹相见恨晚……有情人在一起更抱憾时间的无情飞逝，当黄纬禄要赶回小龙坎的无线电器材厂时，两人已有点儿依依不舍，这对年轻人都依稀感觉到对方就像自己寻觅了很久的生命中的另一半。

1943 年，日寇已封锁中国东南方所有的沿海城市，滇缅公路也早已被切断，唯一的出入境通道就是从云南昆明到印度加尔各答的航线。教育部决定让去英国实习的 31 位中国学子，先分期分批乘飞机到印度，集中之后再从海路去英国。黄纬禄和黄大能（1939 年毕业于复旦大学土木工程系）第一批启程，1943 年 5 月下旬出发，先从重庆珊瑚坝机场飞往昆明。

珊瑚坝机场很奇特，跑道延伸至长江的一个小岛上，发大水时会被水完全吞没，只有枯水时才露出水面，一年四季的利用率并不高。但这天，机场上显得格外热闹，聚集了不少前来送行的人。黄大能被他的父母、妻子、兄长团团围住，一面为他有这样的深造机会而高兴，一面为战争带来的危险而担心，话别时难舍难分。黄纬禄独自站在不远处，憧憬着未来的求学征程，踌躇满志。临别前再看看祖国的热土吧，他将目光渐渐移向远方，突然发现一个熟悉的身影向他跑来，是刘汉菊！只见她跑得气喘吁吁:“我真怕赶不上了！还好，飞机没起飞。”“不是让你别来了吗？又要耽误上课！”黄纬禄关切地说道，但还是感到一股暖流从心底升起。“我要来！你这一走，不知道什么时候再见面！”刘汉菊说着，眼圈有点红，忙把头转向别处。“我会很快回来的！”黄纬禄平静地安慰着她，可他心里很清楚这次出行的艰险。正值二战时期，地中海和北非都处在激战之中，埃及被德国占领，他们即便绕道南非好望角进入大西洋，途中也难免会遇到德国舰艇的袭击，究竟何时能抵达英国，无人可以预料。

送君千里，终有一别。分手的时刻即在眼前！此时的刘汉菊和黄纬禄一个有些矜持，一个有些腼腆，毕竟是之前只有一面之缘的有情人，即使心中装着千言万语，面对面却谁也说不出一句蜜语甜言，只能各道珍重……当黄纬禄转身向飞机走去时，耳边突然传来："纬禄，你要当心，要保重啊！"刘汉菊发自内心的真切嘱咐令黄纬禄突然停下脚步，他转身跑了回来，两人静静地凝视着对方，无言，但彼此都读懂了对方的心。飞机就要起飞，黄纬禄必须要离开了，他一字一句坚定而深情地对刘汉菊说："你等我回来！"他得到了同样肯定的回应："我等你回来！"

飞机起飞了，重庆在视野中慢慢远去。但从此后，"你等我回来！""我等你回来！"这十个字的相约，使黄纬禄和刘汉菊凭借鸿雁传书，维系着两人彼此忠贞的爱情长达四年之久；这十个字的相约，令两个有情人在面对身边出现的其他追求者时，心如止水，不起波澜。久别之后的重逢日，就是两人不离不弃、牵手一生的起点。

2. 面对异国真情，心如止水无微澜

黄纬禄在留学生活中能取得优异的成绩，除了他努力学习、刻苦钻研、勤于动脑、善于动手外，也与各方面对他的支持和帮助分不开。中国大使馆帮助黄纬禄找到的住所使他受益匪浅。房东是个敦厚的普通英国人家。房东夫妇对房客们很好，言谈话语中从未有过对中国人的歧视。房东太太待人更是发自内心地体贴入微，除了尽可能把为他们提供的早、晚两餐饭做好外，就连房客每周换下的衣物，

她都帮着洗干净，发现袜子破了，也会默默地补好放在房客床上。每当黄纬禄返回住所，就不会再感受到外面把中国人当成“东亚病夫”的那些鄙视目光。

相处越久，彼此了解得越多，黄纬禄英俊儒雅的气质、彬彬有礼的风度，就越得到房东一家人的青睐。从开始称呼黄纬禄为“Mr.Huang”，逐步改成了按照当地称呼熟人的习惯直呼他“Weilu”，到后来房东夫妇不时地称他为“Weilu,my child！”黄纬禄能感受到房东一家对他的亲切程度与日俱增，这使身处异国的他常有种家一般温馨的感觉。

房东先生是位国际象棋迷。他拥有一副象棋，棋子用象牙精雕细琢而成，无论手感、外观都堪称上乘。得知黄纬禄也会下棋，房东先生非常开心，隔三岔五地找黄纬禄玩儿上几盘，黄纬禄对房东先生的邀请有求必应。黄纬禄下起棋来不温不火，即便房东先生悔棋，他也只是抱以宽容的一笑，并不认真理论。房东先生的棋艺不如黄纬禄，但黄纬禄渐渐摸透了他的脾气：必定要赢一盘才肯罢休。于是，当黄纬禄想结束当天的对弈时，就不动声色地输上一盘，房东先生高兴地说上一句：“哈！这盘我赢了！”从他那赞赏的目光中，一眼就可看出心里很喜欢这个善解人意的中国小伙子。

1945 年 6 月 15 日，被英国人称为欧洲胜利日。为了庆祝德国投降，整个伦敦城都沸腾了！房东全家，黄纬禄和他的室友、同学们全部出动了，全伦敦的人不约而同地从四面八方跑向闹市区广场、跑向海德公园，人们尽情地唱啊、跳啊……那天伦敦的草坪显得格外绿，天空显得格外蓝，长期笼罩在人们心头的战争阴霾被一扫而光！

顷刻间，欢庆胜利的人们没有了对华人的歧视，兴奋的人群把黄纬禄的同学黄大能高高举起，一直举到了 Trafalgar 广场。不知疲倦的人们，整整热闹了一个通宵！

当黄纬禄意犹未尽地回到住所时，他忽然愣住了，如同当头浇了一盆冷水。

原来，在拥挤的人群中，也有趁火打劫者，黄纬禄的钱包不翼而飞了。辛辛苦苦积攒下来的购物券也丢得一干二净，黄纬禄十分沮丧。

战争时期的英国，生活物资极度匮乏，吃穿用度，所有生活必需品都在实行限量配给制。单拿食品来说，英国的农产品大多依靠进口，“二战”以来，欧洲大陆的食品来源被切断，不得不依靠非洲和美国。但由于德国潜艇猖獗，货运损失惨重，食物供应紧张。英国只得实行严格的限价限购，肉类、牛奶、鸡蛋、面包，都按年龄制定不同定量标准，而且必须凭国家发放的购物券才能购买。

黄纬禄为一直埋藏在心底的愿望，节衣缩食省下每一个英镑，每一个“coupon”（即购物券），为将来能够到大学继续深造积攒一点物质基础。这次钱包被偷，虽然英镑损失有限，但购物券全泡汤了，就连眼下的日常生活都要受到影响。

房东知道了黄纬禄的遭遇，如同家人丢了东西一样着急，一边安慰他，一边忙出去打听是否有补救措施。几天后，房东先生兴冲冲地告诉黄纬禄：“我终于打听到了。因为你是外国实习生，算是特殊照顾，你写个申请，说明‘coupon’丢失的原因，可能会补发一点。”黄纬禄虽然只得到了少量的补发，但对房东一家的热心帮助仍是感激不尽。到了1945年8月15日，参加庆祝日本投降的狂欢活动时，黄纬禄小心多了。

房东夫妇只有女儿苏珊生活在他们身边。家里偶尔遇到一些需要力气和技术的活儿，黄纬禄便会主动帮忙。黄纬禄多年来养成的心细手巧的习惯，使他不但活干得漂亮，而且在干活的过程中不惜力，不偷懒，深得房东一家的信任。年复一年，他们相处得十分融洽。

不知从何时开始，黄纬禄渐渐发现房东先生找他下棋的次数越来越多。过去，打过招呼就离开的苏珊，也常常坐在父亲身边观战。偶然的一次抬头，黄纬禄发现了苏珊眼中闪现着灼热的目光。随着时间的推移，从房东一家人的态度上，已经明显地感受到他们期望黄纬禄成为自己家中的一员。

苏珊很像房东太太，有着稍显丰满的身材，圆圆的脸庞，大大的眼睛，尤其那颗善良的心，极像她的母亲。她很单纯，活泼又开朗，是个人见人爱的好姑娘。但是，黄纬禄心中只有刘汉菊，几年来的鸿雁传书，使“你等我回来”“我等你回来”的定情誓言更加坚定，虽然远隔重洋，但彼此的信任和期待，使两个年轻人火热的心已经紧紧地贴在了一起。

黄纬禄心里有点犯难，在英国这个非常尊重个人隐私的国度里，房东一家从未询问过自己是否有了女朋友。苏珊的感情发展下去，势必会造成对她的伤害。黄纬禄慢慢寻找着机会，打算在不伤害苏珊的前提下，让她知道实情。一次和房东全家的聊天中，黄纬禄接上他们的话题很自然地谈道：“中国女性不全像你们想象中裹着小脚、穿着旗袍、只在家里相夫教子的家庭妇女，中国也有不少比较现代的知识女性呢！你们看，这是我的女朋友，她现在是中国一所著名大学的助教。”他第一次在房东全家面前拿出了刘汉菊的照片。

房东夫妇对黄纬禄的做法并没有抱以不满，反而觉得他是一个坦诚实在的人，也没有因为他对苏珊的婉拒而改变对他的态度，这就更让黄纬禄感到过意不去。苏珊对他的态度最终明朗化："Weilu,I love you!"房东夫妇也在劝导："英国的战争结束了，以你的才学留下来会有很好的前途，生活可能也会比在中国好些。苏珊真心地爱着你，我们也早已把你当成了自己的孩子。纬禄，留下来吧！""我非常感谢你们对我的厚爱！我的国家虽然还很穷，但我学业结束后还是要回去的。"黄纬禄语气虽然平和，但学成归国的态度不容置疑，在他的心中，尽管科学无国界，但学习科学的人有祖国。他深深懂得，一个有良知的科学家，不能不热爱自己的国家。

坠入爱河的苏珊对黄纬禄的心一直没有改变，而黄纬禄对刘汉菊而言，也没有丝毫的移情别恋。就连苏珊的故事，黄纬禄也在通信中如实地告诉刘汉菊。但是在信的结尾，黄纬禄还是那句话"你等我回来！"刘汉菊的复信中依然是："我等你回来！"

在伦敦四年的实习与学习生活结束了。黄纬禄义无反顾地要返回中国的日子就在眼前。苏珊轻轻地敲开了黄纬禄的房门。"纬禄，带上这张照片吧！我，我们会想念你的！"黄纬禄看到这是苏珊特意精选出来的她和母亲的合影。照片背面写着一行小字"We will miss you.(我们会想念你的)"当苏珊转身要走的时候，黄纬禄看到她眼中含着晶莹的泪花。

房东夫妇将黄纬禄送到门口，房东太太不时地擦着眼角。黄纬禄走上前去，按照英国人的习惯，与他们拥抱告别。"孩子，上帝保佑你，一路平安！""谢谢！谢谢你们这些年对我的照顾！我会想念你们的！"当他抬起头来、想再看一眼自己曾住了四年的卧室时，却发现了站在窗前的苏珊——两行热泪，一个远远的飞吻，是她给黄纬禄留下的最后印象。

别了，善良的房东一家！别了，伦敦！别了，英国！黄纬禄最后看了一眼他所熟悉的人们，熟悉的住所，迈着坚定的步伐，踏上了归国的行程……

复旦大学在抗日战争胜利后回迁上海。已经在复旦大学银行系毕业留校任教的刘汉菊接到了黄纬禄回国的消息，心中既高兴，又有一丝忐忑。自己去不去码头呢？万一黄纬禄带回一位黄头发、蓝眼睛的“洋太太”，岂不尴尬？很快，她为自己闪现的念头感到好笑。四年多的彼此思念，挡不住刘汉菊的脚步，她还是如约出现在码头上。轮船靠岸了，汽笛声使得一对恋人的心“怦怦”直跳，两双眼睛在人群中急切地搜寻着对方，当四目相对的一刹那，他们都读懂了对方的心情：“你没让我白等”“我没让你白等”——这是当年“十字”相约的感情升华，这是远隔重洋、相恋四年的珍贵结晶……

很多年以后，在黄纬禄家的老相册中，有一张发黄了的英国母女的老照片，这是刘汉菊亲手把它贴进家庭相册中的。“妈妈，这两个外国人是谁呀？”全家人围拢在一起看相册时，孩子们问到。刘汉菊看了一眼黄纬禄，对孩子们说：“这是你爸爸在英国留学时的房东太太和她女儿，她女儿一直想和你爸爸要好呢！”“爸爸，那后来呢？”孩子们好奇地问。“没有后来了，要不然怎么会有你们呢？”黄纬禄笑了起来，他与刘汉菊对望了一眼，两人眼中都充满了由美好记忆与美满现实所构建的幸福。

3. 他深爱着自己的每一位亲人

黄纬禄是个对家庭很有责任感的人，虽然他一心扑在事业上，但在照顾家庭方面没有丝毫懈怠。黄纬禄在家中话不多，但家庭中的每一位成员，时时处处都能感受到来自于他体贴入微的关怀。

黄纬禄家中有一位特殊的成员——比他年长 21 岁的表姐朱素云。

故事还要从黄纬禄上私塾的年代说起。一天，家中来了一位大家都熟悉的客人——表姐朱素云。与往日不同的是，母亲把孩子们全都叫到一起，说道："从现在起，你们的素云表姐就长住在咱家里了，以后呢，你们就改口直接喊她大姐吧！"

这位名叫朱素云的少妇，是黄慎闻姑母的孙女。她的身世很可怜：与丈夫共育有三个孩子，一家人和美度日却好景不长。一年天降暴雨，河水四溢，虽全家栖在屋顶，无人丧命，但却断了饮食。后来，发现水中漂着一只死鸡，便急忙捞起。朱素云心痛丈夫和孩子，煮熟的鸡自己没舍得吃一口。哪晓得，丈夫和孩子因食物中毒全部身亡，只留下了孤苦伶仃的朱素云。她肝肠寸断，欲以死相伴，想用一根绳子将自己送上黄泉路，幸得好心人解救。朱素云自认为罪孽深重，无颜以对婆家、娘家，黄慎闻夫妇得知后，深表同情，决定永久地收留她。

朱素云把对黄家的感激转化为爱，倾注到全家人身上，并精心照顾着小表弟的起居。渐渐地，黄纬禄与表姐越来越熟悉、亲近，不久，他就直呼她为"姐姐"了。

朱素云坚守"三从四德、从一而终"的信念，未再改嫁。但她也不时为自己的将来暗暗担心。一次，她独自在房中落泪，被黄纬禄撞见。当得知她的隐忧后，黄纬禄直言道："姐姐别怕，等长大了，我给你养老！"

……

黄纬禄践行了他的诺言，当他从英国留学回来并成家之后，就把表姐接到自己家，此后共同生活了 40 多年。

1957年，黄纬禄一家和老表姐（中）合影

虽然，朱素云只是帮着照顾孩子，料理家务，但黄纬禄待她犹如亲姐姐。

由于朱素云和黄纬禄的亲属关系，按照军队规定，保姆可以享受的医疗包干，朱素云却没有。她有老胃病的病根，常年离不开药，每每花钱看病，都怕拖累黄纬禄，常忍着不去医院。黄纬禄只要发现朱素云胃痛，就坚持要她去医院，并要亲眼看到把药取回来。经过多年治疗，以及饮食上的精心调理和精神上的体贴慰藉，晚年朱素云的胃病基本痊愈了。

朱素云在95岁那年，不小心跌倒骨折，医生认为她年龄太大不宜手术，只有卧床静养。黄纬禄工作之余，亲自给她喂饭、帮她活动关节，照顾得无微不至。朱素云卧床三个月后，再也没有从睡梦中醒来。当得知表姐过世时，黄纬禄正在廊坊开会，第二天便赶往太平间。面对朱素云的遗体，黄纬禄声音哽咽，只说了一句“姐姐，我回来晚了！”眼泪就顺着脸颊淌下来。他恭敬地给朱素云深深地鞠了三个躬，送她一路走好。

除了表姐朱素云，黄纬禄尽力帮助的还有一位哥哥的遗孀和他的三个孩子。20世纪50年代中期，黄纬禄的哥哥去世了，留下了五岁、三岁和半岁的三个孩子。黄纬禄拿出当时工资的三分之一来帮助这个困难的家庭，十几年如一日，直到三个孩子全部自食其力。家中其他亲戚如有困难，黄纬禄也常出手接济。但他从来不求回报，也不向旁人主动提起。

刘汉菊为支持黄纬禄全身心地投入工作，毅然放弃自己钟爱的事业，承担起照顾家庭的责任，她从此离开大学，改行做了一名普通职员，工资比在上海时降低了三分之一还多。黄纬禄十分理解一位知识女性为家庭放弃事业的失落感和所作出的牺牲，他对刘汉菊充满感激与深情。黄纬禄尽量分担刘汉菊的家庭负担，并从精神上给予她更多的关爱与尊重。

三年经济困难时期，黄纬禄夫妻间常为给对方一点额外的照顾而反复你推我让；“文革”中保姆被勒令辞退，黄纬禄夫妻又常为自己争着多做些家务而让对方少干点起些小争执。

20世纪60年代初，黄纬禄夫妇合影

黄纬禄夫妇晚年合影

2000 年刘汉菊病重时，黄纬禄已是 84 岁的老人，但他一直坚持亲自照顾，不离左右，并尝试用各种方法将刘汉菊的病痛降到最低程度。就在刘汉菊去世前一天，为缓解她的疼痛，黄纬禄默默坐在妻子床前，用自己颤巍巍的双手为刘汉菊按摩脚上的穴位、疏通血脉，一连持续几个小时，直到黄纬禄自己的鼻子突然出血不止。第二天，刘汉菊永远地离开了他，但她心中装满了黄纬禄对她的爱。

在刘汉菊走后很长的日子里，黄纬禄的脸上失去了往日的微笑，人也显得憔悴苍老了许多。他常对着妻子的照片凝神久坐，陷入沉思，去回忆相濡以沫 50 多年的妻子，是怎样与他牵手并肩、共度一生的。

刘汉菊离去后，黄纬禄一改过去看电视只对围棋、体育赛事、时事感兴趣的常态，总是把目光久久地锁定在戏曲频道上：那是妻子爱看的京剧。伴着京剧的锣鼓点和演员们的念唱作打，黄纬禄的脑海中不断闪现着妻子的身影。女儿常常能从黄纬禄的眼中，看到他因触景生情思念妻子而隐约闪动的泪光。

每逢刘汉菊的忌日来临，黄纬禄都会有几天寡言少语、情绪低落。在忌日这天，黄纬禄的家人都要煮面条，并在餐桌上多放一副碗筷，以自己的方式来祭奠逝去的亲人。

黄纬禄对待儿女们无微不至的关怀，在他们的心中打上了深深的烙印。他很少用批评指责的方式对待子女，偶尔，哪个孩子使性子，他的一个笑话、幽默故事或脑筋急转弯，很快就把小小的不愉快化解了。

黄纬禄除了关心儿女们的学业，也很注重培养孩子们对自然科学的兴趣，并有意识地培养他们独立思考与勤于动手的好习惯。

“文革”期间，黄纬禄的三个孩子都失去了继续升学的机会，但黄纬禄坚信建设一个强大的国家离不开科学知识。就在孩子们等待“上山下乡”时，黄纬禄悄悄开始系统地教授儿子黄道明高等数学和电学，使这个从少年时代起就对无线电感兴趣到痴迷程度的儿子，知识功底与技术水平有了显著提高。家，变成了黄道明的小小实践工厂，自己设计、自己组装、自己调试，遇到的各种技术问题，在黄纬禄的悉心指导下一一得到解决，从中积累了许多宝贵的实践经验。黄道明不负父望，走上技术岗位后，成为一名理论水平、设计能力、动手能力均被认可的技术强手。

黄纬禄的两个女儿黄道群、黄道华，“文革”前一个上初中一年级，一个上小学六年级。在“文革”结束恢复高考后，黄纬禄分别利用近两个月的时间，将高中三个学年的数理化课程，高度概括、深入浅出、重点明确、有机系统地教授给了女儿们。黄纬禄白天忙工作，晚上给女儿补课。他有时在离家约5千米的京西宾馆开会，甚至利用中午休会时间，骑自行车赶回家来，为女儿讲上20分钟，随便吃几口饭，又骑车返回会场。在黄纬禄的全力帮助下，两个女儿不负父望，陆续走进了大学的殿堂，并顺利完成了学业、取得了学士学位。

黄纬禄夫妇共同营造起了一个幸福美满的家庭。黄纬禄为有这样一位全力支持自己事业、默默作出牺牲的好妻子而备感欣慰；黄纬禄的三个儿女也都深感自己很幸运、很幸福，因为他们不但拥有一位为家庭奉献出全部爱心、值得尊敬的母亲——刘汉菊，还拥有一位为亲人们献出无私厚爱的伟大父亲——黄纬禄！

含饴弄孙，尽享天伦，是黄纬禄晚年感到非常开心的一件乐事。

黄纬禄的孙子黄德威出生在美国，小名叫豆豆。快两岁时，豆豆来到黄纬禄的身边。在黄纬禄的精心教育下，豆豆到三岁半时，认识了1500多个汉字。四五岁时，开始学着写日记。当五岁半的豆豆返回美国时，他除了具有一定的汉字读写能力外，还掌握了四位数以内的加、减、乘法计算。

学前教育给豆豆打下了一个好基础。他从上小学到大学，学习成绩一直名列前茅，常常作为学校的选手，参加奥林匹克数学竞赛。老师曾经给他这样的评语："我为拥有你这样的学生而感到骄傲。"黄纬禄也为有这个天真、聪慧、可爱的小孙子而感到欣慰。

豆豆返回美国后，黄纬禄虽然心中十分想念，但他很快就将对豆豆的思念转化到对他从事了一生的航天事业上。

只要身体条件许可，黄纬禄一如既往，有求必应地参加各种会议，从航天两大集团公司高级技术顾问的角度，对航天事业发展提出建设性意见；他通过发表文章或接受采访，与大家分享自己经过多年艰苦奋斗取得的宝贵经验；他时刻关注着航天新型号、新技术的发展和创新；他时刻关注着航天科技队伍的建设和青年人才的培养；他时刻关注着在风云变幻的复杂国际形势下，祖国的导弹事业如何为富国强军作出更大贡献……总之，黄纬禄始终心系祖国、心系导弹，把自己的一生无私地奉献给了他炽爱着的祖国、炽爱着的航天事业！

尾 声

为了祖国，为了导弹，黄纬禄太劳累了，他终于在2011年11月23日晚8时08分，走完了他95年平凡而又波澜壮阔的人生历程。他带着对祖国的大爱、带着对他为之奋斗一生的导弹事业的不舍、带着对祖国更加繁荣富强的祝愿，安静地走进了天堂，去享受他心灵上应得的永恒。

黄纬禄逝世后，人们络绎不绝地来到在他家中所设立的简朴而庄严的灵堂，悼念这位默默为祖国的导弹事业奉献一生的老专家。

习近平、李源潮、陈炳德、李继耐、常万全等领导送了花圈，航天两大集团公司及下属各相关单位、黄纬禄家乡等各相关部门、同事、亲友等送来的花圈从灵堂一直摆放到楼外。

前来吊唁的总政治部主任李继耐等领导，对黄纬禄院士的贡献进行了系统、全面、高度的评价与肯定；宋健、许达哲、马兴瑞等领导来到灵堂，表达对黄

设在黄纬禄家中的灵堂

纬禄院士的悼念。

黄纬禄的人格魅力被广泛赞誉并追忆；鲜花和挽联，人们的怀念与亲人的不舍送他、伴他一路远行。

一位曾与黄纬禄共过事的老者，拖着患有脑血栓后遗症的身体，步履蹒跚地挪到黄纬禄的遗像前："黄老总，好人呐！"一声呜咽，两行热泪，深深地三鞠躬。使在场的人们为之动容。

……

2011 年 12 月 1 日，北京。这是一个寒冷的冬日。

在滴水成冰的八宝山露天广场上，大约 2000 人聚集于此，为黄纬禄送行。人们举着"贤师率军拓天路，雷震海天励后人"等横幅，默默地等待着与他作最后的诀别。

八宝山革命公墓的大礼堂内，庄严肃穆，哀乐低回。礼堂大厅黑色横幅"沉痛悼念黄伟禄同志"的下方摆放着黄纬禄的遗像，黄纬禄的遗体覆盖着中国共产党党旗，静静地安卧在洁白的菊花丛中。

胡锦涛总书记等中央领导向黄纬禄送了花圈。中共中央组织部、全国人大常委会办公厅、中华全国总工会、科技部、工业和信息化部、国资委、总装备部、海军、空军、第二炮兵、中国科学院、国防科工局、中国科协、中国航天科工集团公司、中国航天科技集团公司、中国航空工业集团公司、中国船舶工业集团公司、中国船舶重工集团公司、中国兵器工业集团公司、中国电子科技集团公司、中国商用飞机有限责任公司、清华大学、北京大学、北京航空航天大学、北京理工大学、天津大学、哈尔滨工业大学、吉林大学、大连理工大学、复旦大学、上海交通大学、南京大学、东南大学、西安交通大学、西北工业大学、重庆大学、武汉大学、华中科技大学、浙江大学、四川大学、国防科技大学，以及芜湖市委市政府、母校扬州中学等也送了花圈或发来唁电。

原中共中央政治局委员、中央军委副主席曹刚川，中共中央组织部副部长李智勇，国资委主任王勇，中国科学院副院长李静海，国防科工局副局长黄强，中国航天科工集团公司总经理许达哲，副总经理承文、方向明、李跃、曹建国，中国航天科技集团公司副总经理袁洁等领导，航天系统老领导、老专家，二院及有关单位领导、专家，以及黄纬禄的生前友好等2000多人，在哀乐声中缓步来到黄纬禄的遗体前肃立默哀，向黄纬禄遗体三鞠躬。

人们聚集在八宝山大礼堂外，等候参加黄纬禄遗体告别仪式

黄纬禄遗体告别仪式现场

黄纬禄逝世后，二院组织召开了“传承黄纬禄精神”追思会，并举办了介绍黄纬禄事迹的专题展览。中国航天科工集团公司展开了一系列宣传黄纬禄事迹的活动：建立了宣传黄纬禄精神与事迹的专门网站，并在本系统组织了多场“时代先锋——黄纬禄”先进事迹专题报告会。

2012 年 2 月 10 日，中央人民广播电台“中国之声”栏目、中央电视台新闻联播节目，均播出了新闻《时代先锋——黄纬禄的导弹人生》；当天的《人民日报》《解放军报》《光明日报》《科技日报》《经济日报》《中国青年报》同时刊登黄纬禄的事迹并发表评论员文章；中央电视台“科技人生”栏目还制作并播出了专题节目《雷震海天——黄纬禄》。

2012 年 6 月，中共中央组织部追授黄纬禄“全国创先争优优秀共产党员”称号；10 月，在中国固体潜地导弹首飞成功 30 周年纪念日，中国航天科工集团公司四院四部举行了黄纬禄院士铜像揭幕仪式；2013 年，中国航天科工集团公司第二研究院图书馆被命名为“黄纬禄图书馆”。

黄纬禄院士铜像揭幕仪式

人们纪念黄纬禄、学习黄纬禄，是因为他的事迹感动、激励了许许多多的航天人。正如与黄纬禄共事多年的二院原党委书记王可立所说："我想黄老总之所以能够让大家这样热爱他、怀念他，就是因为他的品德高尚、技术精湛、德才兼备。他兢兢业业这么多年，我从来没有听他讲过自己的功劳。工作上取得了成就，他总是把功劳归功于技术人员，归功于上级领导。试验失利了，他虽然很难受，但他没有把责任推给别人，总是自己承担下来。从外表看，黄老总就是一位很普通、很平凡的老人，看不出他是一位为国家作出这么大贡献的功臣，干出这样惊天动地事业的专家。我觉得黄老总能让这么多人喜欢他、怀念他，一方面是因为他确实有真才实学，确实为我们国家作出了突出贡献，更重要的是他人品高尚，有非常好的道德、非常好的修养、非常好的思想，给人们留下了非常好的印象，让人们永远怀念他。"

俄国的杰出革命家、哲学家车尔尼雪夫斯基说过："生命，如果跟时代的崇高的责任感联系在一起，你就会感到它永垂不朽。"

黄纬禄的生命与强大祖国国防的崇高的责任感紧紧地联系在了一起，所以，他的功绩在国防事业的丰碑上永驻，他的名字与所有为中国航天事业作出突出贡献的功臣们一样，被永远地载入了中国的航天史册。黄纬禄"矢志报国、敢为人先、大力协同、严己宽人、诲人不倦、默默奉献"的精神将光耀后人！

黄纬禄大事年表

1916 年

12 月 18 日，出生在安徽芜湖。

1923 年　7 岁

入私塾读书。

1924 年　8 岁

8 月，就读于芜湖芜关小学。

1930 年　14 岁

8 月，就读于芜湖芜关中学（初中）。

1933 年　17 岁

8 月，就读于江苏省立扬州中学（高中部）。

1936 年　20 岁

8 月，就读于国立中央大学电机系。

1940 年　24 岁

8 月，进入资源委员会中央无线电器材厂重庆分厂，先后任助理工程师、工程师。

1943 年　27 岁

2 月，考取庚款留学赴英实习生。

5 月，从重庆出发经印度前往英国。

11 月，到达英国，先后在伦敦标准电话电缆公司和马可尼公司下属的无线电厂实习。

1945 年　29 岁

10 月，就读于伦敦大学帝国学院电机系。

1947 年　31 岁

8 月，完成硕士学业后，由英国返回中国。

10 月，任中央无线电器材有限公司上海研究所工程师。

1948 年　32 岁

5 月，与刘汉菊结婚。

1949 年　33 岁

5 月，任上海电工研究所工程师。

1950 年　34 岁

1 月，任上海电工研究所研究员。

1952 年　36 岁

9 月，随研究所从上海迁到北京。

10 月，上海电工研究所与邮电部电信科学研究所合并，成立军委通信部电信技术研究所。

1954 年　38 岁

被推选为北京市为建设新中国有特殊贡献的 10 名英雄人物之一。

1956 年　40 岁

9 月，当选为海淀区第二届人民代表大会代表和工会委员。

1957 年　41 岁

1 月，电信技术研究所扩建为军事电子科学研究院。

12 月，从军事电子科学研究院调入国防部五院二分院。

1958 年　42 岁

4 月，任国防部五院二分院第一设计部地地导弹控制系统研究室主任。

12月，任国防部五院二分院第一设计部副主任。

1960年 44岁

2月，加入中国共产党。

3月，任“东风一号”副总设计师兼控制系统总设计师。

10月，任“东风”型号设计委员会副主任。

1961年 45岁

7月，任“东风一号”方案讨论委员会副主任。

1962年 46岁

2月，当选为国防部五院科学技术委员会委员。

6月，任国防部五院二分院第一设计部主任。

1963年 47岁

2月，任“东风二号”副总设计师。

参加中国人民解放军，并被授予上校军衔。

1964年 48岁

4月，任“东风三号”副总设计师。

1965年 49岁

5月，随国防部五院集体转业。

10月，任七机部一院12所所长。

1970年 54岁

3月，任“巨浪一号”技术总负责人兼四部（固体潜地导弹总体设计部）主任。

1971年 55岁

6月，任七机部一院生产组副组长。

1973年　57岁

4月，作为代表团团长，率团出访丹麦和苏联。

1974年　58岁

6月，任七机部一院副院长。

1977年　61岁

9月，任固体潜地导弹总设计师。

10月，被授予“北京市科学技术先进工作者”称号。

11月，当选为北京市第七届人民代表大会代表。

1978年　62岁

3月，参加全国科学技术大会，被授予“先进工作者”称号。

1979年　63岁

4月，任固体潜地导弹和陆基机动导弹总设计师。

6月，任二院党委常委、副院长。

9月，被国防科委、国防工办任命为核潜艇工程副总设计师。

1980年　64岁

2月，当选为二院科技委副主任。

5月，随刘华清率领的军事代表团出访美国。

9月，被评为七机部劳动模范。

11月，经中央书记处批准，任七机部总工程师。

1981年　65岁

1月，二院党委决定，在全院开展《向我院科研战线上的标兵黄纬禄等三位同志学习》的活动。

12月，任地空型号武器系统系列总设计师。

1982年　66岁

3月，被授予“北京市劳动模范”称号。

3月，七机部党组作出《关于开展向黄纬禄同志学习活动的决定》。

4月，任航天工业部科技委副主任。

6月，二院党委作出《关于深入开展向黄纬禄同志学习活动的决定》。

当选为中国宇航学会第一届理事会副理事长。

1983年　67岁

1月，兼任二院科技委主任。

5月，当选为第六届全国人民代表大会代表。

1984年　68岁

6月，当选为海淀区第八届人民代表大会代表。

10月，荣获“航天工业部劳动模范”称号。

10月，担任《航空学报》编辑委员会委员。

10月，任二院科技委主任。

1985年　69岁

4月，荣获“全国五一劳动奖章”。

1986年　70岁

5月，“巨浪一号固体潜地战略武器及潜艇水下发射”项目获国家科技进步奖特等奖，黄纬禄名列第一。

9月，被航天工业部授予“优秀共产党员”称号。

11月，当选为国际宇航科学院院士。

1987年　71岁

11月，当选为中国共产党第十三次全国代表大会代表。

1988 年　72 岁

3 月，当选为第七届全国人民代表大会代表。

4 月，任“巨浪一号”“东风二十一号”技术顾问，航天工业部技术职称评审委员会副主任。

9 月，随中国人大代表团出访日本。

1989 年　73 岁

3 月 31 日，担任《中国军事工业历史资料丛书》（导弹航天卷）编审委员会顾问。

9 月，被国务院授予“全国先进工作者”称号。

1990 年　74 岁

享受国务院政府特殊津贴。

1991 年　75 岁

12 月，当选为中国科学院学部委员。

1992 年　76 岁

6 月，随团出访美国。

1993 年　77 岁

4 月，担任航空航天工业部“东风二十一”后续型号顾问小组成员。

10 月，由中国科学院学部委员改称中国科学院院士。

1994 年　78 岁

8 月，获求是科技基金会授予的“求是杰出科学家奖”。

9 月，担任中国航天工业总公司高级技术顾问。

1998 年　82 岁

10 月，获国防科工委颁发的“献身国防科技事业”荣誉证章。

1999年　83岁

8月，担任中国航天机电集团公司、中国航天科技集团公司高级技术顾问。

9月18日，荣获中共中央、国务院、中央军委授予的“两弹一星功勋奖章”。

2004年　88岁

12月，担任长峰科技工业集团公司高级顾问。

2005年　89岁

1月，担任中国航天科工集团公司四院高级顾问。

2007年　91岁

11月，荣获由中国运载火箭技术研究院颁发的“建院五十周年有代表性人物”荣誉证书。

2009年　93岁

4月，担任中国航天科工集团公司第三届科技委顾问。

2010年　94岁

10月，担任《现代防御技术》编委会顾问。

2011年　95岁

11月23日，因病逝世。

2012年

6月，被中共中央组织部追授为“全国创先争优优秀共产党员”称号。

黄纬禄部分论著目录

[1] 黄纬禄．双报叠传新制［J］．电信建设，1950，1（2）．

[2] 黄纬禄．质量是航天产品的生命线［M］//《回顾与展望》编辑委员会．回顾与展望：1949—1989. 北京：国防工业出版社，1989.

[3] 黄纬禄．弹精毕力铸神剑，为党为国振声威［J］．中国工运，1989（11）．

[4] 黄纬禄．发扬“两弹”精神，大力协同攀高峰［M］// 中国科学院院士工作局．科学的道路：下卷．上海：上海教育出版社，2005.

[5] 黄纬禄．弹道导弹总体与控制入门［M］．北京：中国宇航出版社，2006.

[6] 黄纬禄．研制固体运载火箭［M］// 国防科学技术工业委员会．中国航天 50 年回顾．北京：北京航空航天大学出版社，2007.

[7] 黄纬禄．钱学森是非常好的领导［M］// 王春河，等．钱学森的大师风范．北京：中国宇航出版社，2011.

参考文献

[1] 芜湖市教育史志编纂委员会 . 芜湖教育志 [M]. 合肥：安徽教育出版社，1996.

[2] 朱斐 . 东南大学史 [M]. 南京：东南大学出版社，2012.

[3] 黄大能 . 傲尽风霜两鬓丝：我的八十年 [M]. 北京：中国建材工业出版社，2003.

[4] 宋兆法 . 中国当代著名科学家丛书：黄纬禄 [M]. 贵阳：贵州人民出版社，2005.

[5] 周均伦 . 聂荣臻年谱 [M]. 北京：人民出版社，1999.

[6]《当代中国的航天事业》编辑委员会 . 当代中国的航天事业 [M]. 北京：中国社会科学出版社，1986.

[7] 杨连新 . 见证中国核潜艇 [M]. 北京 : 海洋出版社，2013.

[8] 胡士弘 . 航天百俊图 [M]. 北京：中国科学技术出版社，1993.

[9]《回顾与展望》编辑委员会 . 回顾与展望：1949—1989 [M]. 北京：国防工业出版社，1989.

后 记

《中国航天院士传记丛书》是在中国航天科技集团公司和中国航天科工集团公司统一组织下编写出版的，航天二院负责《黄纬禄院士传记》等9个分卷的编写组织工作。

《黄纬禄院士传记》是在二院院士传记编审委员会办公室的具体组织下、在编写组全体成员的大力协作下共同完成的。

本书执笔人是黄纬禄的女儿黄道群。虽然与父亲朝夕相处数十载，对他的工作情况却知之甚少。刚接受撰写《黄纬禄院士传记》的工作时，感到很有压力，尤其担心对技术问题阐述不清。于是，开始大量阅读、学习中国航天事业的发展历史，不断补充航天科学技术知识。通过撰写本书，对黄纬禄一生所从事的工作和为国家作出的贡献有了较为全面、系统的了解，并对中国航天事业从无到有、从小到大、由弱到强的艰难发展历程，有了较为深刻的认识。写作的过程，就是学习中国航天发展史的过程，也是一次接受爱国主义教育的过程。

航天二院《新宇报》原总编石玉峰在本书撰写过程中给予了重要指导，并倾注了大量心血，对传记结构、章节命名、文字叙述等进行了精心修改和润色，对提升传记水平起到了重要作用；黄纬禄原秘书吕慧英担任编写组组长，在传记策划、联络协调等方面发挥了重要作用，并提供了大量资料，讲述了许多生动故事；《航天控制》期刊编委孙梅做了大量信息资料采集工作，为本书编写工作提供了宝贵素材；原“巨浪一号”“东风二十一号”总师助理宋兆法对本书编写工作给予了大力支持，并提供了相关资料；天剑研究生院学生温泉、许超、唐德劭、叶俊祥在资料翻译、校对、录音整理等方面做了相应的工作。所以说，本书是编写组集体努力的成果。

在本书写作过程中，我们力求尊重历史，使书稿体现客观性与真实性。

本书的编写工作，得到了黄纬禄的家人、同事、领导、朋友、同学等的大力支持与帮助。通过对他们直接、间接的采访，或通过座谈会等形式所得到的宝贵信息与素材，我们都尽可能地在书中有所展现。

在为撰写本书而进行的素材采集过程中，得到了相关部门、黄纬禄的家乡、曾经就读过的学校（包括伦敦帝国学院的Anne Barrett女士）以及工作过的单位等来自各个方面的大力支持。

本书除了参考部分公开出版物外，还参考了大量的历史文献、内部档案和相关资料（如《江苏省扬州中学建校九十周年纪念册》以及涂作潮工作室提供的《中央无线电器材有限公司技术任务有关资料》等），它们对于本书的编写起到了至关重要的作用。

在此，向所有对本书编写工作提供过指导、支持和帮助的单位和个人表示最诚挚的感谢！特别感谢本书责任编辑张铁钧副社长在编辑过程中所作的精心修改和付出的辛勤劳动！

执笔人撰写这样的长篇传记是第一次。由于不是黄纬禄所从事导弹领域的专业人员，传记中不可避免地会存在问题、不足甚至错误。诚恳希望得到审稿专家的不吝赐教和广大读者的批评指正。

黄道群

2015年2月